本研究受到国家社会科学基金一般项目
"欧盟在欧债危机之后的制度反思研究"(16BGJ005)的资助

欧债危机的终结

孙海霞 徐佳 —— 著

The End of the European Debt Crisis

图书在版编目(CIP)数据

欧债危机的终结/孙海霞,徐佳著. —北京:北京大学出版社,2023.10
ISBN 978-7-301-34613-6

Ⅰ.①欧⋯ Ⅱ.①孙⋯ ②徐⋯ Ⅲ.①欧元区—债务危机—研究
Ⅳ.①F835.059

中国国家版本馆CIP数据核字(2023)第210423号

书　　　名	欧债危机的终结 OUZHAI WEIJI DE ZHONGJIE
著作责任者	孙海霞　徐　佳　著
责 任 编 辑	杨丽明
标 准 书 号	ISBN 978-7-301-34613-6
出 版 发 行	北京大学出版社
地　　　址	北京市海淀区成府路205号　100871
网　　　址	http://www.pup.cn　　新浪微博:@北京大学出版社
电 子 邮 箱	zpup@pup.cn
电　　　话	邮购部 010-62752015　发行部 010-62750672　编辑部 021-62071998
印 刷 者	河北滦县鑫华书刊印刷厂
经 销 者	新华书店
	730毫米×1020毫米　16开本　16印张　257千字 2023年10月第1版　2023年10月第1次印刷
定　　　价	68.00元

未经许可,不得以任何方式复制或抄袭本书之部分或全部内容。
版权所有,侵权必究
举报电话:010-62752024　电子邮箱:fd@pup.cn
图书如有印装质量问题,请与出版部联系,电话:010-62756370

目 录

总　论 ……………………………………………………………… 001

第一章　欧债危机原因 ………………………………………… 015
　　第一节　欧债危机的爆发 ………………………………… 015
　　第二节　欧债危机爆发的制度分析 ……………………… 025
　　本章小结 …………………………………………………… 031

第二章　欧元区现有制度体系 ………………………………… 034
　　第一节　欧元区现有制度体系框架 ……………………… 034
　　第二节　欧元区现有制度体系与最优货币区标准的理论和
　　　　　　实证比较 ………………………………………… 037
　　本章小结 …………………………………………………… 052

第三章　欧元区财政制度 ……………………………………… 053
　　第一节　欧元区财政制度缺陷与危机动态诱发机制 …… 053
　　第二节　欧元区财政制度反思与改革 …………………… 063
　　第三节　欧洲央行量化宽松货币政策的影响 …………… 069
　　本章小结 …………………………………………………… 081

第四章　欧元区金融制度 ···················· 083
第一节　欧元区金融制度缺陷 ···················· 083
第二节　欧洲银行业联盟的建立与挑战 ···················· 088
第三节　英国脱欧对欧盟金融市场一体化进程的冲击 ···················· 098
本章小节 ···················· 111

第五章　欧元区区域性合作机制 ···················· 113
第一节　区域性合作与危机诱发机制 ···················· 113
第二节　区域性合作机制的完善 ···················· 116
本章小结 ···················· 125

第六章　欧元区债务危机应对制度 ···················· 126
第一节　危机应对制度的有效性检验 ···················· 126
第二节　非对称产出冲击对主权违约的影响 ···················· 132
第三节　代表性国家债务可持续的实证分析 ···················· 155
第四节　欧债危机应对制度反思 ···················· 187
本章小结 ···················· 190

第七章　欧元区经济发展模式反思 ···················· 193
第一节　欧元区经济发展模式的内容与弊端 ···················· 193
第二节　英国脱欧对欧元区经济发展模式的挑战 ···················· 197
第三节　欧元区经济发展模式改革 ···················· 211
本章小结 ···················· 215

第八章　欧元区现有制度的启示与建议 ···················· 217

主要参考文献 ···················· 232

后　　记 ···················· 243

图 目 录

图 1 研究思路 …………………………………………… (12)
图 2 希腊政府财政赤字率 ……………………………… (16)
图 3 希腊债务减记计划的三种情形 …………………… (18)
图 4 德国和希腊长期国债利率比较 …………………… (20)
图 5 希腊和欧元区财政赤字率比较 …………………… (23)
图 6 希腊债务率变动 …………………………………… (25)
图 7 欧元区代表性国家的就业增长率 ………………… (26)
图 8 欧元区成员债务率面板折线图 …………………… (28)
图 9 欧元区代表性国家长期国债利率 ………………… (30)
图 10 欧元区人均 GDP 水平的散点图和核密度图 …… (41)
图 11 欧元区人均 GDP 水平面板折线图 ……………… (44)
图 12 2010—2019 年欧元区及成员人均 GDP 增长 …… (44)
图 13 欧元区物价水平面板折线图 ……………………… (45)
图 14 欧元区长期国债利率水平面板折线图 …………… (47)
图 15 欧元区财政赤字率水平面板折线图 ……………… (48)
图 16 欧元区成员债务率的核密度估计 ………………… (50)
图 17 欧元区成员债务率水平面板折线图 ……………… (51)
图 18 债务危机前后西班牙和英国长期国债利率比较 … (55)
图 19 欧元区代表性国家财政赤字率 …………………… (60)
图 20 代表性国家或地区劳动生产率比较 ……………… (62)
图 21 欧洲央行长期再融资操作规模 …………………… (65)
图 22 欧洲央行的利率走廊 ……………………………… (66)

图 23　欧元区隔夜存款利率 ………………………………………… (67)
图 24　欧元区 10 年国债利率走势 ………………………………… (69)
图 25　欧洲央行的资产负债表规模（周数据）…………………… (72)
图 26　VAR 模型平稳性检验 ……………………………………… (74)
图 27　物价水平、短期债券收益率与经济增长间的交叉
　　　　相关图…………………………………………………………… (75)
图 28　物价水平、短期债券收益率与经济增长正交化脉冲响应 … (76)
图 29　欧元区货币供应量对短期市场利率、物价水平与经济
　　　　增长的脉冲响应………………………………………………… (77)
图 30　VAR 模型各个变量方差分解 ……………………………… (78)
图 31　欧元区货币供应量对短期市场利率和物价的脉冲响应…… (79)
图 32　欧元区及部分成员长期国债利率分布……………………… (84)
图 33　金融不可能三角理论………………………………………… (88)
图 34　欧元区银行间隔夜存款利率………………………………… (90)
图 35　欧元区 1 年期国债利率变化………………………………… (94)
图 36　EFSF 运作 …………………………………………………… (118)
图 37　EFSF 转移主权债务风险操作 ……………………………… (119)
图 38　欧元区实际 GDP 增长率和长期国债利率面板折线图…… (129)
图 39　不对称冲击模型和 AR 自回归对称冲击模型的利差
　　　　水平和产出冲击的散点图 …………………………………… (149)
图 40　不对称冲击模型和 AR 自回归对称冲击模型的违约
　　　　概率散点图 …………………………………………………… (151)
图 41　希腊债务率和财政赤字率散点图…………………………… (160)
图 42　希腊财政赤字率和债务率分布图…………………………… (161)
图 43　希腊债务分析模型 VAR 稳定性检验 ……………………… (163)
图 44　希腊债务率与财政赤字率和实际经济增长率的
　　　　脉冲响应………………………………………………………… (164)
图 45　VAR 模型对希腊债务率的预测……………………………… (165)
图 46　西班牙财政赤字率和债务率散点图………………………… (168)
图 47　西班牙债务分析模型 VAR 稳定性检验 …………………… (170)

图 48　西班牙债务率预测 ……………………………………… (171)
图 49　葡萄牙债务分析模型 VAR 稳定性检验 ………………… (176)
图 50　葡萄牙债务率预测 ……………………………………… (176)
图 51　爱尔兰财政赤字率和债务率分布图 …………………… (179)
图 52　爱尔兰债务分析模型 VAR 稳定性检验 ………………… (181)
图 53　爱尔兰债务率预测 ……………………………………… (181)
图 54　德国债务率和财政赤字率分布图 ……………………… (184)
图 55　德国债务分析模型 VAR 稳定性检验 …………………… (186)
图 56　德国债务率预测 ………………………………………… (186)
图 57　2000—2019 年欧元区成员人均 GDP 增长率 ………… (195)
图 58　英欧 2010—2020 年服务贸易进出口额 ……………… (200)
图 59　英欧商品贸易进出口额 ………………………………… (205)

表 目 录

表 1　希腊接受的第二轮救助资金统计 …………………………（17）

表 2　最优货币区理论的主要观点 ………………………………（35）

表 3　最优货币区理论与欧洲市场的比较研究 …………………（37）

表 4　基本的变量统计特征 ………………………………………（40）

表 5　欧元区人均 GDP 趋同性检验模型回归结果 ……………（42）

表 6　欧元区 19 个成员长期国债利率趋同性检验模型回归
　　　结果 ………………………………………………………（46）

表 7　欧元区 19 个成员赤字率趋同性检验模型回归结果 ……（49）

表 8　欧元区 19 个成员债务率趋同性检验模型回归结果 ……（50）

表 9　基本变量的来源及处理 ……………………………………（71）

表 10　VAR 模型最佳滞后期检验 ………………………………（73）

表 11　各阶系数的联合显著性检验 ……………………………（73）

表 12　残差自相关检验 …………………………………………（74）

表 13　变量间的格兰杰因果关系 ………………………………（74）

表 14　各变量的预测方差分解 …………………………………（78）

表 15　主要银行持有问题国家银行资产情况 …………………（85）

表 16　2017 年各国银行业对希腊和葡萄牙主权债务风险
　　　 资产统计 ………………………………………………（96）

表 17　截至 2019 年底从英国转移至欧盟的部分金融机构
　　　 名单 ……………………………………………………（101）

表 18　英欧不同监管合作框架下市场覆盖范围 ………………（105）

表 19　触发 CDS 赔付机制后欧洲 CDS 市场上主要的输家和赢家 ………………………………………………………………（115）
表 20　EFSM 运作情况 ……………………………………（117）
表 21　截至 2015 年 EFSF 的放贷数额统计 ………………（119）
表 22　欧盟应对危机制度设计 ……………………………（120）
表 23　债务危机爆发后欧元区成员接受的救助 …………（123）
表 24　马尔可夫转换模型的参数估计 ……………………（138）
表 25　模型稳态模拟结果 …………………………………（146）
表 26　模型对于本金偿还比率和违约成本参数的敏感性 ……（153）
表 27　债务积累期参数对模型结果的影响 ………………（154）
表 28　希腊数据来源及处理统计说明 ……………………（159）
表 29　希腊债务分析变量的平稳性检验结果 ……………（159）
表 30　希腊财政反应函数回归结果统计 …………………（160）
表 31　希腊债务率基本统计 ………………………………（162）
表 32　希腊债务率上限和债务可持续性判断 ……………（163）
表 33　西班牙数据来源及处理统计说明 …………………（166）
表 34　西班牙债务分析变量的平稳性检验结果 …………（166）
表 35　西班牙财政反应函数回归结果统计 ………………（167）
表 36　西班牙债务率上限和债务可持续性判断 …………（169）
表 37　葡萄牙数据来源及处理统计说明 …………………（172）
表 38　葡萄牙债务分析变量的平稳性检验结果 …………（172）
表 39　葡萄牙财政反应函数回归结果统计 ………………（173）
表 40　葡萄牙债务率上限和债务可持续性判断 …………（174）
表 41　爱尔兰数据来源及处理统计说明 …………………（177）
表 42　爱尔兰债务分析变量的平稳性检验 ………………（177）
表 43　爱尔兰财政反应函数回归结果统计 ………………（178）
表 44　爱尔兰债务率上限和债务可持续性判断 …………（180）
表 45　德国数据来源及处理统计说明 ……………………（182）
表 46　德国债务分析变量的平稳性检验结果 ……………（182）
表 47　德国财政反应函数回归结果统计 …………………（183）

表 48　德国债务率上限和债务可持续性判断 …………………（185）

表 49　变量选取及来源 ………………………………………（202）

表 50　描述性统计结果 ………………………………………（202）

表 51　平稳性检验结果 ………………………………………（203）

表 52　协整检验的迹检验 ……………………………………（203）

表 53　协整检验的最大特征值检验 …………………………（203）

表 54　2016 年 6 月脱欧公投结果公布为虚拟变量分界点的
模型回归结果 …………………………………………（204）

表 55　2019 年第 2 季度为虚拟变量分界点的模型回归结果 ……（206）

总　　论

一、研究背景与主要文献梳理

经济学科的一个重要特点是解决经济问题时难以进行事前的实验，我们无法复制经济危机的环境与爆发点，但可将历次经济危机看作天然的经济学实验，每次经济危机都有其导火索、演进逻辑和根本原因，因此人类应对每次发生过的经济危机进行深刻反思和认真总结，从而在下一次危机来临时尽可能地减少应对失误，降低危机的破坏性。

欧债危机的爆发深刻影响了欧盟一体化进程，欧元区顺利运行二十多年以来，整体经济增长表现为前期平稳、后期迟缓，且成员发展不均衡。欧元区成员拟依靠统一市场、统一政策和统一货币实现单一市场的运行以及区域内社会公平和经济效益的平衡，但在实际运行中由于使用统一货币存在固有缺陷，成员之间经济周期各异，使用单一货币并统一货币政策使得各成员独立宏观经济政策工具缺失，成为加入单一货币区的代价。债务危机极大地冲击了欧盟一体化进程，也暴露出单一货币区的内在缺陷。与美国、中国等国家经济实力的此消彼长使得欧盟在单一市场上的对内政策呈现出典型的现实性和灵活性特点，欧洲央行放弃独立性原则转而更为实质性地刺激经济增长和保持物价稳定；对外政策也呈现出微妙的变化，不再像美国一味单向地维护西方国家提倡的自由主义国际秩序，转而认同中国等国家或地区国际影响力上升的现实，追求互惠互利和合作共赢。在危机解决过程中，欧盟对制度进行了根本改革，提出"多速欧洲"的加入标准和一体化目标，实施结合经济周期考虑的财政预算黄金准则，这是从实践方面对单一货币区理论的修正和完善，避免了英国脱欧的跟风效应，也成功避免了欧洲一体化的倒退。

目前，欧盟终于从漫长的欧债危机中走了出来，这些重大的制度创新和改革背后反映了欧盟对欧元区制度弊端的深刻反思，也包含对中国人民币区域化道路和地方债务风险的警示，学者们从多角度展开研究，为本书写作奠定了坚实基础。

（一）单一货币区指标趋同性与实现方式探索

成员经济周期的一致性是Mundell(1961)提出的最优货币区建立标准之一，只有成员具有类似的经济周期，中央银行才能实施统一的货币政策以应对经济衰退，维持物价稳定。然而，有学者研究发现，欧元区各成员经济周期具有不一致性，尤其是经济危机来临时。Ferroni和Klaus(2015)经实证研究发现，欧元区成员在经济危机期间经济周期的不一致性更为明显。他们对2008年至2013年欧元区最大的四个经济体——德国、法国、意大利和西班牙的经济周期进行了研究，发现德国、法国、意大利三个国家经济周期一致，而西班牙与这三个国家的经济周期不一致，在债务危机爆发之前西班牙经济过度扩张，而当危机爆发后经济收缩较为剧烈。从经济波动的原因来看，德国、法国和意大利经济波动较多来源于欧元区内的共同因素，而西班牙的经济波动较多来源于国内因素。Farhi和Werning(2012)也发现，2000年到2007年期间，西班牙信贷增长是德国的7倍，成员之间经济周期显著不一致。杨力、任嘉(2013)对欧元区经济趋同性进行了实证检验，发现欧元区在名义和实际趋同标准上都不符合单一货币区标准。另外，McKinnon(1995)、Eichengreen等(1998)对欧元区的实现方式提出质疑，认为成立欧元区使用统一货币存在固有缺陷，成员之间经济周期各异，因此保持成员之间稳定的汇率机制可能是目前更合适这些国家的联盟方式，而不是使用单一货币并统一央行。Akiba等(2009)提出，欧元区的建立由于存在成本与收益，使得成员数量并不是越多越好，欧元区存在经济一体化的界线和最优水平。如果一国加入欧元区以后经济专业化程度提升明显，或者相反，一国参与单一货币区的专业化程度提升不明显，这类国家就存在脱离欧元区的倾向。

（二）对欧元区财政和金融制度的反思

为防止道德风险，欧元区设立之初就在《马斯特里赫特条约》（以下简称《马约》）中明确了不救助条款,规定任何一个国家没有责任向处于财政困难的国家提供帮助,但债务危机的爆发说明,处于财政困难的成员由于丧失本国央行货币政策的独立制定权,无法通过增发货币为本国的财政纾困,一旦国际投资者也意识到这一点,对该国国债违约的预期就足以将该国国债推向高点,要切断银行业危机在欧元区内的传导,需要欧洲央行发挥最后贷款人的角色,为成员国债提供流动性支撑,由此学者转而研究欧洲央行量化宽松货币政策对成员金融市场和国债市场的影响。Peersman 等(2002)分析了英国和欧元区 6 个成员的货币政策传导机制。Karagiannis 等(2010)对欧元区和美国的利率传导机制进行了比较。Dornbusch 等(2010)运用 VAR 模型对不同成员进行分析,发现成员之间的货币政策对经济的影响存在微弱差异。目前,VAR 模型和脉冲响应函数是研究各国货币政策对金融市场和实体经济影响的主流分析方法,可模拟货币政策影响物价、经济增长和金融资产价格的动态传导。Ramaswamy 等(1997b)将欧元区成员分为两组并使用 VAR 模型进行比较分析,发现货币政策对不同国家实体经济的影响存在明显的差异。有学者使用 SVAR 模型分析发现,经济体量较大的成员的货币政策传导更为有效。还有学者对债务危机期间欧洲央行的操作进行实证分析发现,欧洲央行基准利率部分影响市场利率走势。欧洲央行认为,危机期间,欧元区银行间同业拆借利率和长期市场利率对政策的传导较好,但欧元区隔夜存款平均指数反应不明显。

Bacchetta 等(2012)提出,危机传染效应具有恐慌情绪的自我实现机制,世界贸易和金融网络并不足以在 2008 年金融危机中带来如此严重的全球经济衰退。危机的真正根源不是危机的扩散,而是恐慌情绪的自我实现。因此,随着债务危机的蔓延,欧元区内部对建立区域性金融监管机构的呼声越来越高。Schoenmaker(2011)提出欧元区存在"金融不可能三角"(financial trilemma),为欧盟银行业监管提供了理论基础。

(三)对债务危机应对的反思

为解决债务危机,欧洲在初期采纳的应对思路是紧缩财政,是目前国际货币基金组织(IMF)主要贷款条件,也反映了一定政治层面和学者的政策主张,有将德国模式欧洲化的倾向。(伍贻康,2013)但过高的债务削减和赤字紧缩目标会导致经济衰退和债务率再次上升,Krugman(2013)提出财政紧缩政策并不能降低债务率的观点。如何降低债务率,促进经济增长？欧元区以60%作为债务率的准入标准和财政纪律标准,部分经济学家也提出不同的合理债务率水平。具有代表性的是Reinhart和Rogoff(2010)提出的90%债务率阈值,也就是说债务对经济增长的作用由正值转向负值的临界点即债务率超过90%将拖累经济增长。何代欣(2013)计算出,发达国家的债务率阈值是42%。Baum等(2012b)提出,如果债务率低于67%,则债务率的适当增长会促进经济增长,但一旦债务率超过95%,其增长只会拖累经济增长。进一步地,一旦一国债务率超过70%,该国长期利率水平将提高。Checherita-Westphal和Rother(2010)对1970年以来欧元区具有代表性国家的实证分析发现,债务率与经济增长的关系呈现"U"形,债务率超过90%后将对经济增长产生明显的负面影响;而对1980—2010年18个OECD成员的实证分析发现,债务率超过85%将对经济增长产生负面影响。Kumar和Woo(2010)对新兴市场国家和发达国家进行非线性回归分析发现,债务率超过90%将对经济增长产生负面影响。Hansen(1999)则给出两个拐点值即32.3%和66.25%,如果债务率低于32.3%或者高于66.25%,对经济增长的促进作用将明显增强,而债务率介于32.3%和66.25%之间时,影响较为微弱。

债务率阈值是依赖于历史数据得出的债务上限,忽视了经济和财政赤字的动态演化,一国可维持的债务率是动态变化的,依本国经济周期和财政周期的波动而波动,暂时的偏离不代表该国债务不可持续。Bowdler和Esteves(2013)提出,欧元区成员的债务结构、持有人的差异也会影响债务率与经济增长之间的稳定关系,由此不存在严格的两者之间的影响由正向转向负向的阈值。Manasse和Roubini(2005)等提出,单纯的债务率不是导致债务危机的根本原因,欧债危机爆发国的债务率远低于日本等高债务率国家,债务流动性、偿债意愿等也是发生债务违约的重要因素,因此,使用特定的债务率阈值衡量一国债务可持续性缺乏合理性。由此,学者使用Bohn(2007)提出的财政反应函数,反映了一国政府可依据经济波动对可负担债务率进行暂时的偏离,不代表该国债务不可持续,解决了前面两种分析方法存在的静态缺陷,使得债务率能够对经济变量进行动态调整,更符合一国长期债务可持续的判断思路。Bohn(2007)最早提出的是线性财政反应函数,随后 Mendoza 和 Ostry(2008)、Ostry 等(2010)研究发现,当债务率超过 50% 后,财政对债务的线性反应由显著变为微弱,进而提出非线性财政函数。Ghosh 等(2013b)研究发现,部分欧元区国家债务率低于 40% 或高于 173%,这些国家财政对债务率的反应略为负向,即财政反应较弱。只有在 40% 至 173% 区间,国家财政对债务率的反应才显著为正向,即财政充分盈余压制债务率上升。Ghosh 等(2013a)的研究发现,财政盈余对债务率的调整是有限的,超过一定限度,财政盈余将不再对较高的债务率进行动态调整,即出现"财政疲劳",这成为目前研究一国债务可持续性的主流方法。

总体来看,现有研究成果比较丰富,但局限性也很明显:一是普遍缺乏对欧元区系统的制度反思,更缺乏对欧盟最新制度创新的深度剖析和前瞻性研究,影响成果的参考价值。二是未从中国战略利益出发提炼出对区域经济发展有益的研究成果。本书以欧元区现有制度设计为研究对象,以制度反思为研究切入点,沿着"欧元区制度体系→制度缺陷→制度创新→深化经济一体化改革→对经济一体化发展模式的启示"这一思路,在系统阐述欧元单一货币区制度体系及其缺陷的基础上,对欧盟推出的制度创新进行深度剖析,继而提炼出对中国的启示与建议。

二、研究对象与总体框架

本书以欧元区现有制度设计框架为研究对象,主要由以下内容构成:

第一章,欧债危机原因。

(1)欧债危机的爆发。首先阐述希腊主权债务危机的爆发和发展现状,以及希腊债券信用事件及影响。2009 年爆发的欧元区主权债务危机始于希腊主权债务危机;2012 年,希腊国债发生信用违约,使得希腊成为近 60 多年来首个违约的发达经济体;2018 年 8 月,希腊成为欧元区最后一个告别资金援助的成员,与葡萄牙、西班牙和爱尔兰、意大利等国一起步入经济复苏道路,长达9年的欧元区债务危机从形式上得以解决。希腊债务危机并不是个例,反映了欧元区多个国家普遍存在的经济结构和债务问题。其次阐述西班牙和意大利债务危机及欧债危机的全面爆发。

(2)欧债危机爆发的制度分析。欧债危机爆发的原因包括两方面:欧元区的财政纪律约束缺乏效力是其外部诱因,成员丧失解决债务问题的多项工具是其主要原因。加入欧元区后,各成员丧失通过发行货币减轻债务压力的工具,债务风险的自我预期实现机制使得一国的债务风险传导到其他成员。成员固化的经济结构是债务危机爆发的根源,也是解决债务问题的根本所在。

第二章,欧元区现有制度体系。

(1)欧元区现有制度体系框架。首先以最优货币区理论作为理论分析起点,详细说明自欧元启动以来欧元单一货币区现有的制度设计安排。目前,欧元区加入标准存在内生性问题,申请加入欧元区的标准过于严格,使用旧政策下的历史数据制定加入标准存在"卢卡斯批判"问题。其次分析了2017年欧盟提出的建立"多速欧洲"目标,部分成员可根据自身情况不与先行国家同步,体现了欧盟对成员现实差距的认识。

(2)欧元区现有制度体系与最优货币区标准的理论和实证比较。欧元区成立之初仅部分满足了最优货币区理论的经济趋同标准,而欧债危机的爆发恶化了各成员的经济条件,使得最优货币区理论的各项经济趋同标准出现了明显的分化,与经济学提出的最优货币区理论经济趋同标准之间产生了较大的差距。由此,对欧元区现有制度体系与最优货币区标准进行实证比较,借鉴 Barro(1992)提出的经济收敛模型,选择欧元区成员作为考察对象,研究欧元区成立前后这些成员在通货膨胀率、政府财政赤字和公共债务率等经济指标上的趋同情况,为后文分析欧元区现有制度设计的缺陷奠定基础。

第三章,欧元区财政制度。

(1)欧元区财政制度缺陷与危机动态诱发机制。一方面,遵循"欧元区成员以无法控制的货币发行国债→无法发行货币,向债券持有人提供流动性担保→债券持有人产生清偿力怀疑,利率上升→财政赤字超标"的思路,对财政制度的内在缺陷与债务危机的动态诱发机制进行研究。

另一方面,遵循"政府流动性危机→国债价格下降与利率上升→银行经营成本上升与亏损→引发银行业危机"的思路,对流动性危机演变为银行业危机进行研究。本章通过构建理论模型反映出,欧元区主权债券市场中欧元区成员无法控制欧元的汇率,满足特定条件时,理性的政府会选择违约方式减轻债务。这一结论从理论上印证了2012年希腊主权债务违约事件存在的必然性。货币政策统一而财政政策不统一是目前欧元区主权债券市场的根本缺陷。成员丧失本国货币的独立发行权,成为加入欧元区的代价。欧债危机爆发后,欧盟开始对现有财政制度框架进行反思,致力于从两个方面弥补欧元区国债市场的缺陷:一是改革货币发行主体;二是改革主权债券发行主体,探索组建更深层次的财政联盟。整体上看,在改革欧元区目前主权债券市场方面,欧盟采取了深化一体化而不是倒退一体化策略:一是推出预算黄金法则;二是增补欧洲央行的最后贷款人角色,在成员国债市场缺乏流动性时全额购买,且不设资金上限,以平抑国债利率,降低政府融资成本。

(2)欧元区财政制度反思与改革。一方面,分析欧元区债券发行主体改革和共同债券方案及风险传染机制;另一方面,分析欧元区货币发行主体改革以及欧洲央行推出的直接货币交易对降低成员发债成本与债务违约率的影响。

(3)欧洲央行量化宽松货币政策的影响。我们采用VAR模型,量化分析欧洲央行推出的欧版量化宽松货币政策对金融市场和实体经济的影响。欧洲央行的量化宽松货币政策对改善欧元区的物价水平,特别是防范通货紧缩的风险具有明显的政策效应,但对提振经济的作用极其有限,没有发挥刺激经济增长的作用。此外,货币供应量的上升对区域内的短期金融市场形成极其有限的脉冲冲击,无法在短期内压低债务国的债券利率。

第四章,欧元区金融制度。

本章首先分析欧元区现有金融制度缺陷,阐述欧洲金融市场存在的"金融不可能三角",分析欧洲银行业联盟建立的必要性和理论基础,分析英国脱欧对单一金融市场的影响。其次分析债务危机后欧盟对欧元区现有金融制度的反思与改革。

(1) 欧元区金融制度缺陷。首先构建理论模型分析在欧盟单一市场跨国经营的国际银行出现流动性危机时，如果实施救助的成员收益较少，而不实施救助的境外市场收益较多，那么即使救助对维持金融市场稳定具有重要意义，成员也将选择不救助。其次分析欧洲主权债务危机与美国次贷危机在风险传导机制方面最大的差异在于美国次贷危机中市场风险的传导是通过政府直接注资以及提供担保将单个商业银行的风险转移到政府公共部门，而欧债危机的风险转移与此相反，商业银行基于传统的业务习惯将国债视为无风险资产并持有大量国债，使得政府国债风险溢价传导到金融市场。最后分析欧盟单一市场存在"金融不可能三角"，即在金融市场全球化条件下，一国不可能同时取得金融市场稳定、金融市场一体化和金融政策独立三个目标。

(2) 欧洲银行业联盟的建立与挑战。我们认为，克服"金融不可能三角"理论的现实方案是在欧元区内制定统一的金融政策，放弃独立金融政策的制定权，以换取金融市场稳定和整体化的目标，这为欧盟建立欧洲银行业统一监管体系提供了合理性。2012年6月，欧盟通过了建立银行业联盟的决议，欧洲银行业联盟由单一监管机制、单一清算机制和共同存款保险机制组成，这三大机制被称为欧洲银行业联盟的"三大支柱"。

(3) 英国脱欧对欧盟金融市场一体化进程的冲击。我们分析了英国脱欧对欧盟金融市场的影响，脱欧后英国和欧盟跨国金融机构如何继续开展经营活动。据此提出，英国脱欧对于英国和欧盟金融机构的短期负面影响是显然的，一定程度上需要在英国宽松灵活的监管环境和欧盟庞大的金融市场之间权衡取舍，而业务重新布局势必提高短期经营成本，削弱市场份额。

第五章，欧元区区域性合作机制。

(1) 区域性合作与危机诱发机制。我们在 Calvo (1988) 理论分析框架基础上，结合2012年希腊债务减记事件，阐述欧元区由于缺乏一个成熟的救助机制在危机时无限量释放流动性，导致市场对政府偿还能力的怀疑能够自我实现，加剧债务危机。理论模型反映出，欧元区主权债券市场中成员无法控制欧元的汇率，满足特定条件时，理性的政府就会选择通过违约方式减轻债务。市场对一国国债的怀疑可以自我实现,这一特点使得西班牙、意大利等信用状况良好的国家也容易爆发主权债务危机。

(2) 区域性合作机制的完善。基于稳定欧元区主权债券市场的需要,欧元区应建立区域性合作机制,借助区域内的流动性支持机制稳住整个市场对可能违约国政府主权债券市场的信心,在主权债务风险较高的成员和欧元区其他成员之间构筑一道隔离墙,防止一国债务危机引发欧元区其他成员违约的多米诺骨牌效应。本章还比较了欧洲稳定机制(ESM)、欧洲金融稳定机制(EFSM)和欧洲金融稳定基金(EFSF)的贷款条件、真实放贷能力、资金结构。最后结合最新的金融数据,从降低银行资金成本、释放市场流动性等方面对 ESM 真实放贷能力和压低融资成本的有效性进行量化评估。

第六章,欧元区债务危机应对制度。

本章通过构建适合欧元区成员债务可持续均衡模型,从理论和实证两方面阐明欧元区成员债务可持续性的条件和动态规律,对通过财政紧缩降低债务率的观点进行验证。进一步地,分析目前欧盟降低债务率的常规方法即紧缩财政内容及负面影响,运用理论模型阐述使政府债务率趋于稳定的条件是政府税收收入高于政府开支;同时对债务问题长期解决机制进行探讨,并提出系统的债务危机解决方案。

(1) 危机应对制度的有效性检验。我们运用财政学政府债务可持续性分析框架,构建适合欧元区成员的债务可持续均衡模型,阐明欧元区各国债务可持续的条件和动态规律,运用理论模型阐述使政府债务率趋于稳定的条件是该国政府努力让收入大于支出,并保证经济增长率超过国债利率,政府只有产生净收入并保证经济稳定增长才能使本国债务率下降。如果一国经济的实际增长速度小于该国国债实际利率,会导致本国债务持续上升,导致该国主权债务不可持续,容易引发主权债务危机。

(2) 非对称产出冲击对主权违约的影响。主权违约模型可以计算一国安全债务边界、评估实时的主权违约概率和为债务违约提供预警,但目前主流主权违约模型都假设产出冲击服从一阶自回归过程。然而现实世界中,GDP 产出波动具有明显的不对称特性,难以用自回归模型刻画。受此启发,我们探讨不对称的产出冲击对违约概率的影响,所得到的研究结果进一步提高了模型对现实经济的拟合能力,模型稳态的数据模拟结果显示本模型更接近现实数据,不对称冲击假设明显改进了模型的数据匹配能力,特别是模型能同时匹配较高的主权债券利差水平和较低的主权债券波动率。

(3)代表性国家债务可持续的实证分析。目前,分析一国债务可持续的方法主要有三种:跨期预算约束下分析债务可持续性、计算一国债务可负担的最高阈值、使用财政反应函数动态判断长期债务可持续性。我们使用财政反应函数动态判断欧元区代表性国家的长期债务可持续性,使得债务率能够对经济变量进行动态调整,只要一国对本国的财政支出情况依据债务率作出正向动态反应,减少财政开支或者增加财政收入就可以保证该国债务可持续,更符合一国长期债务可持续的判断思路。我们结合最新数据使用财政反应函数动态判断了欧元区主要成员的长期债务可持续性。

(4)欧债危机应对制度反思。在欧元区债务问题解决思路上,国际资金援助的重要经验是充分考虑被救助国家的经济结构,考虑大幅度紧缩开支带来的经济下行风险,适当优化贷款条件,下调债务削减的目标,延长还款期并降低贷款利率。虽然目前欧元区债务危机已经解决,但主要债务问题国在未来很长时期内面临较高的偿债压力。从长期来看,债务是未来收益的索取权,减少债务只能通过长期的经济增长和债务总量的下降,这也是债务问题解决的根本思路。

第七章,欧元区经济发展模式反思。

欧债危机的解决较为漫长,由于欧元区边缘国家经济增长前景黯淡,债务危机的解决需要漫长的时间,欧债危机将从急性过渡到慢性,即"欧洲急性病慢性化"。欧元区还没有走到崩溃的地步,要切实推进各项改革机制,从而控制未来债务增长和宏观经济失衡。本章从完善金融市场、应对非对称性冲击能力和解决区域内部失衡等角度对危机后欧洲经济发展模式进行重新审视,探讨欧盟经济发展模式的适度调整与完善。

(1)欧元区经济发展模式的内容与弊端。无论是希腊退出欧元区的讨论,还是英国退出欧盟的现实选择,均反映出目前欧洲经济模式下成员发展不均衡的事实,在加入标准中应该考虑不同国家的现实差距。基于各成员一体化水平存在较大差异的现实,欧盟提出建立"多速欧洲"目标,部分成员可以在一体化道路上先行一步,其他成员可根据自身情况不与先行国家同步,但欧盟整体走向全面一体化的方向不变。"多速欧洲"目标的提出体现了欧盟对成员现实差距的认识,比实现单一严格的一体化目标更接近现实,也具有可操作性。

(2)英国脱欧对欧洲经济发展模式的挑战。我们通过实证分析发现,英国脱欧是双输的结果,导致双边贸易成本上升和贸易数量绝对下降,这种负面冲击呈现典型的非对称性特征,即欧盟的贸易损失要小于英国,原因是欧盟成员可通过增加对其他成员的内部贸易来替代与英国的贸易,但欧盟的贸易损失也比预期的要大。英国脱欧对贸易环境产生了不断强化、持久的不确定性冲击,贸易制度的不确定性对贸易量的影响是巨大的。

(3)欧元区经济发展模式改革。为了应对债务危机和英国脱欧对欧盟金融市场的冲击,欧盟选择了通过深化一体化进程而不是倒退来解决目前金融市场的割裂问题。为打断成员主权债务危机与银行业危机之间的风险传导,欧盟建立了银行业联盟,通过统一对成员国内银行业体系进行监管为欧洲央行货币政策的有效性提供市场基础。英国脱欧让欧盟意识到现有制度设计的缺陷,在债务危机解决过程中,欧盟对原有的制度进行了根本改革。

第八章,欧元区现有制度的启示与建议。

本章系统、全面地总结了欧债危机爆发后对欧元区制度的反思与完善,并提炼出对中国的启示与建议。

三、重点与难点

本书重点与难点如下:

(1)欧元区制度缺陷。欧债危机暴露出欧元区制度缺陷,对欧元区制度缺陷与危机动态诱发机制的系统研究是本书的重点与难点。我们分别从欧元区财政制度、金融制度、区域性合作机制、危机应对制度和经济发展模式五方面展开研究。在政府债务可持续部分,基于跨期预算约束分析债务可持续性、计算一国债务可负担的最高阈值、使用财政反应函数动态判断长期债务可持续性,并结合最新的数据对欧债危机发生前后主要成员的债务可持续性进行实证分析。

(2)欧元区制度反思。本书在对制度的弊端及其与危机的影响关系进行深度分析后,依次从欧元区财政制度、金融制度、区域性合作机制、危机应对制度和经济发展模式五方面论述欧洲对于欧元区制度的反思与创新。

四、研究思路

本书研究思路如图1所示。

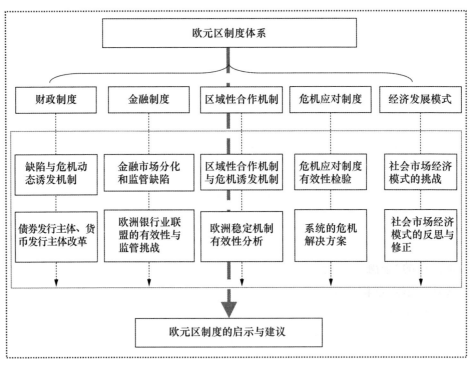

图1 研究思路

五、研究方法

(1)案例与比较分析方法结合。本书使用大量的案例与比较分析方法,比如,在对欧元区主权债券市场的内在缺陷与债务危机的动态诱发机制进行研究时,比较了欧元区成员与非成员加入单一货币区对主权债务的影响;在分析欧洲金融市场统一监管的缺失、欧洲金融市场分化时,通过比较分析得出希腊、葡萄牙、西班牙等欧元区成员的短期利率变化在欧元区成立前后呈典型的蝶形分布,利率水平呈现明显的分散趋势;在共同债券分析部分,比较分析了蓝色债券和红色债券方案。

(2)理论与实证分析方法结合。实证部分,第二章结合最优货币区理论,选取欧元区加入指标,包括名义通货膨胀率、利率、财政赤字率、债务率,并新增人均GDP水平作为经济趋同性的判断指标,对欧债危机爆发前后欧元区经济运行状况与最优货币区理论进行比较研究。第三章使用VAR模型,量化分析欧洲央行推出的欧版量化宽松货币政策对金融市场和实体经济的影响。第六章针对目前研究一国政府债务可持续的三种方法:基于跨期预算约束分析债务可持续性、计算一国债务可负担的最高阈值、使用财政反应函数动态判断长期债务可持续性,依次分析其优缺点,最终确定使用第三种方法来判断欧元区具有代表性国家的长期债务可持续性,并结合最新的数据对欧债危机发生前后欧元区主要成员的债务可持续性进行实证分析。第七章实证分析了英国脱欧对英欧贸易和经济的影响。

理论部分,第三章通过构建理论模型反映出欧元区财政制度缺陷,欧元区主权债券市场中欧元区成员无法控制欧元的汇率,满足特定条件时理性的政府就会选择通过违约方式减轻债务。第四章阐述欧洲银行业存在的"金融不可能三角",分析欧洲银行业联盟设立的必要性和理论基础。第六章构建适合欧元区成员的债务可持续均衡模型,阐明欧元区成员债务可持续的条件和动态规律。同时将不对称的产出冲击引入主权违约模型,提高了模型对现实经济的拟合能力。

六、价值和创新

本书价值和创新体现在以下方面:

(1)以欧元区制度反思为切入点,综合运用理论和实证分析方法,系统、全面地评价欧元区制度缺陷以及危机诱发机制间的复杂关系,完善了最优货币区理论。通过构建理论模型反映出欧元区财政制度缺陷,分析欧洲银行业联盟设立的必要性和理论基础;构建适合欧元区成员的债务可持续均衡模型,阐明欧元区成员债务可持续的条件和动态规律;将不对称的产出冲击引入主权违约模型,提高了模型对现实经济的拟合能力。

(2) 采用最新经济数据,运用实证分析法量化分析欧元区制度缺陷对金融市场和实体经济的影响,分析各国政府债务可持续的均衡条件。具体而言,对欧元区经济运行现状与最优货币区理论进行实证比较分析;使用VAR模型量化分析欧洲央行推出的欧版量化宽松货币政策对金融市场和实体经济的影响;使用财政反应函数动态判断欧元区具有代表性国家的长期债务可持续性,并结合最新的数据对债务危机发生前后主要成员的债务可持续性进行实证分析;实证分析了英国脱欧对英欧贸易和经济的影响。

(3) 系统总结欧盟处理欧债危机的教训,并提出建设性的启示与建议。中国目前尚没有爆发大规模的债务危机,但存在地方政府隐性负债、逃废债等多个债务风险点,为防范潜在的债务风险,可组建具备流动性支持的债务支持基金,作为中国应对自身潜在债务问题的流动性提供工具,避免向IMF等国际最后借款人借款时被附加严苛的经济结构条件,损害中国的经济主权。一旦爆发经济危机,应该及时把握好短期与长期宏观政策的转变过程。短期内,作为正常的反危机操作,通过量化宽松的货币政策解决危机的流动性有其合理性;长期内,危机的最终解决一定会通过经济基本面的转型,要在适当的时机为宏观干预政策提供合适的退出机制,运用新的经济增长支撑点完成后危机时代的经济转型。

第一章 欧债危机原因

本章系统分析希腊主权债务危机的爆发和发展现状,以及希腊债券信用事件及其影响,阐述西班牙和意大利债务危机及欧债危机的全面爆发,最后对欧债危机产生的原因进行系统分析。

第一节 欧债危机的爆发

一、希腊主权债务危机是欧债危机的导火索

2009年爆发的欧元区主权债务危机始于希腊主权债务危机。欧元区没有统一的财政部门,为约束各成员的财政纪律,保证单一货币——欧元的币值稳定性,欧元区设立之初就在《马约》中规定了成员的财政纪律约束框架,即3%的赤字率和60%的债务率,这也是加入欧元区的硬性财务指标。2009年10月19日,希腊新任首相在上任演讲中披露希腊政府债务问题严重,面临不持续的风险,并于11月5日将当年财政赤字比重上调为12.7%,是之前政府公布数值的两倍,远远超出欧盟委员会制定的3%标准;将希腊债务率上调到112.6%,也远远超出60%的标准。希腊政府1995—2019年财政赤字率如图2所示。从事后披露的数据来看,2009年,希腊债务总量已达2800亿欧元,而当年GDP为2400亿欧元,该国实际已经资不抵债,处于破产状况。随后标普等国际评级机构纷纷将希腊的主权信用调整为垃圾级,短期国债收益率最高达33%,由此引发市场对希腊主权债务问题的担忧,纷纷抛售希腊国债,希腊债务危机全面爆发。

欧元区成员的经济和贸易体量不同,可分为核心国家和外围国家。其中,德国、法国、意大利、西班牙和荷兰是核心国家,经济总量约占欧元

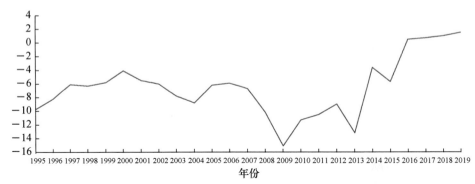

图 2　希腊政府财政赤字率（单位：%）

数据来源：欧洲统计局官网：http://ec.europa.eu/eurostat/data/database，2022 年 2 月 20 日访问。

区的 80%，贸易总量约占 70%。意大利、西班牙、葡萄牙等国与希腊经济和贸易结构类似，经济结构过于倚重服务业，出口结构单一。希腊出口结构中，90% 以上为运输业和旅游业，严重依赖外部出口环境。2008 年国际经济危机爆发后，外部出口环境急剧恶化，导致希腊等国出口下降，希腊放弃了制造业、农业等基础产业的生产，对这些产业商品的进口呈现一定刚性，导致出现大规模贸易逆差。此外，这些国家常年贸易经常账户逆差或顺差较少，对德国经济的依赖较深，对德国保持常年的贸易逆差；同时，这些国家资本账户多为逆差，德法银行对这些国家的贷款弥补了其资金缺口。欧元区外围国家对核心国家的经常项目和资本项目双逆差使得这些国家积累了巨额的对外债务，如果不对国内经济结构实行彻底的改革，债务危机的爆发只是时间问题。

二、希腊国债违约事件

自加入欧元区以来，希腊经济发展平稳，直到 2004 年希腊奥运会举办之前，希腊经济都保持较高的活力。希腊在 20 世纪 90 年代初完成金融市场自由化进程，银行业竞争加剧，利率水平较低，市场流动性充裕，但 2009 年爆发的债务危机使得希腊国内融资环境迅速恶化，直到 2012 年希腊国债发生信用违约，使得希腊成为近 60 多年来首个违约的发达经济体。2012 年 3 月 9 日，国际掉期交易协会（ISDA）判定希腊政府提出的债务减记计划为信用违约，当日国际信用评级机构穆迪也宣布希腊债务减记计划造成大量债务减记,已构成债务违约。该违约事件的起因是希腊有一笔1450亿欧元债务于2012年3月20日到期,为避免希腊政府违约并提振市场信心,欧盟决定向希腊提供资金援助,其中一项贷款条件就是要求希腊完成债务减记。债务减记侵害了希腊债权人的利益,自愿参与人数占比仅为85.8%,没有达到95%的自愿参与率水平。由此,希腊政府强制性地将债务减记参与率提高到95.7%,成功实现债务减记约7成(约1060亿欧元)的目标。在希腊成功完成约1060亿欧元的债务减记后,欧元区财长会和欧盟财长会最终批准对希腊发放第二轮规模为1300亿欧元的援助贷款。至此,希腊接受的第二轮救助资金共达2802亿欧元(详见表1),这笔资金在短期内对缓解希腊债务危机局势起到关键性作用,但希腊债务减记已构成事实上的债务违约。

表1 希腊接受的第二轮救助资金统计

资金来源	金额(亿欧元)	使用方向	金额(亿欧元)	使用方
欧元区第二轮救助贷款	1300	希腊债务减记好处费	300	私人部门投资者
		希腊债券利息	57	私人部门投资者
		希腊银行补充资本金	500	希腊银行
		希腊政府	443	希腊政府
希腊债务减记	1000	希腊政府	1000	希腊政府
额外资金	502	EFSF提供资产作为希腊银行在欧洲央行的抵押品	350	希腊政府
		欧洲央行放弃证券市场计划(SMP)项目下购买希腊债券的利润	120	希腊政府
		欧元区成员央行放弃投资希腊债券的利润	18	希腊政府
		第一轮希腊救助贷款利息回溯调整	14	希腊政府
合计	2802			

债务减记(PSI)计划的具体方案是国债面值减记53.5%,下调债券利率并将债务展期。综合三方面的损失,希腊国债持有人的整体收益直接损失7成,这也是希腊国债持有人拒绝债务减记计划的原因。希腊政

府能否顺利完成债务减记的目标,关键取决于有多少债券持有人自愿参与。依自愿参与率的不同,可分成三种情形(见图3):

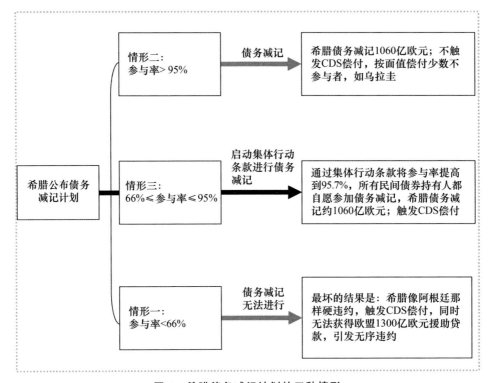

图3　希腊债务减记计划的三种情形

情形一,参与率低于66%。如果希腊债务的债权人中很多不同意自有债务减记,即同意自愿减记参与比例低于66%,那么希腊政府只能违约。由此导致的影响是:对于债务人希腊政府而言,由于无法满足欧盟援助提出的债务减记条件,欧盟将不向希腊提供第二轮1300亿欧元贷款援助;进一步地,希腊也将无力偿还即将到期的债务,造成直接的硬违约事件。对希腊民间债权人而言,希腊债券信用违约互换(CDS)产品的持有人可直接向卖方要求偿付,但由于希腊国债总额较大,由此导致的偿付金额也将巨大,2008年美国雷曼兄弟破产情形将再次重现,进而引发全球流动性紧张和金融市场动荡,这对各方而言都是最不利的情形。

情形二,参与率高于95%,这种情形与第一种情形恰好相反。多数债权人同意希腊政府提出的债务减记条件,自愿进行债务减记;同时,由于没有发生强迫性的债务减记,因而没有触发 CDS 偿付,这是对希腊政府最有利的情形。

情形三,参与率在 66% 与 95% 区间,将导致债务减记并同时触发 CDS 偿付。如果希腊债务减记计划参与率超过 66%(包括 66%),则希腊政府就可以启动集体行动条款(CAC),强迫所有私人债券持有人参与债务减记,希腊发生的正是这种情形。

三、希腊债务危机的解决现状

国际贷款人对希腊的资金救助于 2018 年 8 月 20 日结束,自 2018 年 8 月 21 日起,希腊政府只能通过发行债券独立融资,不再接受国际资金援助,成为希腊债务危机基本解决的标志。自此,希腊成为发生主权债务危机后最后一个告别欧盟金融援助的欧元区成员,也标志着困扰欧盟 9 年之久的主权债务危机基本得以解决。2019 年 5 月,EFSF 对希腊进行 10 亿欧元债务减免。2019 年 11 月,希腊向 IMF 提前偿还 27 亿欧元贷款,表明希腊债务压力大大缓解。2015 年,希腊政府为争取"三驾马车"(欧盟委员会、欧洲央行和 IMF)的贷款实施临时的资本管制,规定每张银行卡每天 60 欧元的现金取款限额,通过该规定强制本国居民缩减开支。随着希腊经济好转,现金取款限额不断放宽,直至 2019 年年底全面取消,自此希腊债务危机已得到解决。

(一)三轮资金援助提供关键的资金支持

三轮资金援助为希腊解决债务危机提供了关键的资金支持。基于希腊特殊的欧元区成员地位,为防范希腊债务风险向欧元区其他成员蔓延,自 2009 年希腊爆发债务危机至 2018 年债务危机基本解决,"三驾马车"对希腊提供了长达 9 年、共计 3 轮逾 3000 亿欧元的巨大资金援助,为该国债务危机的解决提供了关键的资金支持。其中,2010 年提供了 1100 亿欧元的救助贷款,2012 年提供了 1300 亿欧元的救助贷款,2015 年提供了 860 亿欧元的救助贷款。

第一,前两轮资金援助对遏制希腊债务危机的恶化起到关键作用。但救助计划存在两大缺陷:一是对希腊政府仅提出较高的改革和债务率下降的目标,即希腊在2020年前把债务率从160%降到120.5%,但从希腊实际债务率下降的进程来看,这一目标显然超出希腊政府的减债能力范围,2018年希腊债务率已经高达181.1%。二是对希腊削减开支和经济改革要求不具体,导致经济改革执行不彻底,过度强调削减开支加剧了希腊社会矛盾,导致希腊失业率上升明显。2011年,希腊GDP下降7.1%,失业率达到19.9%,进而导致社会福利支出基数增加,出现了2012年和2013年政府开支不降反升的问题。2012年,希腊经济大幅衰退,当年GDP缩水7%,直到2014年才出现0.8%的微弱增长。严峻的经济下滑趋势大大压缩了政府收缩开支的空间,迫使希腊政府向国际债权人提出延期计划。2012年8月,为偿还迫在眉睫的债券本息,希腊公共债务管理局拍卖了31.25亿欧元的13周短期国债,售得50亿欧元,① 使希腊能够偿还之前的债券并满足当时的其他资金需求。整体上,这一时期,第二轮资金援助逐步到位,大大缓解了市场对希腊政府偿债能力的担忧,希腊长期国债利率明显下降,与德国等债务稳健国家的国债利率偏差大幅缩小(见图4)。但这段时期希腊的资金压力依然存在,因此寻求了第三轮的资金援助。

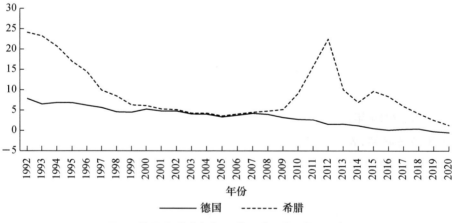

图4 德国和希腊长期国债利率比较(单位:%)

---

① 《希腊计划拍卖国债融资》,载中华商务网:http://www.chinaccm.com/30/20120813/300603_813753.shtml,2021年5月10日访问。

第二,"三驾马车"在发放第三轮援助资金时优化了贷款条件,具体规范了资金去向并适当下调了债务削减的目标。"三驾马车"在发放第三轮援助资金时总结了前两轮资金援助的缺陷,具体规范了每笔资金的使用去向,并考虑大幅度削减开支带来的经济下行风险,适当下调了债务削减的目标;同时,优化了贷款条件,延长了还款期并降低了贷款利率。2018年,希腊债务率为181.1%,而希腊财政自2015年已连续3年实现盈余。2017年希腊GDP增长1.4%,2018年GDP增长1.9%,货物出口增长15.7%,达到创纪录的334亿欧元,显示出经济朝着外向型发展。

(二)第三轮救助计划结束具有标志性意义

2018年8月20日,第三轮希腊债务危机救助计划正式退出,这是希腊和欧元区债务危机基本解决的信号。

第一,表明希腊债务危机基本解决。希腊债务危机救助计划的结束表明希腊不再依赖外部资金援助,将通过发行债券等方式独立融资,也表明希腊重返国际金融市场,具备自主融资能力,并被国际金融市场投资者逐步接受。自2018年8月21日起,希腊只能通过发行债券来融资。2018年,国际评级机构惠誉将希腊主权信用评级由"B-"上调至"B",展望为正面;标普也将希腊评级由"B-"上调至"B+",展望为正面,显示出国际投资者也认可希腊政府的经济改革和债务改善状况。希腊经济自2015年开始明显好转。债务危机前,出口占希腊GDP比重不到20%,到2019年已提升到37.2%,当年货物出口增加15.7%,表明随着外部经济向好,希腊出口得以增长,经济逐渐恢复。

第二,表明长达9年的欧元区债务危机基本解决。希腊并不是世界上债务率最高的国家,也不是债务总量最多的国家,爆发债务危机与希腊处于单一货币区有关,欧元区单一的货币政策使得单个成员无法通过增发货币为其债务融资以缓解短期债务压力,欧洲央行在危机初期奉行"不救助"条款,没有第一时间对希腊等国施以援手,导致希腊债务问题在欧元区迅速蔓延。在危机解决过程中,欧盟对这些制度缺陷进行了根本改革,是从实践上对单一货币区理论的修正和完善,避免了英国脱欧的跟风效应,也成功避免了欧洲一体化的倒退。

四、希腊债务危机的长期解决思路

(一)希腊政府在紧缩财政和经济衰退中艰难权衡

在希腊债务问题解决思路上,希腊政府主要从削减开支和增加税收两种渠道展开。

第一,削减开支。削减开支一直是"三驾马车"向希腊提供资金援助的前提条件,也是希腊政府首先推进的改革领域。希腊实施高社会福利制度,如实施全民公费医疗,对小学至大学的学生实施学费全免,对该国公职人员发放14个月工资,且40岁即可提前退休并每年领取14个月的养老金。自2009年开始,希腊政府为达到国际贷款人的要求,通过降低公务员工资、削减福利发放、实施养老保险和医疗保险改革等方式大幅削减政府财政开支。希腊于2016年取消了提前退休制度,延长退休年龄并降低养老金与通胀水平挂钩比率,将国有公司数目由6000家缩减到2000家;将市级行政区由1000个压缩至400个,下调公共部门雇员待遇。

然而,希腊政府削减开支的目标过高,导致社会矛盾加剧,失业率上升明显,债务率不降反升。2008—2018年,希腊政府债务占GDP的比重平均达到164.3%,平均失业率达到19.7%,2017年GDP增长率仅为1.4%,2018年为1.9%,GDP增长缓慢。希腊失业率水平居高不下,2017年为21.5%,高失业率意味着社会福利保障基数增加,加大了政府偿债压力。根据"三驾马车"的救助协议,希腊应该在2013年和2014年达到115亿欧元(占GDP的5%)的开支削减目标,但希腊没有达到国际贷款人的要求。延期计划显示,希腊政府最终利用了4年时间即在2016年达成削减目标,每年应削减的财政赤字比重从要求的占GDP的2.5%下调到1.5%。从图5中可以看到,希腊赤字率自2016年以后才出现逆转,在良好的经济增长环境和政府的经济刺激政策下,希腊出现了稳定的财政盈余,至此希腊政府的财政状况大为改观。

第二,增加税收。希腊本国地下经济盛行、政府腐败严重,导致该国

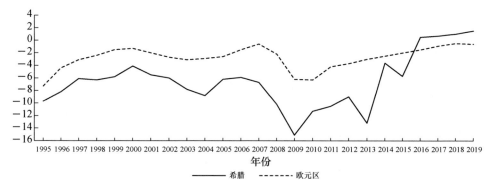

图 5 希腊和欧元区财政赤字率比较(单位:%)

数据来源:欧洲统计局官网:http://ec.europa.eu/eurostat/data/database,2022 年 2 月 20 日访问。

税收收入难以提高,偷税、漏税问题严重,希腊全国每年偷逃税款高达 300 亿欧元,相当于 GDP 的 10% 左右,公职腐败也使希腊政府每年损失 200 亿欧元,相当于 GDP 的 8% 左右。为此,希腊政府多方填补税收漏洞,增加政府财政收入,包括下调税收起征点,向年利润超过 50 万欧元的企业额外征税;提高个人累进税率,向年收入超过 12000 欧元的人征税;提高奢侈品和进口商品的税率。

对"三驾马车"对希腊的国际资金援助进行总结发现,过度削减开支、增加税收和经济改革会加剧受援国社会矛盾,使得失业率上升,导致该国社会福利支出基数增加,出现政府开支不降反升、经济增长暂时衰退的现象。因此,提供国际资金援助应充分考虑受援国的经济结构,考虑大幅度削减开支带来的经济下行风险,适当优化贷款条件,下调债务削减的目标,延长还款期,降低贷款利率,并严格规定具体资金去向,确保资金使用的规范性和有效性。

(二)希腊全力吸引外资进入

债务危机解决过程中,希腊政府全面更新投资环境,出台新的《投资促进法》,针对重大战略投资制定特殊、快速的审批和许可流程通道,并通过设立风险投资基金、企业重组基金和小额贷款基金等新型融资工具帮助经济复苏。在新政策的推动下,2015 年至 2018 年,希腊外国直接投资增长 3 倍,2018 年净流入 36 亿欧元,年增长率为 13.8%,为有史以来最高纪录。

(三)希腊债务危机的长期解决思路

2018年8月,希腊债务危机基本解决,但2018年希腊债务率依然高达181.1%(见图6),在未来很长时期内将面临较大的偿债压力。从长期来看,债务具有对未来收益的索取权,减少债务只能通过未来收入的增长。希腊经济发展的重点将转移到长期的经济增长和债务总量的下降上,这也是债务问题解决的根本思路。希腊债务危机解决的复杂程度还与该国经济结构单一相关。任何国家都存在财政赤字和政府债务,债务可持续性取决于两个条件:一是债务率不能过高,因为过高的债务率会产生滚雪球效应。二是即使该国债务率较高,但只要该国实现出口增长和外资流入,因为外向型经济能够带来贸易顺差,外资流入能够带来资本顺差,也能从根本上带来收入增长和债务下降,日本就是典型国家。目前,这两个条件希腊都不具备,希腊经济增长面临外部环境不利和内部经济结构改革困难两重挑战。

第一,希腊的债务率(见图6)和失业率居高不下。目前,希腊经济持续缓慢增长,该国经济问题主要体现在高失业率和高债务率上。首先,经济增长缓慢,失业率偏高。紧缩财政对降低政府年度赤字率效果明显,但债务问题的根本解决还是要靠经济增长带来的政府和私人部门财富的积累,希腊政府要避免经济衰退并积极促使经济复苏,但该国经济增长缓慢,失业率偏高,2017年GDP增长率仅为1.4%,失业率为21.5%。从短期来看,希腊可以依赖强制性的债务减记实现债务减免;从长期来看,经济增长是解决债务的根本途径,希腊债务危机的最终解决只能依赖于收入的稳定增长以及经济结构的调整。其次,新冠病毒感染疫情(以下简称"新冠疫情")引发的全球经济衰退使得希腊经济复苏不具备良好的外部环境。由于投资和出口下降明显,政府投入相当于GDP的9.5%的财政资金用于应对危机。同时,希腊旅游业和交通运输业受疫情影响较大,2020年GDP下降9%,2021年恢复正增长。

第二,希腊经济存在较为严重的结构性缺陷,内部经济结构改革困难,外部进出口结构难以改变,突出表现为:首先,该国经济自主性弱,过于倚重外向型服务业,对外部出口环境的依赖性强,导致该国经济容易

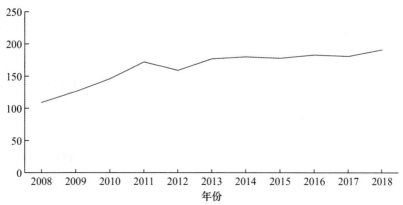

图 6　希腊债务率变动(单位:%)

数据来源:欧洲统计局官网:http://ec.europa.eu/eurostat/data/database,2022年2月20日访问。

受外部环境波及。希腊产业结构不合理,工业基础薄弱,第二产业在国民经济中的占比较小,以食品加工和轻工业为主,同时第三产业较为发达,海洋运输、旅游和侨汇是其外汇收入的三大来源。2021年希腊GDP构成中,以生产法计算,第一、二、三产业增加值占GDP比重分别约为4.5%、18.3%和77.2%。其次,希腊贸易长期维持逆差结构。由于希腊资源相对匮乏,能源和原材料依赖从德国、意大利、中国和俄罗斯进口,出口商品附加值较低,以矿产品,化工产品,机电产品,食品、饮料、烟草等为主。虽然近几年希腊出口增长迅速,但仍然存在大量逆差,2018年希腊进口额是其出口额的1.65倍。

综合来看,希腊经济过于倚重外向型服务业,同时资源匮乏,依赖进口,而出口附加值低,因此改变希腊贸易逆差的局面需要从根本上改变该国经济结构。

第二节　欧债危机爆发的制度分析

一、欧债危机全面爆发

希腊债务危机引发的恐慌情绪迅速蔓延到同样存在债务问题的西班牙、意大利等国,演变成区域性的债务危机。

首先，西班牙的失业率在欧盟中居首位。西班牙经济在欧盟中占有较大比重，希腊 GDP 仅占欧盟 3% 左右，但西班牙 GDP 占欧盟近 20%。西班牙 2020 年失业率达 15.6%，2020 年 6 月，该国青年人失业率高达 40.8%，此外就业率增长缓慢，过高的失业率使得该国公共开支基数增大，加重了该国的债务压力（欧元区代表性国家的就业增长率见图 7）。此外，西班牙房地产市场加剧衰退，拖累银行业发展。西班牙统计局数据显示，2013 年西班牙新房价格同比下跌 7.8%，2014 年同比下跌 2.2%。西班牙银行系统的坏账率较高，2012 年达到 9.86% 的历史纪录，未支付贷款额达到 1693 亿欧元。债务危机期间，西班牙银行业显著增加了对欧洲央行的资金需求，西班牙银行向欧洲央行的借款大幅增加。

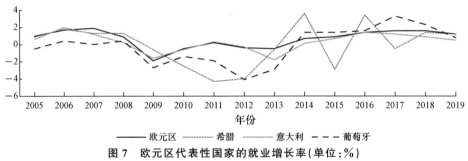

图 7　欧元区代表性国家的就业增长率（单位：%）

数据来源：欧洲统计局官网：http://ec.europa.eu/eurostat/data/database，2022 年 2 月 20 日访问。

其次，西班牙的债务率一直居高不下，政府减债压力巨大。西班牙债务危机期间，债务缠身的地区政府已经无法在资本市场上获得融资。最大的地区加泰罗尼亚向西班牙中央政府申请了 50.2 亿欧元的救助。此外，瓦伦西亚和穆尔西亚也于 2011 年向西班牙中央政府正式申请救助。2015 年 6 月 9 日，国际评级机构惠誉将西班牙前两大银行即西班牙国际银行和西班牙对外银行评级降至 BBB+级，仅比垃圾级高两级，展望为负面。巨大的债务压力下，西班牙政府最终向欧盟寻求救助，通过 ESM 或 EFSF 获得贷款，并将资金注入西班牙银行重组基金，成为西班牙公共债务的一部分。2015 年 6 月 10 日，欧盟决定向西班牙提供不超过 1000 亿欧元的救助贷款，贷款利率维持在 3%—4%，平均贷款利率取决于市场条件。至此,西班牙成为第四个向欧盟寻求救助的国家。自2010年以来,其余三个被救助的国家希腊、爱尔兰、葡萄牙已经获得欧盟3860亿欧元的救助资金。接受救助的西班牙与希腊等国一样,面临着国际贷款人制订的严格的财政收支紧缩计划,而西班牙日益恶化的经济增长前景又会导致财政整顿更具挑战性。虽然西班牙在2014年实现了GDP1.4%的增长,但微弱的经济增长无法缓解巨大的债务偿还压力。2018年,西班牙债务率下降到97.2%,但由于新冠疫情的暴发,2020年年底该国公共债务上升到13110亿欧元,债务率高达117%,超过债务危机期间。

最后,意大利的债务问题也尤为突出,自2004年以来,意大利债务率一直在100%以上,2012年高达123%,在欧元区排名第二,仅次于希腊。为了实现公共财政预算平衡,意大利自2011年年底开始改革,包括就业市场和养老金改革,以及削减支出、放松管制、增加税收等一系列重要的结构性改革,使得赤字率和债务率逐年下降,较好地控制了债务问题。(欧元区成员债务率面板折线图如图8所示)

二、欧债危机爆发的制度分析

(一)外部诱因:欧元区的财政纪律约束缺乏效力

欧元区的财政纪律约束没有发挥效力,成为债务问题恶化的外部诱因。1999年欧元区成立之初,《马约》规定加入欧元区的国家需要符合赤字率不超过3%和债务率不超过60%的硬性财务指标。为满足加入欧元区的标准,希腊、意大利、葡萄牙、德国等国通过货币掉期交易将负债转为外汇交易、用衍生品利息收入抵销债务等做法人为降低赤字率和债务总量。加入欧元区以后,由于财政纪律松散,加之经济增长缓慢,这些国家的债务指标纷纷"变脸",2003年,德国、法国等核心国家突破了《马约》的硬性财务指标,但却没有启动惩罚机制,使得其他成员也不再重视对赤字率和债务率指标的约束。

(二)主要原因:成员丧失债务解决工具

每个主权国家应对债务问题的工具各不相同,通常为增发货币、继

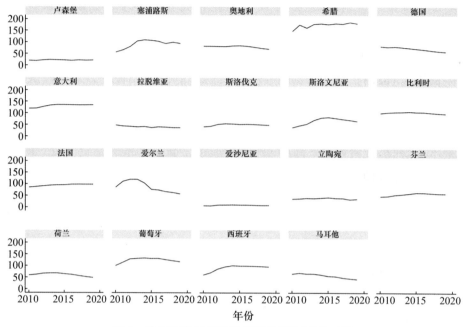

图 8　欧元区成员债务率面板折线图(单位:%)

注:不包括克罗地亚。(下同)

续举债、增收节支,但处于单一货币区使得成员丧失解决债务问题的多项工具,这成为债务危机的主要原因。

第一,加入欧元区后,各成员丧失通过增发货币减轻债务压力的工具。美国是目前世界上处理自身债务问题时工具最多的主权国家,突出的优势是美元为国际货币,美国可以运用独一无二的货币优势通过宽松的货币政策为债务问题解围,通过超发货币实现美元贬值和债务压力减轻。美国是目前债务总量最多的国家,背后支撑因素除了美国强大的经济基本面,还有美元的国际关键货币地位。相比之下,欧洲央行不能因特定国家的债务状况来增发货币,造成欧元区各国政府在应对债务问题时丧失这一重要工具。

第二,债务风险的自我预期实现机制使得一国的债务风险传导到其他国家。由于欧元区各国不具备增发货币工具,长期的结构调整异常艰难,继续举债成为各国解决债务问题的首选。欧元区部分国家的债务率在债务危机爆发前达到峰值,各国偿债压力普遍比较大。更重要的是,国际投资者对一国债务可持续性预期存在自我实现机制。如果投资者认为该国债务背后的经济基本面稳健,就预期该国债务可维持,对该国国债的风险溢价也走低。突出的例子是美国,美国是世界上拥有债务最多的国家,但由于美国经济基本面稳健,加之美元的独特国际货币地位,市场相信美联储会为巨额的美国债务提供无限量的流动性支持,因此美国国债的风险溢价很低,接近零风险。反之,如果投资者认为一国经济基本面恶化,或者地区性债务风险传染性较高,就预期该国国债不可维持,直接导致国债的风险溢价上升,国债利率上升,进而加重该国的偿债负担。这种自我实现机制在欧债危机期间得以显现,使得债务风险不高的国家由于投资者的风险预期导致国债利率上升,出现融资困难,甚至出现类似希腊的债务违约事件。

从图9欧元区代表性国家长期国债收益率的蝶形分布可以看出,在加入欧元区之前,各国的国债收益率反映了各国不同的国债风险,存在明显的分化,即加入欧元区以前的各国国债收益率是对各国国债风险的度量,但加入欧元区后,由于欧洲央行和欧元统一的背书,各国的国债收益率趋于一致。2009年债务危机爆发,欧盟地区性债务风险传染性高,市场预期希腊、西班牙等国国债不可维持,直接导致这些国家国债的风险溢价上升,欧洲央行执行不救助政策重新引发国际投资者对整个欧元区债务危机的担忧,直接导致单个成员国债的风险溢价上升,进而加重了该国的偿债负担。

(三)根源:成员固化的经济结构

首先,单一货币区内欧元的流通使用加大了外围国家的国际收支逆差。货币的价值以国家信誉为担保,体现了货币发行国家的经济实力。作为单一货币,欧元的价值是各成员货币加权平均,欧元启动意味着德国、法国等核心国家实际汇率贬值和西班牙、希腊、爱尔兰等外围国家实际汇率升值,意味着核心国家居民存款贬值和外围国家居民存款升值,也意味着核心国家出口增加和外围国家出口减少。加之欧洲央行对欧元汇率采取"善意忽视"的不干预政策,在此次债务危机爆发之前,欧元兑美元汇率总体上一直处于上升区间。对于原先本身货币贬值的核心

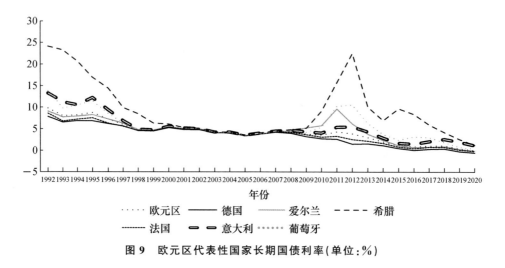

图 9 欧元区代表性国家长期国债利率(单位:%)

国家而言,近 10 年来的欧元升值起到了真实币值回归的作用,但对于启动之初就已经处于货币升值状态的外围国家而言,随后的升值继续推高真实汇率水平,对于外围国家出口部门的打击巨大,是造成国际收支逆差的重要原因。

其次,外围国家的过度举债和核心国家的有借必应,是欧元区内部经常账户失衡的诱因。1999—2008 年,德国向外围国家的累计贷款约占 GDP 的 50%,芬兰为 60%,荷兰为 53%。德国 1999 年投向希腊、西班牙、葡萄牙和爱尔兰四国的资金仅占其资产组合的 10%,2008 年已达 21%。南欧国家信贷过度的原因在于欧元区的治理结构存在问题,由于货币统一,区域内债券收益率较低,因此,南欧国家吸引大量资金流入,但这些国家并没有将债务投入创造国民收入的贸易和生产部门,西班牙和爱尔兰将借款投入房地产市场,葡萄牙用于私人消费,希腊则用于支付公务员工资,造成债务和信贷扩张。

最后,从欧元区整体来看,欧元区各成员的经济基本面并不一致,有清偿能力且愿意纠正宏观失衡的国家为爱尔兰、西班牙和法国;有清偿能力但不愿意纠正宏观失衡的国家为意大利;没有清偿能力但愿意纠正宏观失衡的国家为葡萄牙;既没有清偿能力又不愿意纠正宏观失衡的国家是希腊。各成员处理债务危机的主动性各异,但为防止地区性债务危机蔓延,"三驾马车"共同对欧元区内面临债务危机的政府进行资金援助。IMF向各国实施救助的条件普遍是要求被救助国家实施大规模的债务削减和经济结构调整,要求被救助国家将债务率由最高160%下降到稳健水平,即60%—120%,以保证总债务量的可偿还性。各国政府需要实施严格的财政紧缩计划以达到国际贷款人的要求,将债务率水平降到120%这个目标很高,短期内大幅降低会导致严重的经济衰退,但所谓长痛不如短痛,解决债务危机的切入点就是遏制政府债务率的上升,原因是债务率达到一定阈值只会拖累经济增长,而经济增长是解决债务危机的长期有效手段。

综合来看,解决欧元区各国债务危机的根本思路是在降低债务率的同时保持长期经济增长,通过将债务率降低到一定阈值以防止债务总量出现滚雪球效应并拖累经济增长,通过长期的经济结构调整和经济增长提高政府收入以偿还债务,实现债务可维持。成员固化的经济结构是债务危机爆发的根源,改革经济结构是解决债务问题的长期思路。增收节支是主权国家解决债务问题的根本途径,是否有效取决于一国经济和贸易结构。欧元区面临债务问题的国家外汇储备不足,劳动力工资刚性较强,社会福利较高,固化的经济和贸易结构使得改革初期开源节流异常艰难。

本 章 小 结

本章首先分析了希腊债务危机。2009年爆发的欧元区主权债务危机始于希腊债务危机。债务危机使得希腊国内的融资环境迅速恶化,基于希腊特殊的欧元区成员地位,为防范希腊债务风险向欧元区其他国家蔓延,自2009年希腊爆发债务危机至2018年债务危机基本解决,"三驾马车"对希腊提供了共计三轮逾3000亿欧元的巨大资金援助,对该国债务危机的解决提供了关键的资金支持。

第一轮和第二轮资金援助对遏制希腊危机的恶化起到关键作用,但救助计划存在两大缺陷:一是对希腊政府仅提出较高的改革和债务率下降的目标,即希腊在 2020 年前把债务率从 160% 降低到 120.5%,但这一目标显然超出希腊政府的减债能力范围。二是对希腊削减开支和经济改革要求不具体,导致经济改革执行不彻底,过度强调削减开支加剧了希腊社会矛盾,使得希腊失业率上升明显。第三轮资金援助总结了前两轮资金援助的缺陷,具体规范了每笔资金的使用去向,并考虑大幅度削减开支带来的经济下行风险,适当下调了债务削减的目标。除了外部资金援助外,希腊政府全面更新本国的投资环境以吸引外资进入,帮助经济复苏。

希腊并不是世界上债务率最高的国家,也不是债务总量最多的国家,爆发债务危机与希腊处于单一货币区有关,欧元区单一的货币政策使得单个成员无法通过增发货币为其债务融资以缓解短期债务压力,欧洲央行在危机初期奉行"不救助"条款,没有第一时间对希腊等国施以援手,导致希腊债务问题在欧元区迅速蔓延。在危机解决过程中,欧盟对这些制度缺陷进行了根本改革,从而避免了英国脱欧的跟风效应,也成功避免了欧洲一体化的倒退。希腊债务危机解决的复杂程度还与该国经济结构相关,希腊经济增长面临外部环境不利和内部结构改革困难两重挑战。希腊经济增长缓慢,失业率偏高,而且新冠疫情引发的全球经济衰退使得希腊经济复苏不具备良好的外部环境;同时,希腊经济存在较为严重的结构性缺陷,该国经济自主性弱,过于倚重外向型服务业,对外部出口环境的依赖性强。短期内紧缩财政对降低政府年度赤字率效果明显,但债务问题的根本解决还是要靠经济增长带来的政府和私人部门财富的累积。

其次分析了欧债危机的全面爆发及原因。希腊债务危机并不是个例,反映了欧元区多个国家普遍存在的经济结构和债务问题。各国为加入欧元区,通过货币掉期交易将负债转为外汇交易,用衍生品利息收入抵销债务等做法人为降低赤字率和债务总量,以达到加入欧元区的财务指标。加入欧元区以后,由于财政纪律松散,加之经济增长缓慢,这些国家债务指标纷纷"变脸"。

欧元区的财政纪律约束缺乏效力是欧债危机爆发的外部诱因,成员丧失解决债务问题的多项工具成为欧债危机爆发的主要原因。债务风险的自我预期实现机制使一国的债务风险传导到其他成员,从而使债务风险不高的国家如西班牙等由于投资者的风险预期导致国债收益率上升,出现融资困难。

　　成员固化的经济结构是债务危机爆发的根源,改革经济结构是解决债务问题的长期思路。因此,解决欧元区各国债务危机的根本思路是在降低债务率的同时保持长期经济增长,通过将债务率降到一定阈值防止债务总量出现滚雪球效应并拖累经济增长,通过长期的经济结构调整和经济增长提高政府收入以偿还债务,实现债务可维持。

第二章　欧元区现有制度体系

本章分析欧元区现有制度体系框架,详细说明自欧元启动以来欧元单一货币区现有的制度设计安排,再对欧元区现有制度设计框架与最优货币区标准进行理论和实证比较。本章借鉴 Barro(1992)提出的经济收敛模型,选择欧元区成员作为考察对象,研究欧元区成立前后,这些成员在通货膨胀率、政府财政赤字率和公共债务率等经济指标方面的趋同情况,为分析欧元区现有制度体系奠定基础。

第一节　欧元区现有制度体系框架

蒙代尔最早于 1961 年提出最优货币区理论。(Mundell,1961)最优货币区是指最符合经济金融条件的国家或者地区相互之间建立紧密的汇率制度并发行一种货币。组成最优货币区的标准如下:

(1) 经济开放性标准。McKinnon(1963)认为,组成最优货币区的国家应该为经济开放程度较高的国家,原因是如果一个高度开放的国家实施浮动汇率制度,国内物价和收入水平容易受国际汇率变动影响,因此浮动汇率制度不适合高度开放的国家。可在开放程度较高的国家之间实行固定汇率制,对外汇率波动,即可最大化减少汇率波动对物价和经济的影响,这也是最优货币区建立的基本初衷。在衡量指标上,McKinnon(1963)提出以贸易品占非贸易品比例来衡量,Kenen(1969a)则提出以产品多样化为开放性标准。

(2) 国际金融一体化标准。最优货币区成员组成的金融市场是充分开放且一体化的,如此,单一货币下基础利率小幅度变化会引起国际资本在区域内流动,避免各国较大的息差变化。

（3）要素流动性标准。这一标准由(Mundell,1961)提出,即两国贸易的发生依赖于一国存在超额需求与另一国存在超额供给,是本国外部失衡的主要原因。一旦两国劳动力流动不充分,必然出现失业率以及汇率的调整。因此,为消除经济发展的不均衡,如果两个国家维持单一汇率,并保持物价稳定和充分就业,就必须保持要素的高度流动。

（4）通货膨胀率相似性标准。弗莱明认为,单一货币区成员之间物价相差较大,容易引起资本的流动和实际汇率的波动,并使得单一货币政策无法发挥作用,因此物价水平趋于一致有助于单一货币政策和固定汇率政策的实施。表2总结了最优货币区理论的主要观点。

表 2　最优货币区理论的主要观点

作者	主要观点
Corden 等	最优货币区成员政府丧失对货币政策的直接控制
Mundell	金融市场一体化导致产生国际风险传染效应
Mundell；McKinnon	提出单一货币区规模理论,认为单一货币区可以将范围扩大,甚至包括经济趋同标准相差较大的国家
Ishiyama	经济趋同标准之间具有相关性
Tower 和 Willett	从实证分析结果来看,各种经济趋同标准之间没有任何一种标准占据主导地位
Kydland 和 Prescott；Barro 和 Gordon	存在信用危机。依据短期菲利普斯曲线,成员政府具有内在的动力降低本国通货膨胀率以达到降低失业率的目的
Bruno 和 Sachs	讨论供给面冲击对单一货币区的影响,诸如石油危机、非系统性风险和各国经济周期的不一致性
Robson	对各种经济趋同标准存在的问题进行分析
Calmfors 和 Driffil	讨论最优货币区内工资谈判和劳动力市场收入之间的关系
Tavlas	对各种经济趋同标准存在的不一致性和结论的不一致性问题进行分析
Buiter	考虑最优货币区成员经济规模的大小和开放度标准,以英国为例,英国因为经济规模太小、经济开放度过高而没有加入欧元区
Mongelli	讨论各种经济趋同标准的顺序问题

(续表)

作者	主要观点
Grubel	在劳动力市场不完善和工会组织存在的情况下,分析成员丧失货币政策控制权和本币贬值的成本
Lombardo	分析最优货币区成员政府之间的不平等竞争
Horvath 和 Komarek	分析最优货币区的成员数量
Tavlas	从经济和政治角度讨论加入最优货币区的益处和成本
Alesina 和 Perotti	探讨财政一体化下超国家机构的建立
Coudert 和 Couharde	根据巴拉萨—萨缪尔森效应,候选国货币在加入前有潜在的升值风险
Filippo Ferroni 和 Benjamin Klaus	成员要具有类似的经济周期,这样中央银行才能实施统一的货币政策以应对经济衰退

除了单一指标外,经济学家继续在综合性指标和内生性方面提出新的见解:

第一,单一货币区成立标准的综合性指标问题。Bayoumi 等(1994)提出,每个国家的各种指标数值不同,仅仅通过单一指标或者多个指标无法断定多个国家是否适合成立单一货币区,因此综合性指标可以视为替代性方案,将各种指标分为与经济基本面相关的指标、与外部冲击相关的指标、与金融市场和单一货币相关的指标。自欧元区成立以来,经济学家将对最优货币区理论的讨论重点放在欧元区上,在以下几个方面探讨单一货币区的成员加入标准:(1)贸易一体化程度;(2)金融市场一体化程度;(3)系统性风险的一致性;(4)生产市场和劳动力市场在市场流动性和灵活性方面的一致程度。

第二,单一货币区成立标准的内生性问题。Mundell(1997)提出最优货币区的成立标准存在内生性问题。最初,Mundell(1963)给出的最优货币区的成立标准较高,认为只有经济趋同性强的国家才适合组成最优货币区,但随后意识到,从达到最优的效率改进角度看,只有申请前各国加入标准呈现一定的差异才能在加入后实现更大的收益,即加入标准的内生性问题。

第二节　欧元区现有制度体系与最优货币区标准的理论和实证比较

一、欧元区加入标准及与最优货币区标准的理论比较

根据1997年的《稳定与增长公约》(以下简称《稳约》)和目前的《欧洲联盟运行条约》,欧元区的加入标准为:(1)通货膨胀标准:通胀率不超过通胀率最低的三个欧盟成员的算术平均值+1.5%。(2)利率标准:长期利率不超过物价最稳定的三个欧盟成员的算术平均值+2%。(3)财政赤字标准:一国财政赤字不超过GDP的3%。(4)公共债务标准:一国政府债务不超过GDP的60%。(5)汇率标准:实行浮动汇率制度,汇率最大浮动不超过中间汇率的±15%。欧元区的加入机制为开放型,任何国家都可随着自身指标的改善随时申请加入。

1998年,德国、法国等11个符合标准的国家成为欧元区的创始国,随后又有9个成员加入。欧元区开放型的加入机制体现了欧盟在一体化进程中对成员差异的接纳。2017年,基于各成员一体化水平存在较大差异的现实,欧盟提出建立"多速欧洲"目标,成员中的部分国家可以在一体化道路上先行一步,部分国家可根据自身情况不与先行国家同步,但欧盟整体走向全面一体化的方向不变。"多速欧洲"目标的提出体现了欧盟对成员现实差距的认识,比实现单一严格的一体化目标更接近现实,也具有可操作性。学者们对最优货币区理论与欧洲市场作了诸多实证检验研究,如表3所示。

表3　最优货币区理论与欧洲市场的比较研究

理论观点	实证检验
要素市场的高度流动性(Mundell, 1961; Ingram, 1969)	欧盟要素市场的高度流动性仅为美国市场的1/3(Eichengreen, 1991)
商品市场的一体化程度或欧盟成员是否具有类似的生产模式(Mundell, 1961)	英国等国家高度依赖技术出口,部分国家利率波动频繁(Weber et al., 1991)

(续表)

理论观点	实证检验
经济的开放度,对固定汇率制度的依赖度(McKinnon,1963)	欧盟内多数中小国家符合这一标准
经济差异化标准(Kenen,1969a)	所有工业化国家都符合这一标准
财政一体化和区域内转移支付(Kenen,1969b)	排除未来可能发生的区域内重大转移支付,欧盟财政支出占GDP比重为1.24%,这一成本可能会对欧洲货币联盟的稳定性造成一定影响
经济一体化程度与政治一体化程度(Ingram,1969)	经济一体化程度超过政治一体化程度(Krugman,2013)
通货膨胀率的一致性(Fleming,1971)	加入欧盟和欧洲固定汇率制度后,成员会以牺牲国内就业率为代价,保持与其他成员通货膨胀率的一致性
价格和工资刚性	欧盟成员工资普遍存在显著的刚性,欧洲各国失业率普遍较高,劳动力市场灵活性不足(Eichengreen,1991;Kenen,1995;Baglioni et al.,2016)
实际汇率波动的需求	实际汇率的波动依赖于实际工资的波动,而欧洲各国工资普遍存在刚性(Goodhart et al.,1995)
修正加入欧元区的财政准入标准(Wolf,2010)	成员在加入欧元区后经济收益取决于申请加入时的经济指标差异
经济周期的一致性(Ferroni and Klaus,2015)	成员要具有类似的经济周期,这样中央银行才能实施统一的货币政策以应对经济衰退,但欧元区成员在经济危机期间经济周期呈现不一致性

整体上,目前该问题研究的难点集中于指标衡量的科学性和指标趋同性的判断上,无论是学术界还是欧盟都没有形成一致的单一货币区标准。第一,指标衡量的科学性。一是部分趋同性的指标难以衡量,比如将劳动力的流动作为最优货币区的标准存在问题,原因是区域内自由流动的劳动力往往是具有高级技术的劳动力,而低技术水平劳动力的可替代性强,往往流动性不大,地理上的劳动力流动性往往难以衡量。二是指标的内生性问题。在欧元区是否满足最优货币区标准的讨论中,Frankel和Rose(1998)正式提出欧元区加入标准的内生性问题。由于欧元区加入标准过于严格,使用旧政策下的历史数据制定加入标准存在"卢卡斯批判"问题,即加入欧元区后成员的经济政策发生重大变化,带来经济指标的改善。原来不符合加入标准的国家在加入后经济向核心国家靠拢,经济收敛过程中实现了真正的经济一体化,即一体化过程可

以自我加强。Frankel 和 Rose(1998)提出使用多项加入指标进行衡量存在内生性问题,更合适的指标是申请国与成员之间的贸易联系紧密程度,贸易联系紧密的国家之间成立单一货币区会扩大贸易量,并能够长期稳定获得加入最优货币区的贸易收益。Vieira 等(2012)对欧元区加入标准与汇率变化进行了实证分析,发现并不是所有国家都呈现内生性问题。

第二,指标趋同性的判断。经济周期的一致性是 Mundell(1961)提出的最优货币区建立标准之一,建立最优货币区的一个重要条件就是成员要具有类似的经济周期,这样中央银行才能实施统一的货币政策以应对经济衰退,维持物价稳定。然而,学者经研究发现,欧元区各成员经济周期呈现不一致性,尤其是经济危机来临时。Ferroni 和 Klaus(2015)通过实证发现,欧元区成员在经济危机期间经济周期的不一致性更为明显。他们对 2008 年至 2013 年欧元区最大的四个经济体——德国、法国、意大利和西班牙的经济周期进行了研究,发现德国、法国、意大利三个国家经济周期一致,而西班牙与这三个国家的经济周期不一致,在债务危机爆发之前西班牙经济过热,而当危机来临后经济收缩较为剧烈。从经济波动的原因看,德国、法国和意大利经济波动较多来源于欧元区内的共同因素,而西班牙的经济波动较多来源于国内因素。Farhi 和 Werning(2012)也发现,2000 年到 2007 年西班牙信贷增长是德国的 7 倍,欧盟成员之间经济周期显著不一致。杨力、任嘉(2013)对欧元区经济趋同性进行了实证检验,发现欧元区在名义和实际趋同标准上都不符合单一货币区标准。

另外,McKinnon(1995)、Eichengreen 等(1998)对欧元区的实现方式提出质疑,认为欧元区使用单一货币存在固有缺陷,成员之间经济周期各异,因此保持成员之间稳定的汇率机制可能是目前更适合这些国家的联盟方式,而不是使用单一货币并统一中央银行。Akiba 等(2009)提出,欧元区的建立由于存在成本与收益,使得成员数量并不是越多越好,欧元区存在经济一体化的界线和最优水平。一国加入后参与单一货币区的专业程度提升不明显,这类国家存在脱离欧元区的倾向。

二、欧元区经济标准趋同性的实证检验

(一) 模型的构建

目前对欧元区经济指标是否趋同的实证检验研究成果中,一种研究思路是将成员的指标依次排列,通过计算一国相对排序平均水平的离散程度来判断该国的经济趋同性(商登,2014);另一种研究思路是依据 Barro(1992)提出的趋同检验模型,通过变量系数的符号来判断经济趋同性(丁纯等,2017)。可以看出,经济学家对最优货币区理论与欧洲市场的实证检验多以早期数据为分析样本,是我们开展实证分析的基础。

我们结合最优货币区理论,使用欧盟统计局的最新数据,选取欧元区加入指标,分别是名义通货膨胀率(物价)、长期国债利率、财政赤字率、债务率,并新增人均 GDP 水平作为经济趋同性的判断指标,以 2009 年为界线区分两个时间段,重点对欧债危机爆发前后欧元区经济运行现状与最优货币区理论进行比较研究。

$$\ln\left(\frac{y_{i,t+1}}{y_{i,t}}\right) = \alpha + \beta \ln(y_{i,t}) + \gamma X_{i,t} + \varphi_i + \varphi_t + \varepsilon_{i,t}$$

其中,i 代表国家,t 代表年份;$y_{i,t}$ 为特定年份经济收敛指标变量,β 系数为正说明经济变量趋异,为负说明经济变量趋同;$X_{i,t}$ 为控制变量;φ_i 为国家固定效应,φ_t 为时间固定效应,以分别控制不同年份特征和不同国家技术水平差异对回归的影响;$\varepsilon_{i,t}$ 为误差项。我们使用 Stata 16.0 软件进行统计分析,数据主要来源于欧盟统计局和东方财富 Choice 数据库。由于 2009 年前欧盟部分成员如塞浦路斯等数据缺失,故将数据调整为 2010 年到 2019 年平衡面板数据。基本的变量统计特征如表 4 所示。

表 4 基本的变量统计特征

变量	观测数量	均值	方差	最小值	最大值
债务率(debtrate)	190	76.26105	40.01057	6.1	186.2
长期国债利率(bondrate)	190	2.680211	2.93265	−0.25	22.5
财政赤字率(deficitrate)	190	−2.643684	3.909659	−32.1	3.2
人均 GDP 水平(gdpper)	190	28082.21	16293.86	8720	83640

(续表)

变量	观测数量	均值	方差	最小值	最大值
GDP 增长率(gdprate)	190	2.112632	3.174476	−10.1	25.2
物价(cpi)	190	0.014412	0.0130136	−0.0163599	0.0508186
失业率(unemploymentrate)	190	0.9726316	2.201728	−6.7	8.1

（二）经济趋同性指标的基本分析

通过细致分析可发现，欧元区成立之初仅部分满足了最优货币区理论的经济趋同标准，而债务危机的爆发恶化了各成员的经济条件，使得最优货币区理论的各项经济趋同标准出现了明显的分化，与经济学提出的最优货币区理论经济趋同标准出现了较大的差距。

1. 欧元区人均 GDP 趋同性实证分析

通常来讲，人均 GDP 水平是一国经济发展和居民收入状况的一般反映，成员居民富裕水平接近反映人均 GDP 水平趋同，是成立单一货币区的基础性条件。我们依据欧元区 19 个成员（不包括克罗地亚，下同）的人均 GDP 水平不同将成员分为富裕国家和贫穷国家。目前，欧元区较为富裕的国家是奥地利、比利时、芬兰、法国、德国、爱尔兰、意大利、卢森堡、荷兰，较为贫穷的国家为希腊、西班牙、塞浦路斯、拉脱维亚、马耳他、葡萄牙、斯洛文尼亚、斯洛伐克、立陶宛、拉脱维亚。从图 10 欧元区人均 GDP 取对数后的散点图和核密度图看，部分成员人均 GDP 主要分布于 2 万至 4 万欧元，显示出部分成员在人均 GDP 指标上呈现一致性。

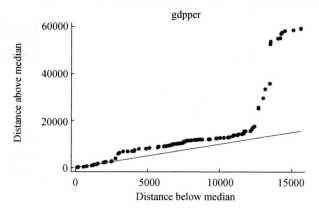

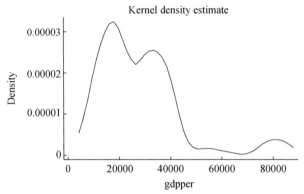

图 10　欧元区人均 GDP 水平的散点图和核密度图（单位：万欧元）

数据来源：欧洲统计局官网：http://ec.europa.eu/eurostat/data/database，2022 年 3 月 10 日访问。

采用的回归模型为：

$$\ln\left(\frac{\text{gdpper}_{i,t+1}}{\text{gdpper}_{i,t}}\right) = \alpha + \beta\ln(\text{gdpper}_{i,t}) + \gamma X_{i,t} + \varphi_i + \varphi_t + \varepsilon_{i,t}$$

我们分别作了加控制变量和不加控制变量的回归，发现不加控制变量的回归系数更为显著，因此取该回归结果，具体见表 5。由结果可发现，解释变量 $\ln(\text{gdpper}_{i,t})$ 的 β 系数在 95% 的概率下为 0.3021，β 系数为正说明经济变量趋异，欧元区 19 个成员的人均 GDP 没有呈现趋同性。这与学者 Agnello 和 Sousa(2015)的研究一致。

表 5　欧元区人均 GDP 趋同性检验模型回归结果

	被解释变量 $\ln\left(\frac{\text{gdpper}_{i,t+1}}{\text{gdpper}_{i,t}}\right)$ （加控制变量）	被解释变量 $\ln\left(\frac{\text{gdpper}_{i,t+1}}{\text{gdpper}_{i,t}}\right)$ （不加控制变量）
常数项	−1.146	−3.041
解释变量 $\ln(\text{gdpper}_{i,t})$	0.1119	0.3021**
控制变量 GDP 增长率	0.0060	
控制变量失业率	0.0204***	
拟合优度	0.201	0.06
时间固定效应	是	是

（续表）

	被解释变量 $\ln\left(\frac{\text{gdpper}_{i,t+1}}{\text{gdpper}_{i,t}}\right)$（加控制变量）	被解释变量 $\ln\left(\frac{\text{gdpper}_{i,t+1}}{\text{gdpper}_{i,t}}\right)$（不加控制变量）
国家固定效应	是	是
个体数量	19	19
有效样本数量	172	172

注：*** $p<0.01$，** $p<0.05$，* $p<0.1$。

尽管债务危机严重冲击了欧元区整体经济，但危机过后各成员的人均GDP水平依然呈缓慢增长趋势。我们依据人均GDP水平增长趋势将所有成员分为增长迅速国家和增长缓慢国家。首先，从图11可以看出，无论是卢森堡、比利时、荷兰和德国等传统的人均GDP较高的国家，还是拉脱维亚、斯洛伐克等人均GDP较低的国家，整体的人均GDP增长趋势均平稳，为缓慢正增长。典型的正增长国家是爱尔兰、拉脱维亚、立陶宛、爱沙尼亚。爱尔兰在摆脱债务危机后人均GDP增长为成员中最高的，显示出经济的强劲复苏；拉脱维亚、立陶宛、爱沙尼亚这些人均GDP较低的国家在债务危机后人均GDP也有较为迅速的增长。

因债务危机遭受严重打击的部分国家的人均GDP增长缓慢。希腊、西班牙、葡萄牙、意大利是债务危机爆发的主要国家，危机后人均GDP呈明显下滑趋势，拉大了与其他成员之间的差异。2010—2019年，意大利人均GDP下降1.9%，希腊仅增长1.8%，是成员中增长较为缓慢的，甚至出现了负增长。（具体见图12）希腊自2011年以后人均GDP出现了平稳的负增长趋势，这与希腊大幅度紧缩开支带来的经济下行风险有关。2011年前后，国际债权人对希腊提供第一轮和第二轮资金援助时对希腊政府提出过高的削减开支、提高税收和经济改革要求，导致希腊社会矛盾加剧和失业率上升，社会福利支出基数增加，反而出现政府开支不降反升、经济增长暂时衰退的现象。2011年，希腊GDP下降7.1%，失业率达到19.9%；2012年，希腊经济大幅衰退，GDP缩水7%，直到2014年才出现0.8%的微弱增长。严峻的经济下滑趋势导致希腊自2011年以后人均GDP进入负增长区间，直到2018年才出现微弱的正增长。整体来看，欧元区核心国家中意大利、希腊、葡萄牙和西班牙是

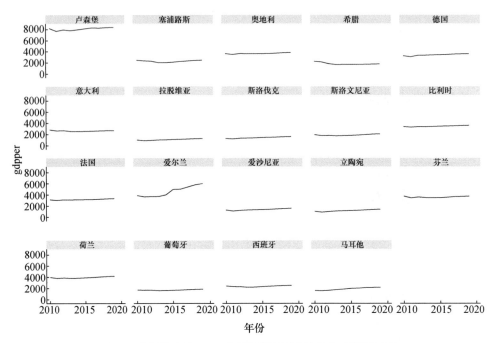

图 11　欧元区人均 GDP 水平面板折线图（单位：百万欧元）

债务危机爆发最为严重的 4 个国家，危机发生时的收入下降效应和危机发生后的财政紧缩效应是这些国家人均 GDP 明显下降的主要原因。

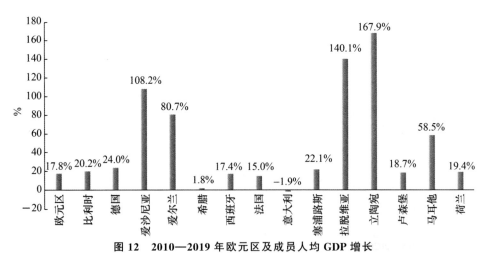

图 12　2010—2019 年欧元区及成员人均 GDP 增长

数据来源：欧洲统计局官网：http://ec.europa.eu/eurostat/data/database，2022 年 3 月 10 日访问。

2. 欧元区通货膨胀率相似性标准比较

根据通货膨胀率一致标准,如果区域内各成员的通货膨胀率趋于一致,则有利于实现单一的汇率制度安排。由于各成员物价多有负数,无法取对数,因此对于成员物价趋同性的回归检验无法实现。从实际数据来看,各成员之间的通货膨胀率差异化程度较小,整体欧元区内通货膨胀水平处于相对一致的区间,主要体现在:债务危机后成员物价水平的整体趋势大致相同,呈现典型的"M"形走势。(见图13)第一阶段为后危机时的物价相对稳定阶段。债务危机爆发之后,欧洲央行放弃独立货币政策的立场,推出多轮量化宽松货币政策,向市场注入流动性,促使各成员物价上涨,通货膨胀率在2014年前一直维持在2%—4%。第二阶段即2015年前后,出现明显的物价下降和通货紧缩趋势。部分国家,如受债务危机影响比较严重的希腊按照国际债权人的要求在国内实施严格的财政紧缩政策,导致国内物价水平下降和通货紧缩。为此,欧洲央行在2015年推出更大规模的量化宽松货币政策,向市场投放1万亿欧元

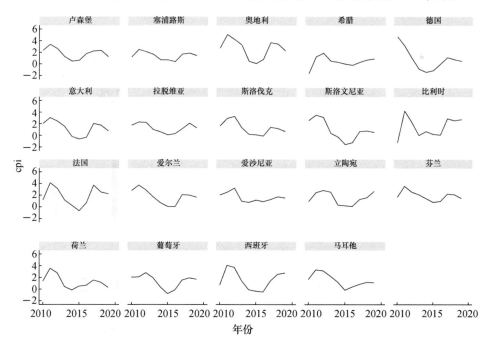

图13 欧元区物价水平面板折线图(单位:%)

的市场流动性,维持欧元区主要再融资利率、隔夜存款利率和隔夜贷款利率分别为 0.05%、−0.20% 和 0.30% 不变。自 2014 年 6 月开始下调欧元区短期货币市场利率至负利率水平。由此,欧元区物价自 2016 年开始进入第三阶段,即物价缓慢上升阶段。

3. 欧元区长期国债利率标准比较

根据国际金融市场一体化标准,成员金融市场高度一体化,有利于单一货币政策的实施和实际汇率的波动。为检验欧元区 19 个成员长期国债利率的趋同性,我们使用如下回归模型以求出 β 系数：

$$\ln\left(\frac{\text{bondrate}_{i,t+1}}{\text{bondrate}_{i,t}}\right) = \alpha + \beta \ln(\text{bondrate}_{i,t}) + \gamma X_{i,t} + \varphi_i + \varphi_t + \varepsilon_{i,t}$$

我们分别作了加控制变量和不加控制变量的回归,发现解释变量 $\ln(\text{bondrate}_{i,t})$ 的 β 系数都显著为正,分别为 0.3930 和 0.2958,具体见表 6,说明欧元区长期国债利率在 2010 年到 2019 年没有呈现趋同性,各国差异化比较明显。

表 6 欧元区 19 个成员长期国债利率趋同性检验模型回归结果

	被解释变量 $\ln\left(\frac{\text{bondrate}_{i,t+1}}{\text{bondrate}_{i,t}}\right)$（加控制变量）	被解释变量 $\ln\left(\frac{\text{bondtrate}_{i,t+1}}{\text{bondrate}_{i,t}}\right)$（不加控制变量）
常数项	0.5994**	−0.4011***
解释变量 $\ln(\text{bondrate}_{i,t})$	0.3930***	0.2958***
控制变量该国债务率	−0.0113***	
控制变量 GDP 增长率	−0.0074	
控制变量赤字率	0.0467**	
拟合优度	0.3445	0.2670
时间固定效应	是	是
国家固定效应	是	是
国家数量	18	18
有效样本数量	162	162

注：*** $p<0.01$,** $p<0.05$,* $p<0.1$。欧盟统计局缺少爱沙尼亚的长期国债利率数据,因此回归时有效样本数量为 162 个,国家个数为 18 个。

实证分析结果表明,2010—2019 年,各成员长期国债利率总体不满足趋同性标准,从图14可以看出,各成员长期国债利率水平在经济平稳增长时期趋于一致,在债务危机发生期间呈现明显的分散趋势。2009年后,债务危机的爆发导致欧元区各成员长期国债利率水平呈现明显的分散趋势,导致大量居民存款和资金从外围国家流向核心国家,但随着危机的缓解,各成员的长期国债利率再次趋于一致。危机解决过程中,各成员在国际市场的融资成本出现分化,希腊、葡萄牙、西班牙、爱尔兰等国发债成本一再攀升,呈现典型的先扬后抑趋势。希腊的长期国债利率波动最大,2011年和2012年,长期国债利率达15.75%和22.5%,加剧该国的资金链断裂,而市场要求德国国债的收益率仅为2.61%和1.5%,欧洲金融市场在危机爆发后形成了事实上的分割。随着2018年希腊债务问题基本解决,欧元区的长期国债利率再次趋于一致。

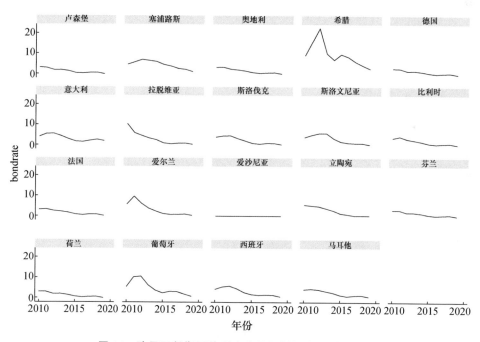

图14 欧元区长期国债利率水平面板折线图(单位:%)

4. 欧元区成员财政赤字标准

欧元区成员财政赤字情况可分为两个阶段:第一,经济稳定时的低赤字率和指标趋同阶段。1997年《稳约》规定,加入欧元区的成员需要符合3%赤字率的硬性财务指标要求。加入欧元区以后,由于财政纪律松散,加之经济增长缓慢,2003年德国、法国等核心国家突破了《马约》的硬性财务指标也没有启动惩罚机制,使得其他成员也不再重视对赤字率指标的约束。在2009年债务危机爆发之前,欧元区各成员的赤字率经常突破3%,但偏离程度不大,一直维持在2%—8%。第二,危机爆发后财政赤字的波动和分化阶段。危机发生后,财政状况良好的国家,如德国、比利时等财政赤字平稳,而债务问题严重的国家出现大幅波动,如2009年希腊的财政赤字率上升到15%,2010年爱尔兰的财政赤字率上升到32%,使得3%的赤字率指标形同虚设。2016年后,各成员债务危机逐渐解决,多数成员财政出现盈余,标志着欧元区基本走出赤字区间,又趋于一致。(具体见图15)目前,欧元区已经将赤字率指标的约束作用大大弱化,允许成员在经济危机时突破这一硬性指标。

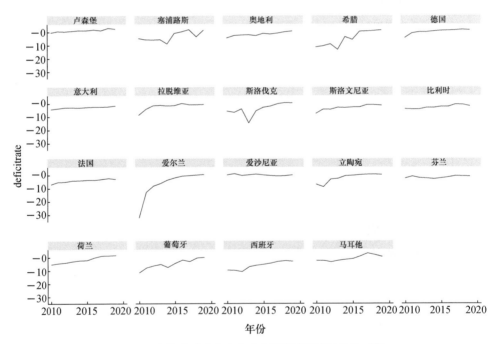

图15 欧元区财政赤字率水平面板折线图(单位:%)

为检验欧元区19个成员赤字率趋同性,我们使用如下回归模型以求出 β 系数:

$$\ln\left(\frac{\text{deficitrate}_{i,t+1}}{\text{deficitrate}_{i,t}}\right)=\alpha+\beta\ln(\text{deficitrate}_{i,t})+\gamma X_{i,t}+\varphi_i+\varphi_t+\varepsilon_{i,t}$$

我们分别作了加控制变量和不加控制变量的回归,发现加控制变量的回归系数更为显著,因此取该回归结果。回归结果显示,解释变量 $\ln(\text{deficitrate}_{i,t})$ 的 β 系数为 0.5931,具体见表 7,β 系数为正说明欧元区 19 个成员的年度赤字率在 2010 年到 2019 年没有呈现趋同性。

表 7　欧元区 19 个成员赤字率趋同性检验模型回归结果

	被解释变量 $\ln\left(\frac{\text{deficitrate}_{i,t+1}}{\text{deficitrate}_{i,t}}\right)$（加控制变量）	被解释变量 $\ln\left(\frac{\text{deficitrate}_{i,t+1}}{\text{deficitrate}_{i,t}}\right)$（不加控制变量）
常数项	1.666**	−0.3669***
解释变量 $\ln(\text{deficitrate}_{i,t})$	0.5931***	0.3341***
控制变量长期国债利率	−0.1674***	
控制变量 GDP 增长率	−0.0265	
控制变量该国债务率	−0.0220**	
拟合优度	0.3078	0.1545
时间固定效应	是	是
国家固定效应	是	是
国家数量	19	19
有效样本数量	172	172

注：*** $p<0.01$，** $p<0.05$，* $p<0.1$。

5. 欧元区成员公共债务标准

《稳约》规定,加入欧元区的国家需要符合 60% 债务率的硬性指标,债务危机解决过程中,IMF 向各国实施救助的条件普遍是要求对象国实施大规模的债务削减,要求被救助国家将债务率由最高 160% 下降到稳健水平,即 60%—120%,以保证总债务量的可偿还性。为检验欧元区 19 个成员债务率的趋同性,我们使用如下回归模型以求出 β 系数：

$$\ln\left(\frac{\text{debtrate}_{i,t+1}}{\text{debtrate}_{i,t}}\right)=\alpha+\beta\ln(\text{debtrate}_{i,t})+\gamma X_{i,t}+\varphi_i+\varphi_t+\varepsilon_{i,t}$$

我们分别作了加控制变量和不加控制变量的回归,发现 β 系数都显著,具体见表 8,β 系数为正说明欧元区 19 个成员的债务率在 2010 年到 2019 年没有呈现趋同性。

表 8 欧元区 19 个成员债务率趋同性检验模型回归结果

	被解释变量 $\ln\left(\dfrac{\text{debtrate}_{i,t+1}}{\text{debtrate}_{i,t}}\right)$ （加控制变量）	被解释变量 $\ln\left(\dfrac{\text{debtrate}_{i,t+1}}{\text{debtrate}_{i,t}}\right)$ （不加控制变量）
常数项	-1.243^{**}	-1.4830^{***}
解释变量 $\ln(\text{debtrate}_{i,t})$	0.5931^{***}	0.3553^{***}
控制变量长期国债利率	0.0037	
控制变量 GDP 增长率	-0.0122	
控制变量赤字率	-0.0042	
拟合优度	0.1121	0.054
时间固定效应	是	是
国家固定效应	是	是
国家数量	19	19
有效样本数量	172	172

注:$^{***} p<0.01,^{**} p<0.05,^{*} p<0.1$。

从图 16 和图 17 可以看出欧元区 19 个成员债务率整体呈现的特征。

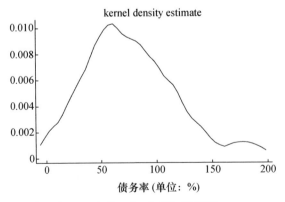

图 16 欧元区成员债务率的核密度估计

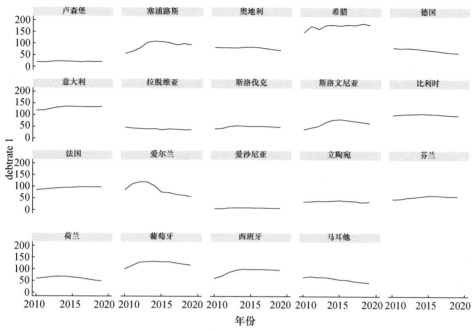

图 17　欧元区成员债务率水平面板折线图(单位:%)

第一,从债务率的分布来看,并非欧元区所有成员的债务问题都严重,成员债务率水平差异较大。这一点与实证分析结果一致。卢森堡的整体债务率一直稳定在20%左右,德国、拉脱维亚、斯洛伐克、立陶宛、芬兰的整体债务率一直在40%—60%区间波动,债务率低于60%时,债务率的适当增长会促进经济增长,这类国家不存在债务问题。

第二,从成员债务率的分布结构来看,成员债务率差异明显且难以改变。债务危机过后各成员债务率的基本基数不变,即高债务国家和低债务国家的结构没有发生显著变化。对急于从债务危机中走出来的国家而言,短期内保持经济增长和物价稳定容易,但若要使债务率水平下降到理想区间却非常困难,而解决债务危机的切入点就是遏制政府债务率的增长,原因是债务率达到一定阈值只会拖累经济增长,而经济增长是解决债务危机的长期有效手段。如果将降低债务率水平的目标设得很高,则会导致严重的经济衰退,加剧债务问题,因此希腊、意大利、葡萄牙等国要改变高债务的问题需要很长的时间。

本 章 小 结

  组成最优货币区的标准包括：经济开放性标准、国际金融一体化标准、要素流动性标准、通货膨胀率相似性标准。2007年，基于各成员一体化水平存在较大差异的现实，欧盟提出建立"多速欧洲"目标，部分成员可以在一体化道路上先行一步，部分成员可根据自身情况不与先行国家同步，但欧盟全面一体化的方向不变。"多速欧洲"目标的提出体现了欧盟对成员现实差距的认识，比实现单一严格的一体化目标更接近现实，也具有可操作性。

  我们结合上述最优货币区理论，选取欧元区加入指标，分别是名义通货膨胀率、长期国债利率、财政赤字率、债务率，并新增人均GDP水平作为经济趋同性的判断指标，以2009年为界线区分两个时间段对欧债危机爆发前后，欧元区经济运行现状与最优货币区理论进行比较研究。结果发现，欧元区成立之初仅部分满足了最优货币区理论的经济趋同标准，而债务危机的爆发恶化了各成员的经济条件，使得最优货币区理论的各项经济趋同标准出现了明显的分化，与经济学提出的最优货币区理论经济趋同标准出现了较大的差距。

第三章　欧元区财政制度

本章主要分析欧元区财政制度缺陷与危机动态诱发机制。首先遵循"欧元区成员以无法控制的货币发行国债→无法发行货币向债券持有者担保流动性→债券持有人产生清偿力怀疑，导致利率上升→财政赤字超标"的思路，对欧元区财政制度的内在缺陷与债务危机的动态诱发机制以及欧债危机期间市场流动性危机演变为银行业危机进行研究。其次对欧元区现有的财政制度进行反思，分析欧元区债券发行主体改革和共同债券方案及风险传染机制，以及欧洲央行推出的直接货币交易对降低成员发债成本与债务违约率的影响。最后采用 VAR 模型，量化分析欧洲央行推出的欧版量化宽松货币政策对金融市场和实体经济的影响。

第一节　欧元区财政制度缺陷与危机动态诱发机制

欧盟不是世界上负债率最高的地区，2019 年欧元区总债务占 GDP 比重为 84%，低于美国和日本负债率。南欧国家主权违约与这些国家处于单一货币区有什么联系？直观上看，爆发这次债务危机的南欧国家与美国、日本高负债率国家明显的不同之处在于南欧国家处于欧元单一货币区。

在欧债危机爆发后，众多经济学家指出，欧债危机暴露出欧元区财政制度设计的缺陷是各国货币政策统一但财政政策不统一。欧元区的建立带来汇率波动风险下降、交易成本降低、区域内贸易增长和一体化程度加深等，但同时也丧失了货币政策和汇率政策工具，各国丧失了发行本国货币的铸币税收入等。因此，现实的关注点应该是降低加入欧元区的成本,一种思路是通过区域内人员和资本的流动增加各国应对外部冲击的灵活性,通过市场要素流动建立的内部调整机制应对政策工具的丧失。另一种思路是通过深化财政一体化改革,建立稳定的财政政策和区域内的财政转移支付体系以应对外部非对称冲击。债务危机恶化时,由于德、法等国拒绝向希腊进行财政转移支付,加剧了市场对该国债务违约的预期,直接提高了该国的融资成本和债券利率。相比之下,如果美国一个州债务问题恶化,美国联邦政府可向该州提供流动性支持,缓解市场对债务违约的预期,债券利率不会急剧上升。区别就在于,欧元区各国没有实施财政一体化,各国可以根据本国的财政状况发行债券,但各国将货币政策制定权上交欧洲央行,失去货币政策工具,难以为本国发行国债提供最后的流动性支撑。债务危机爆发初期欧洲央行始终不愿意放弃独立性原则,拒绝向市场注入流动性,是导致债务危机期间爱尔兰、希腊等成员债务率大幅上升到 20% 左右的主要原因。

一、欧元区主权债券市场的根本缺陷

各国货币政策统一但财政政策不统一是造成债务危机的制度原因。欧洲央行在建立时继承了德国央行的独立性原则,自成立以来直到债务危机爆发,一直被公认为世界上独立性最强的央行,坚持制定货币政策的唯一目标是维持物价稳定。欧洲央行与美联储、日本央行、英格兰银行等传统的国家央行的区别在于欧元区不是一个拥有独立主权和统一民族利益的国家。德国政府在组合运用货币政策和财政政策时一方面注重货币政策的独立性,另一方面充分利用财政政策的转移支付功能来达到调控经济的目的。德国统一后,为了缩小东西部之间的发展差距,政府通过大规模的地区财政转移支付对东部财政进行援助,为此西部每一个纳税人都付出了收入的约 10%。在欧元区内,由于缺乏主权国家拥有的财政转移支付手段,成员基于各自利益分散的财政政策缺乏区域层次上的协调。当经济衰退来临时,一国政府仍能够选择宽松的货币政策搭配财政政策达到影响经济增长的目的,但欧元区各成员的经济周期不同使得对货币政策要求不一致,难以通过欧洲央行执行统一的货币政策以满足不同成员的财政政策要求。

日本和美国的负债率都远高于欧元区,但美国和日本的长期国债利率一直处于低位,其中一个重要的原因是美联储和日本央行提供了流动性支持。在债务危机爆发初期,同为欧盟成员的英国和西班牙赤字率和负债率类似,2009年两国赤字率均在10%左右,负债率方面,英国为69%,西班牙为53%。自2010年开始,西班牙的长期国债利率比英国上升明显,并陷入严重的主权债务危机。(具体见图18)英国长期国债利率保持稳定的重要因素是英格兰银行掌握发行货币——英镑的独立发行权,而西班牙丧失本国货币的独立发行权,成为加入欧元区的代价。这反映了目前欧元区现有财政制度的内在缺陷与债务危机的动态诱发机制。

图18　债务危机前后西班牙和英国长期国债利率比较(单位:%)

二、欧元区主权债券市场缺陷的理论分析模型

欧元区成员丧失本国债券发行货币控制权,是目前单一货币区债券市场的主要制度缺陷,类似的问题在Calvo(1988)中被讨论过,不过分析的对象是新兴市场国家,这些国家普遍钉住一种关键货币,比如美元,从而在发行国债时也只能以美元等钉住货币作为债券发行货币。这类新兴市场国家主权债券市场面临的困境与欧元区成员类似。

下面以现有理论模型为基础,探讨欧元区成员以不能控制的货币,即"外币"欧元发行国债的影响。

假设一国主权债券的发行货币外生给定,比较一国政府使用本币和外币发债的风险溢价。一国的生产由该国的投资水平、汇率和其他未知

变量决定,即

$$y = \bar{y} + i + \gamma e + \varepsilon \qquad (3\text{-}1)$$

$\bar{y}$ 代表不变产出,i 代表投资,e 代表汇率的 log 值,γ 代表汇率变动相对产出的系数,ε 代表其他未知的需求项。假设该国产出随着投资的增长而增长;存在出口部门,该国产出也随着汇率上升、本币贬值而增长;即使该国出现主权债务违约,产出水平也不会发生变化。

企业的利润为:

$$\Pi = \bar{\Pi} + \theta y \qquad (3\text{-}2)$$

假设产出增长 1 时,企业的利润增长 θ,其中,$\theta < 1$。

企业的债务与利息支付水平 r 呈正相关关系,与企业将利润转化为投资的数量 i 呈正相关关系,即

$$\Delta d = rd + i - \Pi \qquad (3\text{-}3)$$

假定初始债务 d 为外生变量,债务风险将主要来源于汇率的波动和违约的可能性。再假定该国汇率制度为固定汇率制度,可将初始汇率 e 视为零($e = 0$)。为降低债务问题,该国政府有动力降低汇率,使得 $e > 0$。

假设该国违约的损失为:

$$L = \frac{1}{2}(y^* - y)^2 + KE + \frac{1}{2}H(P)^2 \qquad (3\text{-}4)$$

y^* 代表潜在的产出水平,KE 代表该国由于信用下降、贸易条件恶化等引起的本币贬值引发的成本,$H(P)^2$ 代表该国政府违约引发的成本,P 代表违约的可能性,又可以表示为:

$$P = P(d + \Delta d > \bar{d} + \varphi) = P(\varphi < d + \Delta d - \bar{d}) \qquad (3\text{-}5)$$

即一旦该国原有债务 d 与新增债务 Δd 超过稳定的债务量和由于本国需求下降导致的债务量,违约的可能性就会上升。

政府的行为可表示为:

$$d + \Delta d = d(1+r) - \bar{\Pi} - \theta\bar{y} - \theta\gamma e - \theta\varepsilon + (1-\theta)i \qquad (3\text{-}6)$$

这里,欧元区成员本国货币币值没有发生变化,即现实中欧元区成立之后的情形,则 $e = 0$,违约的损失可表示为:

$$L_1 = \frac{1}{2}y^* - y - i - \varepsilon^2 + \frac{1}{2}H$$

$$\cdot [P(\varphi < d(1+r) - \bar{\Pi} - \theta\bar{y} + (1-\theta)i - \theta\varepsilon - \bar{d})]^2 \quad (3\text{-}7)$$

假定欧元区成员本国货币可以贬值，即欧元区成立之前的情形，违约的损失可表示为：

$$L_2 = \frac{1}{2}y^* - y - i - \gamma E - \varepsilon^2 + KE + \frac{1}{2}H$$

$$\cdot [P(\varphi < d(1+r) - \bar{\Pi} - \theta\bar{y} + (1-\theta)i - \theta\varepsilon - \bar{d})]^2 \quad (3\text{-}8)$$

为简化分析，假定 φ 服从分布 $\left[\frac{-dN}{2}, \frac{dN}{2}\right]$，同时

$$\frac{-dN}{2} < d(1+r) - \bar{\Pi} - \theta\bar{y} - \theta(i - \alpha r) - \theta\varepsilon < \frac{dN}{2} \quad (3\text{-}9)$$

因此，我们可以得到：

$$L_2 - L_1 \approx -\gamma E(y^* - \bar{y} - i - \varepsilon + KE$$

$$- \frac{H\theta\gamma E}{d^2 N^2}\left(d(1+r) - \bar{\Pi} - \theta\bar{y} + (1-\theta)i - \theta\varepsilon + \frac{dN}{2} - \bar{d}\right)i$$

$$(3\text{-}10)$$

可以看出，如果本币贬值带来的产出损失小于不贬值带来的产出损失，即 $L_2 - L_1 < 0$，则该国政府将有动力使本币贬值以降低总体债务量。

进一步地，我们假定该国主权债券以无法控制的外币计价，这部分债务以 f 表示，r 代表以外币发行债券的利率。假定主权债券中以本币发行的部分为 d。如果本币不贬值，$f = d$，满足以下条件时，该国将违约：

$$f(1+r) + i - \Pi = f(1+r) + i(1-\theta) - \theta\bar{y} - \theta\varepsilon - \bar{\Pi} > \bar{d} + \varphi$$

$$(3\text{-}11)$$

$$\varphi < f(1+r) + i(1-\theta) - \theta\bar{y} - \theta\varepsilon - \bar{\Pi} > \bar{d} \quad (3\text{-}12)$$

由此得出结论一：如果一国政府不控制本国货币的汇率水平，即本币不贬值，以无法控制汇率的货币发行债券，只要公式(3-12)成立，则该国政府将选择在主权债券上违约，这反映了欧元区主权债券市场的缺陷。

如果本币不贬值（对应欧元区成立之后的情形），该国的产出损失为：

$$L_1 = \frac{1}{2}y^* - y - i - \varepsilon^2 + \frac{1}{2}H$$

$$\cdot \left[\frac{f(1+r) + i(1-\theta) - \theta\bar{y} - \theta\varepsilon - \bar{\Pi} - \bar{d} + dN/2}{dN}\right]^2 \quad (3\text{-}13)$$

如果本币贬值（对应欧元区成立之前的情形），该国的产出损失为：

$$L_2 = \frac{1}{2}y^* - y - i - \gamma E - \varepsilon^2 + KE$$

$$+ \frac{1}{2}H\left[\frac{f(1+E)(1+r) + i(1-\theta) - \theta\bar{y} - \theta\varepsilon - \bar{\Pi} - \bar{d} + dN/2}{dN}\right]$$

$$(3\text{-}14)$$

由此可认为，如果政府违约的惩罚成本较低（比如为零），那么该国债券究竟是以本币发行还是以外币发行没有区别，政府都会选择违约方式以减轻债务。如果政府违约的惩罚成本为无穷大，则不论该国债券是以本币发行还是以外币发行，本币贬值都将提高该国的福利水平。如果主权债券以外币发行，则意味着本币贬值降低了违约成本，因为债务中的 $(\theta r - f(1+r))\dfrac{E}{dN}$ 部分以外币发行，而 $\theta r \dfrac{E}{dN}$ 部分以本币发行。如果该国初始债务违约概率处于较高的水平，那么对于以外币发行的债券，本币贬值带来的收益将较小，没有吸引力。

由此得出结论二：如果一国初始债务违约概率处于较高的水平，并且债券以外币发行，则该国政府不倾向于使用本币贬值的方式减轻债务，而是选择违约方式。

该理论模型反映出，欧元区主权债券市场中欧元区成员无法控制欧元的汇率，满足特定条件时，理性的政府就会选择违约方式以减轻债务。这一结论从理论上印证了2012年希腊主权债务违约事件存在的必然性。2012年3月20日，希腊1450亿欧元债务到期，为避免希腊政府违约并提振市场信心，欧盟决定向希腊提供资金援助，其中一项贷款条件就是要求希腊完成债务减记。由于债务减记会侵害希腊债权人的利益，因此自愿参与率仅为85.8%，没有达到95%的自愿参与率水平。由此，希腊政府强制性地将债券置换参与率提高到95.7%，成功实现债务减记近7成(约1060亿欧元)的目标。在希腊成功完成约1060亿欧元的债务减记后,3月12日,欧元区财长会和欧盟财长会最终批准对希腊发放第二轮规模为1300亿欧元的援助贷款,这笔资金在短期内对缓解希腊债务危机起到关键作用,但希腊债务减记已构成事实上的债务违约。2012年3月9日,国际掉期交易协会(ISDA)判定希腊政府提出的债务置换计划为信用违约,当日穆迪也宣布希腊债券置换计划造成大量债务减记,已构成债务违约。任何一个处于欧元区的主权国家,都会丧失主权债券的货币发行权,以不能控制的外币发行国债,且该国初始债务违约概率处于较高水平的条件下,该国政府不倾向于使用本币贬值的方式来减轻债务,而是选择违约方式,这形成目前欧元区财政政策的主要缺陷,也是欧元不稳定的重要原因。

三、财政约束框架与危机动态诱发机制

目前,欧盟财政纪律约束框架由3%的年度财政赤字率上限和60%的债务率上限组成。其中,《马约》主要规定加入欧元区的国家财政准入标准,即年度财政赤字率小于3%,债务率小于60%。《稳约》规定成员赤字率超过3%则需要向欧盟缴纳惩罚金,即GDP的0.2%加上赤字超标部分的10%,继续超标则计算系数再次上调,但总额不超过GDP的0.5%。(欧元区代表性国家财政赤字率见图19)这两个条约一直被视为保证欧元稳定的基石,但近年来欧元区主要国家财政状况相继超标的现实使得欧盟财政纪律形同虚设。债务危机的爆发全面暴露出欧元区现有财政制度的脆弱性。自1999年欧元区成立以来,欧元区整体债务率一直在60%以上,财政赤字率也自债务危机发生以来,一直高于3%的标准。欧元区现有财政制度的缺陷主要体现在:

第一,成员加入统一货币区后财政能力受到削弱,不利于应对大规模经济冲击和长期经济增长。财政政策是欧元区成员应对不对称冲击的唯一关键工具,使得政府利用财政政策应对经济周期的压力骤然加大。按照最优货币区理论,货币联盟针对不对称冲击进行调整主要有三种有效方法,即生产要素自由流动、其他成员财政援助以及财政政策协调。首先,从生产要素自由流动方面来看,生产要素特别是劳动力自由

流动能够缓冲经济不对称冲击的影响,但欧洲工会组织强大,在工资生成过程中参与度很深,工资刚性较强;欧元区内部不同的生活习惯和民族差异导致无法实现劳动力充分流动,长期高失业率与工资刚性并存。2012年希腊整体失业率为26.8%,年轻人失业率为56.6%,而2008年整体失业率为22.1%。2013年上半年,欧元区失业率一度升至12.1%的历史高点,[①]劳动力市场僵化,流动性远远低于美国。[②] 其次,获得其他成员的财政援助相当困难。为保证欧洲央行的独立性和降低成员的道德风险,欧元区在设立之初就规定任何一个国家都没有责任向处于财政困难的国家提供帮助。当经济冲击来临时其他成员财政结构同样变得脆弱而自顾不暇,导致单一货币区没有有效的危机救援机制。

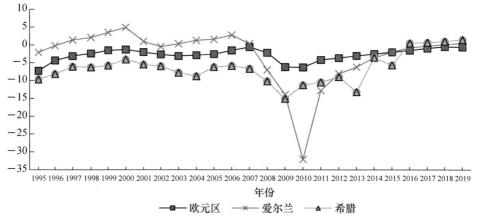

图19 欧元区代表性国家财政赤字率(单位:%)

因此,财政政策成为欧元区成员应对不对称冲击的唯一关键因素。在缺少独立货币政策的条件下,具有更高政策空间的反周期性政策工具对于成员熨平经济波动显得十分必要,但加入欧元区后各国财政政策空间受到制约。政府财政支出较少的国家面临要素流出的压力,要素流动增强削弱政府应对经济周期的政策效力。欧元区不同成员之间的关系

---

① 《欧盟统计局数据显示欧元区最新失业率11.6%》,http://www.chinanews.com.cn/cj/2014/07-02/6343605.shtml,2022年5月10日访问。

② Blanchard O. J., L. F. Katz. Regional Evolutions. *Brookings Papers on Economic Activity*,1992,22(1).

类似于美国不同州政府之间的关系,美国国内要素流动比欧元区强,但财政政策作为反周期性工具只能应对40%的经济周期冲击,[1]显然欧元区各个成员财政政策的空间更有限。[2]

欧元区内存在财政政策的溢出效应,一国政府财政不自律最终会推高欧元区整体利率,增加其他成员债务负担。自欧元区成立以来,许多成员都超过了《马约》规定的3%赤字率标准,但欧盟也没有启动惩罚机制,更进一步地,由于欧元区实行统一货币政策,一国推行扩张性的财政政策短期内不会推高国内物价水平。简言之,成员实施扩张财政政策的成本较普通的主权国家要低。多恩布什于1987年就曾经指出,南欧各国加入低通胀的北方货币区后,必须增加税收或者继续扩大赤字以维持原有的债务水平;加入欧元区的成本就是他们将不得不过度依赖成本很高的融资方式。如果受到利率危害的国家增多,欧洲中央银行被迫实行宽松的货币政策,那么一国财政政策的不自律就会危及央行的独立性和欧元的稳定。

第二,加入欧元区后,各成员没有积极改善国内的财政结构。欧元区财政纪律执行力较差。加入欧元区后,成员政府并没有抓住经济增长的良机对财政结构进行实质性调整,而经济衰退来临时,政府刺激经济的举措又推高了原有的债务总量。自1999年以来,德国、希腊等多个成员实施扩张财政政策导致赤字率经常超标,但欧盟没有对任何一个成员实施惩罚,严重削弱了单一货币区的财政约束效力。2001年欧元启动后,欧元区迎来了经济稳定增长期,但希腊政府没有抓住经济增长的良机减少财政赤字,反而使得社会福利支出连续上涨。希腊2001—2007年经常账户赤字率从7.2%一直增长到14.2%,财政赤字率多数年份都超过欧盟的3%标准。为了掩饰过高的赤字率,希腊政府在2004年甚至为了达到赤字率3%的标准,将巨额的军事开支和医疗债务排除在资产负债表之外,直到2008年爆发国际经济危机改变了希腊的国际经济环

---

[1] Sala-I-Martin X., J. Sachs. Fiscal Federalism and Optimum Currency Areas:Evidence for Europe from the United States. *NBER Working Papers*,1991,(3855).

[2] Bayoumi T., M. Goldstein and G. Woglom. Do Credit Markets Discipline Sovereign Borrowers?:Evidence from U.S. States. *Journal of Money,Credit and Banking*,1995,27(4).

境,使希腊长期累积的财政赤字问题暴露无遗。希腊的旅游、航运等支柱产业受到巨大冲击,财政收入大幅减少,财政赤字率从 2008 年的 6% 飙升至 2009 年的 12.7%。

第三,高福利的社会保障体系和劳动力市场缺乏弹性大大压缩了欧元区成员改善国内财政结构的空间。欧元区财政结构存在的突出问题是高水平的社会福利支出呈现明显的刚性,使得各国政府在财政收支上往往捉襟见肘。2014 年,欧元区社会福利支出占 GDP 比重为 17.4%,远高于其他国家和地区。希腊面临严重的主权债务危机,但 2014 年社会福利支出占 GDP 比重仍然高达 19.4%,使得财政赤字率和债务率无法从高位降下来;同时,2014 年 11 月起全面监管欧元区内 6000 多家大型系统重要性银行,并负责银行新牌照的发放。接受欧洲央行监管的银行总资产占欧元区银行业的 85%,入选标准为银行的资产总量在 300 亿欧元以上,或者资产总量占该国收入 20% 以上,导致即使经济增长,也会由于劳动力成本较高而无法带动就业扩张。代表性国家或地区劳动生产率比较见图 20。

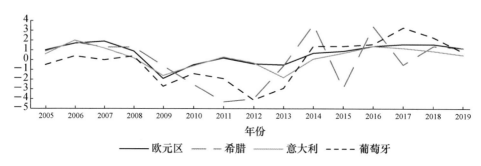

图 20　代表性国家或地区劳动生产率比较(单位:%)

数据来源:欧洲统计局官网:http://ec.europa.eu/eurostat/data/database,2022 年 3 月 10 日访问。

目前,欧元区长期失业率已高达 6% 左右,如此高的失业率下欧元区社会依然稳定,这与各成员政府对失业的慷慨支出是分不开的。以西班牙为例,2008 年西班牙仅与失业有关的支出就高达 200 亿欧元,占当年 GDP 的 2%。政府也面临较为严重的财政问题,但仍然不减少失业支出,2009 年 9 月,随着失业率上升,政府追加 6 亿欧元支付新的失业救济金。西班牙临时短期合同始终占劳动合同的30%左右,直接导致西班牙失业率较高。西班牙政府一直致力于劳动力法改革,但失业率始终降不下来,加之政府对于失业的慷慨救助,使得劳动力成本呈现较高的刚性。目前,部分欧元区成员如保加利亚、爱沙尼亚、拉脱维亚、罗马尼亚等劳动力成本一直处于较高水平,大大压缩了政府减少开支的空间。

第二节 欧元区财政制度反思与改革

债务危机爆发后,欧盟开始对现有财政制度框架进行反思,致力于从两个方面弥补欧元区国债市场的缺陷:一是改革货币发行主体。目前,欧洲央行事实上已经放弃独立性原则,推出量化宽松货币政策,弥补其功能不足,承诺在成员国债面临流动性问题时及时入市购买该国国债,向市场提供流动性支持。二是改革主权债券发行主体,探索组建更深层次的财政联盟。整体上,在改革欧元区目前主权债券市场的缺陷思路上,欧盟采取了深化一体化而不是倒退一体化的措施。

一、改革货币发行主体

由于欧元区政治不统一,债务危机爆发前,欧洲央行没有向主权债券市场提供流动性的功能。为防止道德风险,欧元区在设立之初就在《马约》中明确了不救助条款,但债务危机的爆发说明,处于财政困难的成员由于丧失央行货币政策的独立制定权,无法通过增发货币为本国的财政纾困,一旦国际投资者也意识到这一点,对该国国债违约的预期就足以将该国国债推向高点。正如Bacchetta等(2012)提出,危机传染效应具有恐慌情绪的自我实现机制,世界贸易和金融网络并不足以在2008年国际经济危机中带来如此严重的全球经济衰退。经济危机的真正根源不是危机的扩散,而是恐慌情绪的自我实现。在自我实现模型中出现的资产价格共同波动是由一件导火线事件引起的恐慌情绪蔓延,之后演变成对于全球宏观基本面的恐慌。如果消费者认为未来就业情况更加充满不确定性,会减少开支,增加储蓄,继而减少总需求,带来经济衰退,这也会削减企业利润,挫伤投资信心。公司破产风险上升意味着未来劳动力市场需求和工资不确定性增加,形成恐慌情绪的自我实现。新加坡货币局的宏观研究显示,杠杆化金融机构的大量损失和随之而来的信贷衰减并不是导致大衰退的直接原因,而是包括负面信贷冲击在内的宏观基本面恶化满足了恐慌情绪自我实现的条件,也即经济学家提出的金融危机传染效应具有恐慌情绪的自我实现机制。因此,为使主权债券市场正常运转,需要欧洲央行完善自我职能,通过提供流动性为成员的财政纾困,同时防止主权债券市场的风险向银行业和金融市场传导。

自债务危机爆发以来,欧洲央行的量化宽松货币政策主要由三大操作完成,具体是向商业银行提供低息或抵押贷款解决银行业危机,推出直接货币交易购买面临偿付危机的成员国债和企业债券以解决主权债务危机,通过利率走廊压低市场利率到负利率水平以避免通货紧缩并解决经济危机。

(一)向商业银行提供低息或抵押贷款解决银行业危机

2011年12月和2012年2月,欧洲央行分别推出长期再融资操作,通过向商业银行提供低于市场利率的贷款解决银行流动性紧张的问题。(见图21)第一轮长期再融资操作共向523家欧元区银行提供4891亿欧元低息贷款,贷款利率仅为1%;第二轮长期再融资操作共向800家欧元区银行提供5295亿欧元低息贷款,两轮操作共向市场释放了约1万亿欧元的市场流动性。

(二)推出直接货币交易购买国债和企业债券

2009年7月,欧洲央行联合各成员央行首次推出资产担保债券购买计划,购买信用评级在AA以上的银行担保债券,总额600亿欧元。由于面临债务违约的国家债券信用评级不符合该计划的购买条件,因此对于缓解债务危机的作用有限。2010年5月,欧洲央行联合各成员央行推出证券市场计划,首次购买面临流动性危机的成员国债和企业债券,共计购买740亿欧元的债券,压低其融资成本,避免债务风险在成员之间扩散。2012年9月6日,欧洲央行宣布在成员面临债务问题时,可直接购买该国国债,直到该国国债利率下降到合理水平为止,且该操作没有

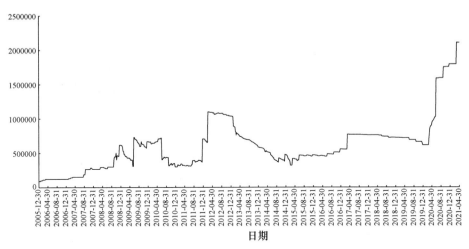

图 21　欧洲央行长期再融资操作规模(单位:百万欧元)

资金上限。购买成员短期国债并搭配冲销操作以对冲流动性增加引发的通货膨胀风险,旨在通过非常规的货币政策确保实体经济获得低利率和融资成本,打通货币政策向实体经济的传导渠道,激活社会信贷量和投资,以遏制日益攀升的收益率,为财政改革和经济好转赢得时间。直接货币交易表明,欧洲央行承担着欧元区国债市场最后贷款人的角色。购买的国债主要集中于短期国债,不设资金上限是其政策关键点,如此能有效稳定国际投资者的心理预期,防止出现类似 2011 年希腊和爱尔兰 20% 以上的国债利率高点。另外,面临债务风险的国家提供的抵押品不设最低评级门槛,也可以欧元以外其他货币计价的资产抵押,但要提交完整的财政紧缩计划,整顿本国经济,削减赤字并接受其他成员和 IMF 的监督。该计划推出后对金融市场的稳定作用逐步显现,2012 年 9 月 18 日,西班牙财政部以较低成本发行 45.76 亿欧元国债。2012 年 9 月 24 日,西班牙又成功发行 48 亿欧元 3 年期和 10 年期国债。

(三)通过利率走廊压低市场利率到负利率水平,避免通货紧缩

2009 年 1 月,欧洲央行向商业银行提供不限量的抵押贷款。2014 年年底,欧元区通胀率为 −0.2%,自 2009 年 10 月以来首次跌到零以下,而欧元区通胀率连续 22 个月都远低于欧洲央行设定的 2% 的目标。在 2015 年之前欧元区成员物价持续下滑,欧元区陷入通货紧缩深渊的

可能性大大提升。为此,欧洲央行推出更大规模的量化宽松货币政策。自2014年第三季度以来,欧元区货币市场隔夜存款利率一直维持在负利率增长区间。2015年,欧洲央行向市场投放1万亿欧元的市场流动性,维持欧元区主要再融资利率、隔夜存款利率和边际贷款利率分别为0.05%、−0.20%和0.30%不变。从成员的物价走势来看,欧洲央行推出量化宽松货币政策,逐渐承担起欧元区主权债券市场最后贷款人的角色,对于抑制通货紧缩是有效的,使得欧元区市场流动性充裕,物价开始缓慢回升,呈典型的"M"形走势。

欧洲央行的三大基准利率中,再融资利率构成利率走廊的下限,边际贷款利率为利率走廊的上限,两大基准利率共同引导隔夜存款利率的走向。在债务危机爆发前,欧元区的边际贷款利率在2008年10月维持在5.25%的高位,2008年11月下调到3.75%,12月再次下调到3%,2009年3月首次下调到2.5%,自2016年3月至今一直维持在0.25%的水平。2016年3月,欧洲央行首次将再融资利率下调为零,至今依然是零水平。(具体见图22)欧洲央行通过调整商业银行的存款利率下限和贷款利率上限引导欧元区隔夜存款利率的走向,2014年5月,欧元区隔夜存款利率为零,2014年6月下降到−0.1%,此后一直下降,从2019

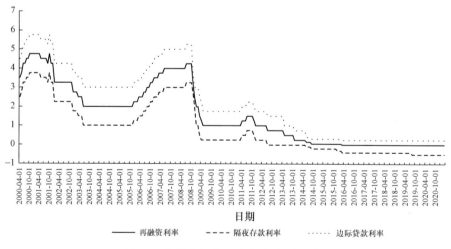

图22 欧洲央行的利率走廊(单位:%)

数据来源:Choice金融数据库。

年8月至今维持在-0.5%。(具体见图23)整体上,欧元区目前的三大基准利率自2019年8月至今没有发生变化,欧洲央行一直维持再融资利率为零,隔夜存款利率为-0.5%,边际贷款利率为0.25%的水平。由于欧元区隔夜存款利率首次在2014年6月下降到-0.1%,由此欧洲央行开启了负利率货币政策操作。欧洲央行的负利率政策降低了金融市场的资金成本,欧元区短期货币市场利率自2014年持续下降,1个月和1年期短期利率自2015年至今都维持在负利率水平。

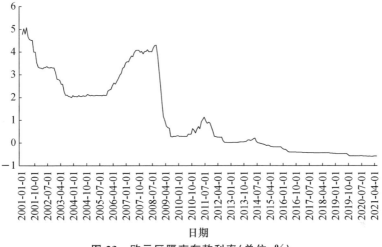

图23 欧元区隔夜存款利率(单位:%)

二、改革主权债券发行主体

根据传统凯恩斯理论,财政政策具有自动稳定器功能,同时政府应该采用相机抉择的财政政策以熨平经济周期,这意味着财政政策呈逆周期性。部分学者通过实证分析发现,加入欧元区后,法、德两国各自的财政政策逆周期性有所加强,但也有学者研究发现欧元区各国财政政策呈现顺周期性。这说明加入欧元区后,经济周期对欧元区各国财政赤字超标具有一定的解释力,财政政策的实施是基于经济周期的正常反应。《稳约》和《马约》以实际财政赤字而不是周期性财政赤字来衡量各国财政收支状况,没有剔除经济周期波动对政府财政赤字的影响,说明欧元区财政纪律缺乏一定的合理性。2011年,欧盟进行了财政约束框架改革,允许成员在一个经济周期中将本国的财政赤字率降低到0.5%,即欧盟制定的预算黄金法则。目前,欧盟财政约束框架改革远未结束,主要是由于成员政府面临巨额债务,对经济增长进行长期有效投资时依然无法摆脱年底财政赤字的约束。

从前面分析得出,为解决欧元区财政约束框架不足的问题,欧盟现实的选择是增补欧洲央行的最后贷款人角色,在成员国债市场缺乏流动性时全额购买,且不设资金上限,以平抑国债利率,降低政府融资成本,这一改革思路容易达成共识,政治成本较小,缺陷是增强欧洲央行的职能并不能从根本上解决成员的债务高企和过度财政赤字问题,只能在短期内降低其再融资成本,不是解决存量债务和财政赤字问题的根本措施。

第一,发行共同债券。改革的重点方向为欧元区成员发行共同债券,成熟的方案是欧洲安全债券、蓝色与红色债券、欧元国债基金等共同债券方案,基本的共同点是以所有成员政府信用为基础,成员之间共同担保,承担连带责任。其中,蓝色与红色债券由法国 Jacques Delpla 和 Jakob von Weizsäcker 在《蓝色债券提议》中提出。该思路是同时发行共同担保的债券(蓝色债券)和成员各自分别担保的债券(红色债券)。欧元区成员政府以欧元债券的形式发行蓝色债券,直至欧元债券债务份额达到该国 GDP 的 60%。对于超出 60% 的部分,成员各自发行本国次级债券,即红色债券。在 GDP 的 60% 以内范围时,多数政府能轻松地对赤字和经济结构进行必要的调整。

至今,欧元区还没有启动欧元债券,欧元债券实质上是一种有限的财政联盟,目前不具有政治可行性。共同债券体现的是欧元区整体的政府信用,即德国政府为希腊政府信用背书,并承担连带偿还责任,这与目前欧元区各国财政政策不统一的现实严重背离,主权信用良好的国家难以接受。进一步地,一旦共同债券的偿还出现问题,就会引发整个欧元区内的债务风险传导,加重债务危机。

第二,财政联盟。目前,欧元区建立财政联盟的政治条件远未满足,但欧盟已经开始将深化财政协调、加强财政纪律作为改革方向。2012 年 6 月,欧盟理事会发布《迈向真正的经济与货币联盟》,提出欧元区可借助财政整合有效应对负面的经济冲击。要从根本上解决欧元区货币政策统一而财政政策不统一的问题,应统一财政政策,组建财政联盟,通过更深层次的一体化进程解决由于一体化不足带来的问题,但现实情况是目前欧元区不具备成立财政联盟的政治条件,因此这一改革仅停留在讨论层面。

第三节　欧洲央行量化宽松货币政策的影响

在债务危机爆发期间,主权信用风险演变成系统性流动风险后,欧洲央行量化宽松货币政策对遏制金融市场的崩溃和危机向实体经济蔓延起到关键作用,是政府应对危机的正常反应,通过再通胀将欧洲经济拖出通缩泥潭,实现经济复苏。自债务危机爆发以来,欧洲央行采取量化宽松货币政策,通过压低长期利率达到刺激消费和投资的目的,其着力点是解决失业率攀升和经济增长乏力问题。具体是向商业银行提供低息或抵押贷款以解决银行业危机,推出直接货币交易直接购买面临偿付危机的成员国债和企业债券以解决主权债务危机,通过利率走廊压低市场利率到负利率水平以避免通货紧缩并解决经济危机。从成员国债利率曲线(见图24)来看,欧洲央行的流动性支持对于降低欧元区主权债券市场的风险是有效的。本节将实证分析欧洲央行量化宽松货币政策对金融市场和实体经济的影响,以及如何通过增加货币供应量促使欧元贬值和利率下行,提升出口竞争力,促进出口增长。

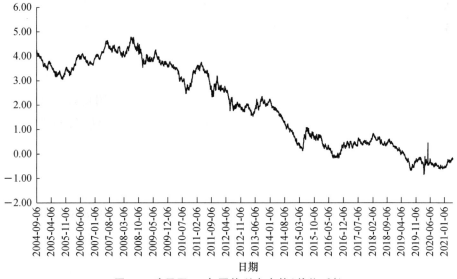

图 24　欧元区 10 年国债利率走势(单位:%)

一、量化宽松货币政策效应指标选取与模型构建

Pesaran 和 Potter(1997)分析了英国和欧元区六个成员的货币政策传导机制。Karagiannis 等(2010)对欧元区和美国的利率传导机制进行了比较。Dornbusch 等(1998)运用 AR 模型对不同成员进行分析,发现成员之间货币政策对经济的影响存在微弱差异。目前,VAR 模型和脉冲响应函数是研究各国货币政策对金融市场和实体经济影响的主流分析方法,可模拟货币政策影响物价、经济增长和金融资产价格的动态传导。Ramaswamy 等(1997b)将欧元区成员分为两组并使用 VAR 模型进行比较分析,发现货币政策对不同国家实体经济的影响存在明显的差异。Domenico 和 Ehrmann(1998)使用 SVAR 模型分析发现经济体量较大的成员的货币政策传导更为有效。Cihak 于 2009 年对债务危机期间欧洲央行的操作进行实证分析发现,欧洲央行基准利率能够影响市场利率走势。欧洲央行认为,危机期间,欧元区银行间同业拆借利率和长期市场利率对政策的传导较好,但欧元区隔夜存款平均指数反应不明显。由于货币供应量和利率都存在明显的内生性问题,因此传统的回归模型无法提供严格的动态关系的度量。VAR 模型由 Sims 于 1980 年提出,较好地解决了内生性问题,描述了变量间的动态关系。VAR 模型可描述为:

$$Y_t = A_1 Y_{t-1} + A_2 Y_{t-2} + \cdots + A_p Y_{t-p} + B_1 X_t + \mu_t, \quad t=1,2,\cdots,T \tag{3-15}$$

Y_t 表示内生变量,X_t 表示外生变量,t 表示样本个数,p 表示滞后阶数,A_p 和 B_1 是内生变量和外生变量的估计系数,μ_t 是扰动项。

本节数据均来自欧盟统计局和 Choice 数据库,除实际 GDP 增速为季度数据外,其他都为 2000 年 1 月至 2021 年 3 月的月度数据,我们对存在季节趋势的数据进行了季节调整。

第一,实体经济变量。GDP 为季度数据,转换为月度数据目前有两种方式,一种是使用 Eviews 中数据的频率转换功能,直接将 GDP 季度数据转换为月度数据,这种方法简单但不符合经济增长的波动规律;另一种较为复杂,先计算该季度工业增加值数据与 GDP 数据的比例,然后

按此比例将当季各月工业增加值数据换算成 GDP 数据。我们使用第二种方法,并使用月度 CPI、GDP 实际增长率作为实体经济变量。第二,金融市场目前对量化宽松货币政策的衡量指标采用传统的货币供应量指标 M2 或者 M3,我们使用欧洲央行采用的货币供应量指标 M3 和短期市场利率指标。(具体见表 9)

表 9 基本变量的来源及处理

变量	指标	数据处理				来源
		可得数据区间	数据频率	季节调整	对数处理	Choice数据库
基础货币	M3	2007.5—2021.3	月度数据	是	是	欧洲央行
伦敦银行间同业拆借利率(欧元)	LIBOR	2000.1—2021.4	变频,原始数据为日数据,取每月数据平均值	否	否	Choice数据库
欧元区 3 个月短期债券收益率	BOND3	2000.1—2021.4	变频,原始数据为日数据,取每月数据平均值	否	否	Choice数据库
物价	CPI	2000.1—2021.4	月度数据	否	否	Choice数据库
GDP	GDP	2000.1—2021.4	变频,原始数据为季度数据,转换为月度数据	否	否	欧盟统计局

二、对金融市场和实体经济影响的实证分析

为刺激经济增长并稳定物价,欧洲央行实施负存款利率政策,并推出资产支持证券购买计划以及两轮定向长期再融资操作等宽松货币政策,向欧元区市场释放更多流动性,但成效甚微。欧洲央行的资产负债表规模和结构更为直观地体现了其量化宽松货币政策的规模和力度。如图 25 所示,2007 年初,欧洲央行的资产负债表规模为 1.15 万亿欧元,到 2020 年初扩张到超过 7 万亿欧元,高于美联储,居于全球央行首位。

欧洲央行通过向商业银行提供低息或抵押贷款增加市场流动性以

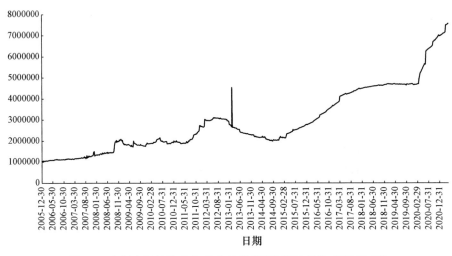

图 25　欧洲央行的资产负债表规模（周数据）（单位：百万欧元）

解决银行信贷危机，通过利率走廊压低市场利率到负利率水平以解决欧元区资金短缺危机。欧洲央行推出直接货币交易购买面临偿付危机的成员国债和企业债券，将压低这些国家的国债和企业债券利率，避免主权债务危机进一步恶化。央行货币政策操作对金融市场的影响往往是短期和迅速的，即快速改变。因此，我们使用 LIBOR、BOND3 来衡量这一传导效应。

　　欧洲央行量化宽松货币政策通过增加货币供应量促使欧元贬值，有利于欧元区成员提升出口竞争力，促进出口增长。此外，增加货币供应量可避免通货紧缩，促进就业和经济增长。实体经济主要指标的变化呈现一定的惯性，央行货币政策操作对实体经济的影响往往较为缓慢，即缓慢改变。[1] 我们使用欧洲央行的货币供应量指标 M3 作为量化宽松货币政策的代理变量，以欧元区 19 个成员的 GDP 总量、物价作为实体经济影响的变量，以 BOND3 作为货币市场影响的变量，建立 VAR 模型，同时对存量数据取对数。

　　首先，我们根据信息准则，估计 VAR 模型的阶数，结果显示各变量

---

[1] Bernanke B. S., et al. Measuring the Effects of Monetary Policy: A Factor-Augmented Vector Autoregressive(FAVAR) Approach. *Quarterly Journal of Economics*，2005，120(1).

均为内生变量,五种信息准则有三种显示当滞后 4 期时信息准则最小化,由此我们估计模型为四阶 VAR 模型。(具体见表 10)

表 10　VAR 模型最佳滞后期检验

滞后期	LL	LR	df	P 值	FPE	AIC	HQIC	SBIC
0	282.399				3.5e-07	−3.52404	−3.49255	−3.4465
1	1416.39	2268	16	0.000	2.5e-13	−17.6759	−17.5184*	−17.2882*
2	1438.71	44.635	16	0.000	2.3e-13	−17.7558	−17.4724	−17.058
3	1458.4	39.38	16	0.001	2.2e-13	−17.8025	−17.3932	−16.7946
4	1494.23	71.659*	16	0.000	1.7e-13*	−18.0535*	−17.5183	−16.7355

注:样本共 158 个,* 表示对应准则所筛选出的最佳滞后期。

由此,VAR 模型估计可描述为:

$$Y_t = A_1 Y_{t-1} + A_2 Y_{t-2} + A_3 Y_{t-3} + A_4 Y_{t-4} + B_1 X_t + \mu_t, \quad t = 1, 2, \cdots, 158 \tag{3-16}$$

估计该模型后发现多数系数显著且解释度较高,在 85%—99% 之间。接下来检验各阶的联合显著性。(具体见表 11)

表 11　各阶系数的联合显著性检验

回归方程		各阶系数显著性			
		滞后一阶 P 值	滞后二阶 P 值	滞后三阶 P 值	滞后四阶 P 值
广义货币供给量	lnm3	0.000	0.254	0.020	0.000
经济增长	LNGDP	0.000	0.223	0.000	0.000
物价	cpi	0.000	0.211	0.014	0.428
债券市场	BOND3	0.000	0.000	0.110	0.000
整体方程	ALL	0.000	0.000	0.000	0.000

从表 11 可看出,除了物价自回归模型系数不显著外,其他变量系数均显著,尤其是整体各阶系数高度显著。下面检验残差是否为白噪声,即残差是否存在自相关性。结果显示,接受残差无自相关的假设。(具体见表 12)

表 12　残差自相关检验

滞后期	chi2	df	P 值
1	35.6046	16	0.00328
2	42.9759	16	0.00028

进一步检验 VAR 模型的平稳性,如图 26 所示,所有特征值都在单位圆内,因此该滞后 4 期的 VAR 模型符合平稳性条件,模型稳定得以验证。VAR 模型中任意两个变量之间的变动没有直接的经济学含义,通常使用脉冲响应函数分析各个变量受到冲击时如何影响其他变量,最终反馈到自身的动态反应过程,因此,接下来分析变量间的格兰杰因果关系(具体见表 13)和脉冲响应。

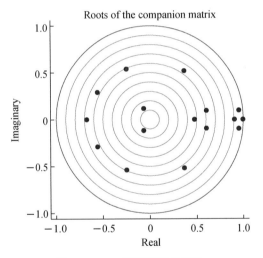

图 26　VAR 模型平稳性检验

表 13　变量间的格兰杰因果关系

Equation	Excluded	chi2	df	Prob>chi2	Equation	Excluded	chi2	df	Prob>chi2
lnm3	LNGDP	14.147	4	0.007	cpi	lnm3	8.1599	4	0.086
lnm3	cpi	1.9702	4	0.741	cpi	LNGDP	2.7914	4	0.593
lnm3	BOND3	12.846	4	0.012	cpi	BOND3	8.5072	4	0.075
lnm3	ALL	31.955	12	0.001	cpi	ALL	20.253	12	0.062
LNGDP	lnm3	13.791	4	0.008	BOND3	lnm3	24.987	4	0.000
LNGDP	cpi	11.545	4	0.021	BOND3	LNGDP	15.424	4	0.004

（续表）

Equation	Excluded	chi2	df	Prob>chi2	Equation	Excluded	chi2	df	Prob>chi2
LNGDP	BOND3	21.452	4	0.000	BOND3	cpi	10.09	4	0.039
LNGDP	ALL	43.415	12	0.000	BOND3	ALL	52.841	12	0.000

表 13 中的第 5 列和第 10 列显示的是统计值，表示一个变量格兰杰引起对应变量的概率。从结果来看，除了物价水平，其他变量均通过格兰杰联合因果关系检验。第 6 行到第 9 行结果显示，货币供应量的变动显著影响了 GDP 的变动，也显著影响了金融市场中 BOND3 的变化。为决定变量作用次序，考察变量间的交叉相关图，从图 27 可以看出，广义货币供应量 lnm3 与滞后 2 期的经济增长指标 LNGDP 最相关，为正相关；与当期的 BOND3 最相关，为负相关；与提前 1 期的物价水平指标 cpi 最相关，为负相关。交叉相关图提示的变量作用次序为物价水平、3 个月短期债券收益率、经济增长，即欧洲央行的量化宽松货币政策引起物价水平和 3 个月短期债券收益率变化，继而引发实体经济的增长。

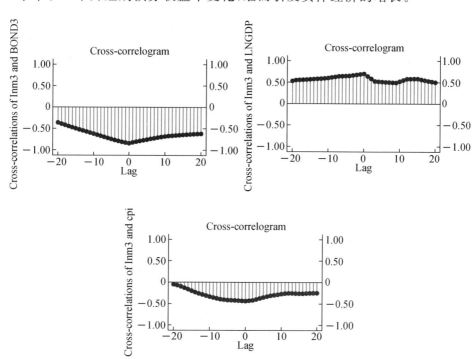

图 27　物价水平、短期债券收益率与经济增长间的交叉相关图

图 28 中的第一个变量 iu 表示脉冲名称,第二个变量 lnm3 表示产生冲击的变量,第三个变量 BOND3 表示响应变量。图 28 清晰地表明了欧洲央行货币供应量的变化对实体经济变量和金融市场变量的冲击。欧洲央行的量化宽松货币政策推出后,对欧元区物价水平的脉冲响应最为明显,在滞后 8 个月后仍然存在正向的脉冲响应,其政策信号是欧洲央行的量化宽松货币政策对改善欧元区的物价水平,特别是防范通货紧缩的风险具有明显的政策效应,货币供应量的上升会迅速地传导,引起欧元区物价水平缓慢上升。欧洲央行的量化宽松货币政策对经济增长指标的脉冲响应不明显,说明欧洲央行的量化宽松货币政策对提振经济的作用极其有限,没有达到刺激经济增长的作用。此外,货币供应量的上升对区域内的短期金融市场形成极其有限的脉冲冲击,欧元区 3 个月短期债券收益率脉冲响应较小,说明欧洲央行的量化宽松货币政策无法在短期内压低债务国的债券利率。

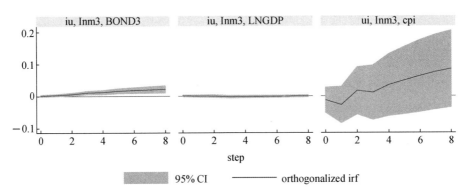

图 28　物价水平、短期债券收益率与经济增长正交化脉冲响应

考虑指标处理问题,我们使用欧元区 LIBOR 月度数据替代 BOND3 数据重新建立 VAR 模型,以反映金融市场对欧洲央行货币政策操作的反应。从图 29 可以看出,新 VAR 模型中,欧洲央行的量化宽松货币政策对欧元区物价水平的脉冲响应为正,在滞后 8 个月后仍然存在正向的脉冲响应,经济增长指标的脉冲响应依然不明显,但 LIBOR 有较为明显的正向脉冲响应,一种合理的解释是近几年 LIBOR 报价一直位于负值

区间,欧洲央行扩大货币供应量能够纠正货币市场短期负利率向正利率转化。

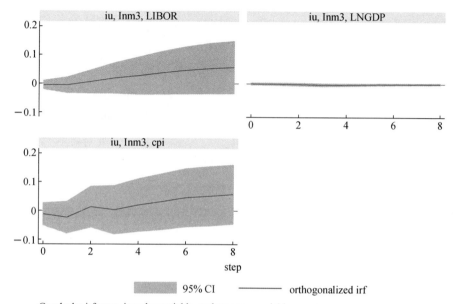

图 29　欧元区货币供应量对短期市场利率、物价水平与经济增长的脉冲响应

如图 30 所示,我们依次对各个变量进行方差分解,以 lnm3 为例,其方差分解显示,如果做未来 1 个月份预测,其 99.7％的预测误差来自自身,如果做未来 8 个月份预测,其 85.5％的预测误差来自自身,说明该变量主要受自身影响。

利用表 14 中的数据对所有的预测方差分解作图,变量次序为 lnm3、LNGDP、cpi、LIBOR,与交叉相关图提示的变量次序 cpi、BOND3、LNGDP 作比较,以考察结果的稳健性。描绘的对比分析图如图 31 所示,可以看出,脉冲响应函数和预测方差分解都在一定程度上依赖于变量排序,其中上半部分图示更为完整地展示了欧洲央行货币供应量的变化对实体经济和金融市场指标的动态效应,其变量排序更为合理。

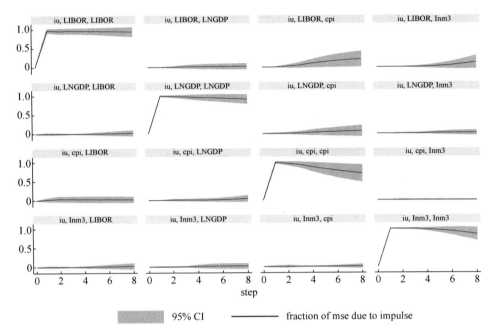

图 30　VAR 模型各个变量方差分解

表 14　各变量的预测方差分解

未来预测月份	(1) FEVD	(2) FEVD	(3) FEVD	(4) FEVD
0	0	0	0	0
1	1	0	0	0
2	0.997522	0.000924	0.001547	6.7e-06
3	0.996229	0.000848	0.001523	0.0014
4	0.981437	0.008396	0.001093	0.009074
5	0.961598	0.013539	0.000913	0.023951
6	0.936457	0.016488	0.00076	0.046296
7	0.900739	0.017638	0.000693	0.08093
8	0.855007	0.018506	0.000663	0.125824

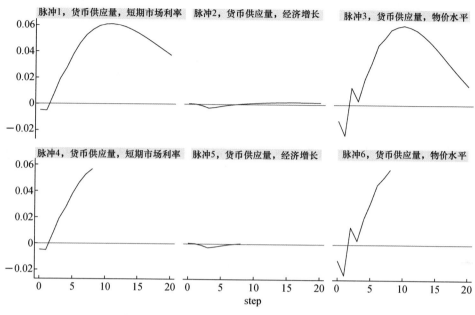

图 31　欧元区货币供应量对短期市场利率和物价的脉冲响应

从欧元区短期市场利率可以看出,自 2011 年以来欧元区的短期市场利率一直稳定在零利率水平附近,这直接决定了传统的降息、降准等货币工具没有操作空间,传统的宽松货币政策不再有效。因此,在欧债危机爆发后,欧洲央行放弃物价稳定目标,推出量化宽松货币政策,其资产负债表规模扩张的速度较快,目前的资产负债表规模超过美联储,是全球央行之首。量化宽松货币政策实施效果最好的是美联储,美国经济之所以迅速从次贷危机中走出来,以伯南克为首的美联储推出四轮量化宽松货币政策功不可没。伯南克认为,央行量化宽松货币政策的实施重点是改变市场对未来短期利率的预期,原因是长期资产价格依赖于即期和远期、短期利率水平,而远期、短期利率水平取决于市场对此的预期。这一观点可以解释欧洲央行自 2019 年以来一直把三大基准利率维持在负利率区间不变这一货币政策操作。欧洲央行稳定且清晰的负利率政策意在稳定市场对未来短期利率的预期,从而稳定长期资产价格。从我们的实证结论来看,欧洲央行扩大货币供应量能够使货币市场短期负利率向正利率转化。

为什么欧洲央行扩大货币供应量对实体经济的影响有限？开放经济中，欧洲的量化宽松货币政策会导致欧元贬值和出口增加，但这依赖于一个重要前提，就是其他国家不实施本币贬值政策。汇率永远是一种比价，如果其他国家也实行量化宽松政策，那么各国货币之间的实际有效汇率并没有发生变化，欧洲量化宽松货币政策的作用也将受限。实证表明，由于美国、日本等主要经济体普遍实施量化宽松货币政策，使得欧洲央行实施量化宽松货币政策最可能带来的是通货膨胀，即避免了欧元区陷入通货紧缩，但无法实现就业增长和经济增长。

我们认为，欧元区各国政府在债务危机前后应该及时把握好短期与中长期宏观政策的转变过程。短期内，作为正常的反危机操作，通过量化宽松货币政策解决危机的流动性有其合理性，但货币政策无法解决经济基本面问题；长期内，债务危机的最终解决一定通过经济基本面的转型。因此，欧元区各国政府要在适当的时机为宏观干预政策提供合适的退出机制，用新的经济增长支撑点完成后危机时代的经济转型。欧盟目前已提出振兴高科技行业，但新兴产业引领经济增长尚需时间，这成为其经济增长乏力的重要原因。

在债务危机的紧急时刻，欧洲央行向金融市场注入流动性确实有助于稳定市场情绪，遏制危机向实体经济蔓延。但是，货币政策的适用性很关键。救急不救穷的原则，说明危机时具有紧急救援性质的货币政策在中长期并不适用。欧洲央行量化宽松货币政策帮助金融市场走出危机，但并没有达到刺激经济增长的目的。正如弗里德曼所言，宽松的货币政策几乎是一成不变的药方，而通货膨胀几乎是一成不变的结果。如何划分市场和政府的边界，是经济学的永恒命题。从凯恩斯主义、奥地利学派到货币主义，这一命题考验着政府和经济学家的智慧。债务危机的爆发，再次对政府干预政策的合理性提出了质疑。坚信宽松货币能将欧盟从危机中拯救出来的政客们，没有耐心等待经济的自我调整和恢复。治理一场危机的措施恰恰为另一场危机埋下了种子。

本章小结

　　理论部分,我们通过构建模型反映出,欧元区主权债券市场中欧元区成员无法控制欧元的汇率,满足特定条件时,理性的政府就会选择通过违约方式减轻债务。这一结论从理论上印证了2012年希腊主权债务违约事件存在的必然性。"欧元区成员以无法控制的货币发行国债→无法发行货币向债券持有者担保流动性→债券持有人产生清偿力怀疑,利率上升→财政赤字超标"的演进思路,反映了目前欧元区现有财政制度的内在缺陷与债务危机的动态诱发机制。

　　危机分析部分,我们着重分析了欧元区目前财政制度的缺陷。第一,成员加入统一货币区后,在缺少独立货币政策的条件下,具有更高政策空间的反周期性政策工具对于成员熨平经济波动显得十分必要,但加入欧元区后各国财政政策的空间受到制约。在欧元区内,由于缺乏主权国家拥有的财政转移支付手段,成员基于各自利益分散的财政政策缺乏区域层次上的协调。区内存在财政政策的溢出效应,一国政府财政政策不自律最终会推高欧元区整体利率,欧洲中央银行就会被迫实行宽松的货币政策,从而危及央行的独立性和欧元的稳定。第二,加入欧元区后,成员政府并没有抓住经济增长的良机对财政结构进行实质性调整,而经济衰退来临时,政府刺激经济的举措又推高了原有的债务总量。第三,高福利的社会保障体系和劳动力市场缺乏弹性大大压缩了欧元区成员改善国内财政结构的空间,出现了经济增长与高失业率并存的情形。债务危机爆发后,欧盟开始对现有财政制度框架进行反思,致力于从两个方面弥补欧元区国债市场的缺陷:

　　一是改革货币发行主体。目前,欧洲央行事实上已经放弃独立性原则,量化宽松货币政策主要由三大操作完成,具体是向商业银行提供低息或抵押贷款解决银行业危机,推出货币交易直接购买面临偿付危机的成员国债和企业债券以解决主权债务危机,通过利率走廊压低市场利率到负利率水平以避免通货紧缩并解决经济危机。

　　二是改革主权债券发行主体,探索组建更深层次的财政联盟。整体上,在弥补欧元区目前主权债券市场的缺陷方面,欧盟采取了深化一体化措施来解决由于一体化不足导致的问题。一是推出预算黄金法则。考虑到经济周期对欧元区各国财政赤字超标具有一定的解释力,即扩张财政政策的实施是基于经济周期的正常反应。2011年,欧盟进行了财政约束框架改革,允许成员在一个经济周期中,而不是一年内,将本国的财政赤字率维持在0.5%水平,即欧盟制定的预算黄金法则。二是增补欧洲央行的最后贷款人角色,在成员国债市场缺乏流动性时全额购买,且不设资金上限,以平抑国债利率,缺陷是增强欧洲央行的职能并不能从根本上解决成员的债务高企和过度财政赤字问题,只能在短期内降低再融资成本,不是解决存量债务和财政赤字问题的根本措施。

欧洲央行的资产负债表规模和结构更为直观地体现了其量化宽松货币政策的规模和力度,目前欧洲央行的资产负债表规模位于全球央行首位。

实证部分,我们使用VAR模型和脉冲模型表明欧洲央行货币供应量的变化对实体经济变量和金融市场变量的冲击。欧洲央行的量化宽松货币政策对改善欧元区的物价水平,特别是防范通货紧缩的风险具有明显的政策效应,但对提振经济的作用极其有限,没有达到刺激经济增长的作用。此外,货币供应量的上升对区域内的短期金融市场形成极其有限的脉冲冲击,无法在短期内压低债务国的债券利率。开放经济中,欧洲量化宽松的货币政策会导致欧元贬值、出口增加和经济增长,但这依赖于一个重要前提,就是其他国家不实施本币贬值政策。由于美国、日本等主要经济体普遍实施量化宽松货币政策,使得欧洲央行量化宽松最可能带来的是通货膨胀,即避免了欧元区陷入通货紧缩,但无法实现就业增长和经济增长。

我们倾向性认为,欧元区各国政府在债务危机前后,没有及时把握好宏观政策的转变过程。短期内,作为正常的反危机操作,通过量化宽松的货币政策解决危机的流动性有其合理性,但无法解决经济基本面问题;长期内,债务危机的最终解决一定基于经济基本面的转型。因此,欧元区各国政府要在适当的时机为宏观干预政策提供合适的退出机制,用新的经济增长支撑点完成后危机时代的经济转型。欧盟目前已提出振兴高科技行业,但新兴产业引领经济增长尚需时间,这成为其经济增长乏力的重要原因。

第四章　欧元区金融制度

本章首先分析欧元区现有金融制度缺陷,阐述欧洲银行业存在"金融不可能三角",分析英国脱欧对欧盟单一金融市场的影响。其次分析债务危机后欧盟对欧元区现有金融制度的反思与改革,指出欧洲央行单一监管机制(SSM)通过纠正货币市场信贷扭曲,切断银行业经营危机与主权债务危机之间的恶性循环,同时分析欧洲银行业统一监管机制的运作与监管挑战。

第一节　欧元区金融制度缺陷

一、欧洲金融市场在危机爆发后形成了事实上的分割

根据最优货币区理论,欧元区实施统一货币政策的重要基础是各成员金融市场保持一定的一致性,银行业跨国经营,区域内金融市场联系紧密,这样单一货币政策才能在不同成员内发挥效力。2009年欧债危机爆发,债务风险在区域内传染,市场预期希腊、西班牙等国国债不可维持,欧洲央行执行不救助政策重新引发国际投资者对整个欧元区债务危机的担忧,直接导致对这些成员国债的风险溢价上升,国债利率上升,进而加重了该国的偿债负担,使得欧元区主权债券市场利率出现严重的分化。

过去30年间欧元区成立前后各国长期国债利率的分布呈现典型的蝶形分布。具体地,在1999年欧元区成立之前,各国长期国债利率反映了本国真实的主权债券信用状况,希腊、意大利和葡萄牙等国由于常年财政赤字和贸易逆差,国债利率维持高位。(见图32)欧元区成立之后,

由于德国、法国等信用良好国家的隐形背书,国际投资者给予欧元区各成员一致的信用预期,使得各成员长期国债利率呈现10年的一致区间。债务危机爆发后,各国偿债压力普遍比较大。更重要的是,国际投资者对一国债务可持续性预期存在自我实现机制。如果投资者认为该国债务背后的经济基本面稳健,就预期该国债务可维持,对该国国债的风险溢价也走低。反之,如果投资者认为一国经济基本面恶化,或者地区性债务风险传染性较高,就预期该国债务不可维持,对该国国债的风险溢价上升。这种债务预期的自我实现机制在欧债危机期间得以显现,使得面临较高债务风险的国家由于投资者的风险预期导致国债利率上升,欧元区主权债务市场再次分化严重。

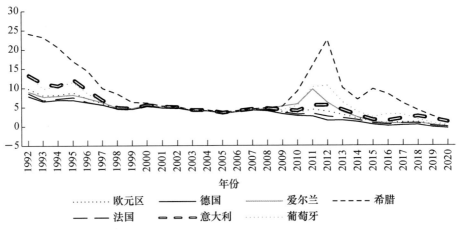

图 32　欧元区及部分成员长期国债利率分布(单位:%)

数据来源:欧洲统计局官网:http://ec.europa.eu/eurostat/data/database,2022年3月10日访问。

欧洲央行在危机初期拒绝救助银行,没有及时向市场注入流动性,造成银行信贷紧缩,这是银行倒闭和危机恶化的重要原因。信贷萎缩和流动性不足是导致上个世纪大萧条期间经济危机严重恶化的主要原因,因此,美国政府在应对2008年国际经济危机时采取了与大萧条期间完全相反的思路,通过四轮量化宽松货币政策向市场释放流动性,以防止由于银行业信贷萎缩导致金融危机传导到实体经济。针对问题银行,推出问题资产救助计划(TARP)向面临流动性的企业直接注资,其中60%流向银行业。欧债危机爆发初期,欧洲央行始终不愿意放弃独立性原则,拒绝向市场注入流动性,导致成员大量银行倒闭,主权债务风险传导到银行业,银行业信贷萎缩经由货币政策通道传导到实体经济。主要银行持有问题国家银行资产情况见表15。

表15 主要银行持有问题国家银行资产情况

持有希腊资产	法国	德国	美国
总额(10亿美元)	78.8	45.0	16.6
银行股权比例(单位:%)	2.1	1.4	0.7
银行资产比例(单位:%)	0.8	0.5	0.1
持有希腊、葡萄牙和西班牙资产	法国	德国	美国
总额(10亿美元)	334.9	330.4	79.3
银行股权比例(单位:%)	9.1	10.1	3.2
银行资产比例(单位:%)	3.6	3.7	0.6

数据来源:OECD Economic Outlook 87 database。

二、各国独立金融监管政策加剧金融市场的分割

欧洲各国独立制定本国的金融监管政策,优先考虑本国金融机构的利益,即使这些政策对其他国家产生负面影响。2007年,德国推出全额担保银行存款制度,吸引境内外资金流入。2011年,德国等国提议为缓解成员预算增加带来的经济压力,对欧盟金融市场的投机交易征收"托宾税",客观上提高了金融投机交易的成本,但削弱了伦敦相对纽约等国际金融中心的竞争力,因此英国竭力反对实施。监管竞争和国家保护主义在债务危机期间本国政府救助本国金融机构时表现更为明显。美国的问题资产购买计划仅适用于美国金融机构,即使在美国市场占比很高的外国金融机构也不适用。欧元区各国基于本国利益独立制定差异化的金融监管政策,人为造成金融市场的分割,加重了欧元区金融市场的分化。

这里我们构建理论模型分析伴随区域金融市场一体化进程的加深,政府无法通过独立的政策实现本国和区域内的金融稳定的现实。先从

一个基本的结论描述开始,即如果一家银行仅在国内经营,在面临流动性危机时母国将毫不犹豫选择救助,但如果这家银行国际化经营更为广泛,金融市场一体化更加深入,实施救助的母国收益较少,而不实施救助的外国市场收益较多,跨国经营银行面临流动性危机时,即使救助这家银行对于维持国内金融市场稳定具有重要意义,母国也将选择不救助,政府之间临时性的监管合作形式更为脆弱。

首先,我们假定监管部门将 t 部分的资金用于救助濒临破产的银行。监管部门在决定是否救助这家银行时,其概率用变量 χ 表示,且 $0<\chi<1$,C 为救助这家银行所付出的社会成本,B 为救助这家银行所得到的社会收益。当满足 $B-C>0$ 时,监管部门决定救助这家银行。

假定模型银行在多个国家跨国经营,因此涉及母国和外国。整体上救助一家银行的社会收益可分解为母国的收益部分,以 h 表示,也可以比例 a_h 表示;以及外国的收益部分,以 f 表示,也可以比例 a_f 表示,且 $a_f = \sum_{j \in F} a_j$。有 $a_f + a_h = 1$。

同时我们假定,只要社会收益足够高于社会总成本,这家银行涉及的国家政府之间就会进行监管合作,共同救助这家银行。再假定救助时,一国出资份额为 t。

其次,假定濒临破产的银行继续经营,其直接成本为 C_c;濒临破产的银行停止经营,其直接成本为 C_s,因此,监管部门在作出救助决策时,也将考虑 $C = C_c - C_s$ 的大小。对于国家 j 而言,最优的决策可表示为:

$$\chi^* (\alpha_j \cdot B - t_j) \tag{4-1}$$

继而有:

$$\begin{cases} \chi^* = 1, & \text{if } \sum_j t_j - C > 0 \\ \chi^* = 0, & \text{if } \sum_j t_j - C < 0 \end{cases} \tag{4-2}$$

该方程有多重均衡解,特别地,当 $t_j = 0, \chi^* = 0$ 时有唯一解,此时有:

$$\alpha_j \cdot B - C > 0 \tag{4-3}$$

这表明没有国家愿意救助这家银行,这时各国之间不会进行监管合作。这一情形在现实中存在,原因是本国救助的收益会产生外部性。我们假定救助这家银行得到收益最大的是该银行所在的母国,但由于收益具有外部性,母国不愿独自承担救助该银行的所有成本。

上述方程组存在有效解:$\chi^*=1$,if $B>C$ 且 $\chi^*=0$,if $B<C$。

因此,救助一家银行的合作均衡的出现依赖于母国得到的社会收益部分,即比例 a_h 的大小。当母国得到的收益足够大,即 $a_h \in \left[\dfrac{C}{B},1\right]$ 时,母国将实施救助。

使用公式(4-1)和公式(4-2)可以得到:当 $a_h=1$ 时,即母国承担所有的救助成本,可以得到最优解。

当 $a_h>a_j$ 时,即母国和外国监管部门共同出资救助这家银行,但母国出资份额高于外国,这时 $\chi^*=1$,有效解的条件是母国收益高于其救助成本,即 $a_h \cdot B-C>0$。

综上,当 $a_h \in \left[\dfrac{C}{B},1\right]$ 时,母国将选择救助这家银行;$a_h<\dfrac{C}{B}$ 时,母国将选择不救助。这一结论表明,如果母国的收益部分 a_h 较低,而外国的收益部分 a_f 较高,则该银行的国际化经营更为广泛,金融市场一体化更加深入,即使救助这家银行对于维持国内金融市场稳定具有重要意义,母国也将选择不救助处于流动性危机的跨国经营银行。第二,如果银行国际化经营和区域内金融市场一体化程度加深,政府之间不可能形成有效的金融监管合作。首先,当金融一体化进程尚处于浅层次,即 $a_h \in \left[\dfrac{C}{B},1\right]$ 时,可以实现区域内金融市场和国内金融市场的稳定。其次,当金融一体化进程处于较高层次,即 $a_h<\dfrac{C}{B}$ 时,母国将选择不救助,无法达成有效的监管合作,实现区域内金融市场和国内金融市场的稳定。

三、金融不可能三角理论

债务危机暴露出欧元区银行业系统存在的问题,Dirk Schoenmaker(2011)在货币政策不可能三角理论基础上,提出欧洲银行业存在"金融不可能三角",即由于金融市场高度一体化,一个成员政府独立制定的金融政策会外溢到其他成员,政策和风险的传导机制影响欧元区的金融市场稳定,也即欧元区成员无法同时达到金融政策独立、金融市场一体化和金融市场稳定三个目标。(见图33)

图33　金融不可能三角理论

欧盟金融市场高度一体化,银行业可在不同成员间跨国经营,单一市场内部成员之间实施多边相互认可制度,实现了金融市场上的业务提供和机构设置自由。克服金融不可能三角的现实方案是在欧元区内制定统一的金融政策,放弃独立金融政策的制定权,以换取金融市场稳定和整体化的目标,为欧盟建立欧洲银行业统一监管体系提供合理性。

第二节　欧洲银行业联盟的建立与挑战

随着欧债危机的升级,欧洲银行业流动性风险与日俱增。2012年9月20日,欧洲银行系统包括西班牙、葡萄、希腊和爱尔兰银行业过去一年存款流失高达3260亿欧元,与德国、法国等7个经济较好国家新增的3000亿欧元存款大致相抵消,欧元区内部信贷分化严重。爱尔兰与希腊银行业在2010年初即遭到挤兑,2011年又蔓延到西班牙与葡萄牙银行业。随着债务危机的蔓延,欧元区内部对建立区域性金融监管机构的呼声越来越高。(Kaufman,1994;Dale & Wolfe,1998)2012年6月,欧盟通过了建立银行业联盟的决议,以打断成员主权债务危机与银行业危机之间的风险传导效应,通过对成员国内银行业体系的统一监管为欧洲央行货币政策的有效性提供市场基础。

2012年9月,欧盟发布《银行业联盟路线图》,提出欧洲银行业联盟的核心框架由单一监管机制(SSM)、共同存款保险机制(DGS)和单一清算机制（SRM）三大机制构成。单一监管机制将欧洲央行的银行监管职责从各个成员统一收回,2014年11月起全面监管欧元区内6000多家大型系统重要性银行,并负责银行新牌照的发放。接受欧洲央行监管的银行总资产占欧元区银行业的85%,入选标准为银行的资产总量在300亿欧元以上,或者资产总量占该国收入20%以上。同时建立共同存款保险机制,银行破产后存款保险基金需要在7天内向储户支付不高于10万欧元的赔偿。另外,设立专门的执行机构——欧盟清算委员会和550亿欧元的清算基金,用于处理银行倒闭问题。欧洲银行业联盟运作良好,单一清算机制也已启动并运行,成功地处理了多起银行问题,能够及时有效地处理被监管银行的风险,进行不同的危机管理。[1] 欧洲银行业统一监管机制的建立对欧债危机的解决具有以下重要意义:

首先,欧洲银行业联盟的建立实现了欧盟各国银行业由各国独立监管到欧盟统一监管的过渡,改善了由信息不对称等因素带来的信贷扭曲现象,对货币政策渠道进行了疏通,确保欧洲央行的统一监管达到期望的效果。此次欧盟各国银行业监管权力的集中化是继欧洲央行统筹各国货币政策的制定之后又一次对欧洲央行职能的强化,对欧洲各国银行业监管的外溢性有很好的预防效果。同时,欧洲银行业联盟的建立对欧盟各国货币一体化改革的推进也有着深远的意义。

其次,欧洲银行业联盟的建立对打破银行业经营风险与主权债务风险间互相转化的恶性循环有着重要的意义。近年来,席卷高负债欧洲国家的主权债务危机表明,一些国家的银行业由于持有大量国债而处于较高的风险区间。欧洲央行对各国银行业监管权力的集中并允许直接注资的行为,主要是为了隔离欧债危机给各国银行业带来的风险,切断主权债务与银行业的联系,降低各国政府救助银行带来的债务压力。对银行业风险向主权债务风险的传递进行隔离,能够有效应对欧债危机带来的不利影响。(欧元区银行间隔夜存款利率见图34)

---

[1] Communication to the European Parliament. The Council. The European Central Bank. The European Economic and Social Committee and the Committee of the Regions. https://ec.europa.eu/finance/docs/law/171011-communication-banking-union_en.pdf, available at 2021-10-20.

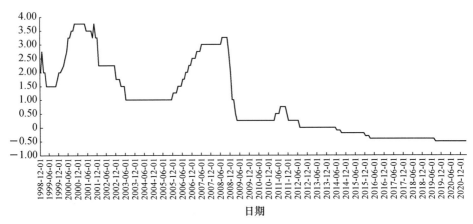

图 34 欧元区银行间隔夜存款利率(单位:%)

欧洲银行业联盟是欧洲银行业全新的监管体系,如果欧洲银行业联盟方案能够全部付诸实施,将成为欧元区成立以来金融监管领域最重大的制度变化,有助于避免主权债务危机与银行业系统危机的交叉演化,打破银行业与主权国家之间金融风险的恶性循环,促进实体经济的复苏。

一、欧洲银行业联盟的内容安排与机制特点

单一监管机制、单一清算机制和共同存款保险机制被称为欧洲银行业联盟的"三大支柱"。

(一)单一监管机制

单一监管机制是欧洲银行业联盟三大支柱中唯一一个已经完全实现的机制,总体上取得了成功,推动了欧洲央行最终建立完整的银行业联盟。

单一监管机制于2014年11月生效,是银行业联盟建立并充分发挥作用的第一支柱。单一监管机制由1000多名员工以及来自成员的监管机构、欧洲央行和私人机构组成。改革后,欧洲央行的监管职能扩大到对欧元区所有信贷机构的设立或撤销进行授权;对银行业兼并或重组进行评估;要求银行业进行审慎监管或提高资本金要求;执行银行业压力测试;要求银行业提供资本缓冲金等。各国央行等监管机构协助欧洲央

行进行银行业监管,并保留境外银行在欧元区分支银行的监管权。欧洲央行在执行单一监管机制时,将欧元区银行业分为系统重要性银行与次要银行。欧洲央行负责直接监管 129 家总资产约 25 万亿欧元(约占欧元区银行资产的 82%)的欧元区系统重要性银行。单一监管机制下成立了联合监督小组,对这 129 家系统重要性银行进行直接监管和风险管理。[1] 2015 年,欧洲央行首次开启欧元区银行业监督审查和评估流程(SREP),对每家银行进行分业务评分和总体评分,评价内容包括四个部分:评估银行的业务模式,评估银行的内部治理和风险管理,对风险进行资本分析,对银行流动性进行分析。

单一监管机制的设计和实施时间不长,是欧元区为支持金融危机中陷入困境的问题银行而提出的统一监管方案。为防止利益冲突,欧洲央行对货币政策制定权与银行业监管权采取隔离原则。该原则的有效性存在质疑,原因一是在欧元区实施单一监管机制之前,国际上习惯于将银行监管与货币政策结合实施以便进行宏观政策的协调;二是现实中欧洲央行在执行时并没有真正实施分离原则。目前,各成员仍深入参与对本国系统重要性银行的监管,这些银行向欧洲央行提交监管信息和授权方案等,同时也向本国监管机构提供,实现信息共享。欧洲央行负责微观审慎监管,而宏观审慎监管在很大程度上下放给各成员,使得各国宏观审慎政策实施呈现明显的跨国异质性和政策外溢,也存在欧洲央行微观审慎政策和成员货币政策之间的潜在冲突。[2]

(二) 单一清算机制

单一清算机制是银行业联盟的第二大支柱,是对单一监管机制职能的补充,为位于欧元区的银行创建一个通用的安全网。单一清算机制对欧元区成员之间的金融风险传导进行隔离,切断一国主权债务与其国内银行信用风险之间的联系。参与单一清算机制的国家与参加单一监管机制的国家相同,包括欧元区国家以及其他一些希望加入的欧盟国家。

---

[1] Kirova S. The First Steps Toward the Banking Union's Implementation and Effects on the Eurozone Banking Sector. *Nephron Clinical Practice*,2017,55(1).

[2] 欧盟委员会官网,2021 年 10 月 20 日访问。

单一清算机制由中央清算机构、单一清算委员会(SRB)和单一清算基金组成。单一清算委员会成立于2015年,自2016年1月1日起开始运营,服务对象分为两类:一是129个由欧洲央行直接监管的系统重要性银行;二是在欧元区一个以上的成员中拥有子公司的15个跨国经营银行。

目前,单一清算基金共拥有约550亿欧元的资金,为欧元区银行业存款准备金的1%。由于单一清算基金规模较小且缺乏共同的财政支持,只能在有限的程度上实现其目标。2017年12月6日,欧盟委员会在《深化欧洲经济及货币联盟的路线图》中建议未来的欧洲货币基金组织通过向单一清算基金提供信贷额度或担保,为银行业联盟提供资金支持。[①] 目前,欧盟已经拥有欧盟稳定基金和单一清算基金,两个基金可联合向面临倒闭的商业银行提供超过7000亿欧元的贷款。为规范基金管理并约束参与国银行的道德风险,2019年4月30日,欧盟委员会通过了《银行复苏和清算指令》(BRRD)和《单一处置机制法规》(SRMR),该法规是银行业联盟的核心法律基础。[②] 被监管银行面临流动性危机时可优先从本国央行获得流动性支持,如果本国央行流动性支持不足即启动单一清算基金。2019年8月13日,欧盟委员会与单一清算委员会签署了关于银行清算合作与信息交换的谅解备忘录(MOU),确保信息的共享和决策的及时执行。目前,单一清算机制存在的突出问题在于:一是单一清算委员会决策容易受到欧盟委员会和理事会的干预,独立性不强。二是单一清算基金需扩大规模以提高有效性,获得从欧洲稳定基金融资的资格,从而扩大其资金规模。

(三)共同存款保险机制

银行业联盟的第三支柱是共同存款保险机制,目前该机制下储户存款的保险赔偿最高水平设置为10万欧元,由存款保险基金向储户赔付,由参加银行注资并由单一清算委员会负责管理。目前,共同存款保险机制尚没有建成并发挥作用。根据欧盟相关方案,共同存款保险机制的建设分阶段进行,2020年先建成各国本国存款再保险机制,到2024年再发

---

① 欧盟委员会官网,2021年10月20日访问。
② 欧盟委员会官网,2021年10月20日访问。

展成为欧盟区域内的共同存款保险机制。为切断单一国家银行业风险由于共同存款保险机制在区域内传导,欧盟要求参与国家加强对本国银行业风险敞口的审慎处理。2014年通过的新规定引入将在整个欧盟成员中使用的审慎监管原则,要求银行必须向管理存款保险的机构支付与风险相关的保险费;同时在向不良银行的存款人实际偿还之前,向存款保险管理机构提交具体的赔付方案;并要求银行向存款人提供存款保险基本信息,将赔付时间缩短至7个工作日。银行业联盟要求银行业计算风险敞口时逐步增加风险敞口的风险权重,并对资产负债表进行适当评估。

二、欧洲银行业联盟的作用

欧洲银行业统一监管机制的建立对欧债危机的解决具有重要意义,主要是为了抑制债务危机期间各成员银行业危机的传染效应,推动欧元区银行业执行严格而统一的监管标准,打破银行业与主权国家之间金融风险的恶性循环。我们将欧洲银行业联盟的作用总结为以下三方面:

(一) 减少救助银行带来的财政成本

债务危机期间,各成员花费大量来自纳税人的资金以救助陷入破产困境的银行。10多年来,席卷高负债欧洲国家的主权债务危机表明,成员银行业由于承受国内公共债务的风险而处于脆弱状态。欧洲银行业联盟的首要目标是减轻纳税人承担的银行业危机的负担。银行业危机会通过两种渠道影响公共部门的资产负债表:一是直接渠道,包括政府为支持陷入困境的银行而采取的所有措施导致产生的成本;二是间接渠道,包括银行业危机通过其他方式对公共部门的支出形成的负面影响。

(二) 打破银行与主权部门之间金融风险的双向联系

在金融危机期间,各国政府与其国内银行体系之间相互影响的恶性循环大大增强,银行业联盟的主要目标之一是"打破银行与主权国家之间金融风险的恶性循环"。从金融市场参与者的角度来看,银行的信贷风险与政府的信贷风险高度相关。美国雷曼兄弟于2008年9月倒闭使金融业的风险急剧增加,这种风险在很大程度上是通过注资和政府提供的担保将单个商业银行的风险转移到政府公共部门。而发生于2011—

2012年的主权债务危机的风险转移则与此相反,从政府转移到了银行。债务危机期间,基于传统的业务习惯,银行业在计算风险权重时,不是依据市场供求关系,而是依赖复杂的数理模型进行风险度量和金融资产定价。这些数学模型,一方面,依赖于严格的前提假设,与经济现实严重脱节,对未来资本收益率变化的预测严重失真,如假设时将各国国债视为无风险资产;另一方面,参数的设置过于乐观,缺乏对负面系统性风险的考虑,银行根据数理模型拨备的资金难以涵盖系统风险的突然逆转,主权债务危机的爆发使得商业银行手中持有的国债风险溢价上升。此外,商业银行持有国债资产时表现出明显的本国偏好,即商业银行持有的国债大部分是母国发行的,使得本国商业银行与本国政府的信用风险相互交织,因此打破银行与政府之间金融风险的双向联系显得至关重要,这也是建立银行业联盟的起因。从图35中可以清晰地看到,自银行业联盟建立以来,欧元区1年期国债利率平稳下降,大大降低了成员政府信用风险。

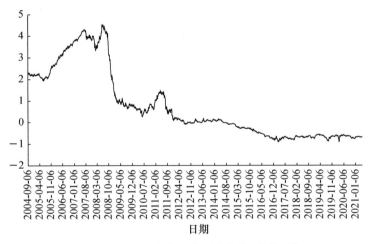

图35 欧元区1年期国债利率变化(单位:%)

(三)实现欧元区银行业更高水平的监管融合

欧盟金融市场需要制定统一的监管规则。债务危机爆发前,欧元区内银行业的监管规则已经高度统一,但各成员对本国资本充足率的要求仍不统一。大型银行可以通过设计内部模型来计算其风险加权资产使其达到《巴塞尔协议Ⅲ》规定的最低水平,而本国监管机构在审核通过此类模型时享有很大的自由度,使得各成员的资本充足率本质上差异很大。单一监管机制要求参与国在使用一套通用规则的同时制定统一的审核制度,将大银行与小银行区别对待,"抓大放小"。具体地,欧元区内129家系统重要性银行将直接由欧洲央行监管,其余银行仍由其所属国家当局监管,但要遵循欧洲央行制定的指导方针。本质上,这种从国家到超国家的金融监管责任转移将会使欧元区达到较高的监管融合水平,从而消除监管过程中国与国之间的监管差异。欧元区设立银行业统一监管机制为欧洲央行货币政策操作的有效性提供了市场基础,解决了经济恶化时区域内资金市场的严重分化问题,有利于打通银行信贷与经济增长之间的融资渠道,表明欧元区金融监管政策领域的一体化程度加深。欧洲央行统一银行监管权,并允许欧元区救助基金直接向成员银行注资,意在建立欧洲银行业与欧债危机的风险隔离机制,切断银行与主权债务的恶性关联,缓解欧洲银行业经营困难时给政府带来的债务压力。

三、欧洲银行业联盟面临的监管挑战

欧洲银行业联盟可视为欧洲银行业全新的监管体系,欧元区成立以来金融监管领域最重大的制度变化,有助于促进实体经济复苏。也应该看到,安全、有效地监管欧元区全部6000多家大型银行也是欧洲央行面临的极大的监管挑战。

(一)欧洲银行业联盟的救助能力有限

根据欧洲银行业联盟的相关计划,2016年到2026年启动清算基金的资金筹集,并对各国银行资产负债表进行清算,发现2017年各国银行业对希腊和葡萄牙主权债务风险资产的统计处于较高水平(见表16),①但各成员的资金支持进展缓慢。该基金池最大的问题在于资金量少,清算银行的能力有限。目前,欧元区有6000多家资产超过300亿欧元的

---

① https://home.kpmg/xx/en/home/insights/2017/12/state-of-the-banking-union-fs.html, available at 2021-05-10.

大型银行,仅两家大型银行的破产清算所需资金就足以用完,远远无法满足可能的资金需求。

表16 2017年各国银行业对希腊和葡萄牙主权债务风险资产统计

对希腊主权债务风险资产统计（单位：百万欧元）		风险资产占一级核心资本比率	对葡萄牙主权债务风险资产统计（单位：百万欧元）		风险资产占一级核心资本比率
希腊	56148	226%	葡萄牙	13707	69%
德国	18718	12%	德国	10888	7%
法国	11624	6%	西班牙	6807	4%
塞浦路斯	4837	109%	法国	4864	3%
比利时	4656	14%	比利时	2982	9%
英国	4131	1%	英国	2571	1%
意大利	1778	2%	意大利	304	0.3%
葡萄牙	1739	9%	奥地利	272	1%
西班牙	1016	1%	爱尔兰	257	1%

数据来源：欧盟委员会官网,2021年10月20日访问。

(二)集中监管加重银行经营困难并存在道德风险

当前欧洲银行业联盟方案中,各成员系统重要性银行是否破产的最终决定权属于欧洲央行,同时欧洲央行对商业银行的牌照发放也具有决定权,这表明欧洲央行在欧盟各国银行业监管领域的职权将凌驾于各成员。欧洲央行将负责对欧元区共129家系统重要性银行进行直接监管,以及对6000多家大型银行进行有效监管,这意味着欧洲央行将部分替代原欧洲银行管理局的职能,担负货币政策以及银行监管这两大职能,与欧元区各成员国内的监管机构联合,同时保证不破坏各国国内政策的独立性,这对于欧洲央行的监管职能提出了前所未有的挑战。实际上,单一监管机制可以看作欧洲银行业监管制度的一种过渡状态,使得各国独立监管向欧盟统一监管平缓过渡,但是现实中监管信息的不对称可能会导致各国政府与欧盟间产生利益冲突,阻碍欧盟统一监管模式的实现。

第一,更为集中和严格的监管加剧了欧盟单一市场的监管差异和市场割裂。通过将银行监管委托给超国家机构即欧洲央行,可以打破银行业与主权国家之间金融风险的恶性循环,银行业联盟代表欧元区成员向加强银行业监管迈出关键一步。但是,从欧洲银行业联盟覆盖范围来看,因为银行业联盟并不涵盖欧盟非欧元区,即英国、中欧和东欧金融市场,而这些欧盟非欧元区的金融市场开放度较高,存在将外部风险传导到单一市场的风险。此外,欧洲银行业联盟强化了非欧元区和欧元区金融市场的监管边界,在欧盟单一市场内加剧了监管差异和市场割裂。欧洲银行业联盟不仅意味着共同监管,还要求参与的政府分担救助倒闭的银行以及担保存款的成本。如此,欧洲银行业联盟赋予欧洲央行权力以打造一个欧元区国家"内核",并使得包括英国、中欧和东欧在内的其他欧洲国家或地区边缘化。所谓"内核"和"外部"两套欧洲监管体系,意味着外部银行可能无法轻易进入欧盟单一市场,在欧盟金融市场内形成人为的市场分裂。

第二,严格的统一监管制度使各成员银行业经营困难加剧。如今作为第一大支柱的单一监管机制已经开始实行,该机制的不断完善将使得欧洲银行业面对更加严格的监管制度,导致各国银行的经营压力骤然加大。自2016年起,欧洲清算基金将在10年内对成员的银行业资产负债表进行清算,进一步提高了对于大型银行资产负债表的要求,以降低投资者对欧盟金融市场的担忧。2014年4月,为了使资本结构达标,德意志银行被动增加其第一类资本共15亿美元。2015年,桑坦德银行为了改善资本结构,通过发行新股的方式筹集共75亿资金来增加自己的资本。

第三,共同存款保险制度涉及欧盟不同主权国家,一旦发生赔付,更多时候是本国银行业经营稳健的国家(如德国和法国)对本国银行业经营风险较高的国家(如希腊)的赔付和信用背书,[1]这意味着本国银行业经营稳健的国家可能会成为共同存款保险制度的净贡献国,而本国银行业经营风险较高的国家可能会成为共同存款保险制度的净收益国,因此在本国银行业经营稳健的国家存在经济考量和政治阻力。另外,共同存

---

[1] Howarth D. & L. Quaglia. The Difficult Construction of a European Deposit Insurance Scheme: A Step too far in Banking Union?. *Journal of Economic Policy Reform*,2018,21(3).

款保险制度会导致产生道德风险问题,由于欧元区采用共同的信用分担方式,经营风险较高的成员银行业面临较高的道德风险。值得一提的是,在欧洲银行业联盟成立时,英国选择不加入,不想为西班牙和其他欧元区成员濒临倒闭的银行买单,即反映了欧盟成员对道德风险的考量。

从一体化进程来看,欧洲银行业联盟的监管是介于银行业国家监管和地区完全监管的中间监管,不可避免地存在欧洲央行与成员监管的利益冲突。在银行破产时由于资金池不足无法实施有效的风险隔离,更由于成员是主权国家,会出现拒绝使用本国资金救助他国银行的固有国家主义问题。

第三节　英国脱欧对欧盟金融市场一体化进程的冲击

金融业作为英国经济的支柱产业受英国脱欧影响较大,英国脱欧与欧盟达成的新协议表明英欧金融机构持有的金融通行证确定失效,金融业单一市场准入通道自2021年1月1日自动关闭,[①]但对于英国脱欧后和欧盟跨国金融机构如何继续开展经营活动则没有搭建宏观的监管合作框架和具体的市场准入安排。

一、英国脱欧前与欧盟实施金融通行证制度

金融业作为传统优势产业被视为英国软实力的象征,英国在金融产业具有巨大的产业优势。金融业是英国最大产业,2019年占GDP的10%,从欧盟单一市场中受益颇多。英国金融业一直保持贸易顺差,是世界第一金融贸易出口国。2019年,英国金融业服务贸易出口顺差达770亿美元,与金融直接相关的产业服务贸易出口顺差达到1017亿美元,[②]接近排名第二和第三的美国和瑞士之和。金融业巨大的贸易顺差

---

① 欧盟委员会对执照权利丧失的解释如下:"许多运营商,包括来自第三国的运营商,已经在英国立足,并根据欧盟金融服务立法中规定的执照权利在单一市场内部的其他地区经营,这些权利可能将在脱欧后失去。这意味着,从英国向欧盟27国提供金融服务将受到欧盟法律第三国制度和欧盟客户成员当地法律框架的监管,不会有单一的市场准入。"

② TheCityUk. Key Facts about the UK as an International Financial Centre. https://www.thecityuk.com,available at 2022-05-10.

弥补了英国在货物贸易上的大量逆差,欧盟是英国金融业的第一顺差来源地区,2019年,英国金融业对欧盟出口占34%,对美国出口占30%。[1]英国虽然不是欧元区成员,不使用统一的货币欧元,但依赖本国发达的金融市场、宽松的监管环境,成为欧元最大的清算中心,也是欧元相关产品的最大交易市场。英欧金融服务巨大的贸易体量在表明金融业对于英国经济的重要性的同时,也表明了欧盟其他成员对英国金融服务和产品的需求。

金融业是受英国脱欧影响最为直接的产业,主要体现为英欧金融机构持有的单一执照失效。欧盟单一市场内部成员之间实施多边相互认可制度,具体体现为金融市场的金融通行证(也称为单一执照、欧盟护照)。欧盟单一执照赋予金融机构两项权利:一是机构设立自由,贯彻欧盟的准入监管理念。金融机构在一个成员获得单一执照后,可自由在欧盟其他成员设立分支机构,而不必得到东道国监管许可。[2]这种多边相互认可制度,减少了金融机构跨国经营成本。如果没有政府层面的多边相互认可监管合作协议,金融机构跨国经营时需要向涉及业务的每个国家申请监管许可,会增加申请成本和经营成本,这也是欧盟设立单一执照制度的初衷。二是服务提供自由,贯彻欧盟的运行监管理念。金融机构提供的服务只要在单一执照范围内,即可面向欧盟所有成员市场提供该业务。即使是东道国禁止的业务,只要母国监管机构许可,也可以在这些成员开展该业务。因此,金融单一执照制度体现了东道国对来自母国的金融机构最大限度的市场开放,已经是目前全球金融市场开放的最大限度。欧盟单一执照是母国控制和相互认可两种监管原则的综合实现方式,金融机构只要获得母国许可,而不必获得其他成员的监管许可就可以通过在其他成员设立分支机构或直接提供跨境金融服务,本质上是欧盟境内金融市场的相互开放。借助单一执照,欧盟实现了金融市场人员、资本、服务和资金的自由流动。由于欧盟现有法律将非欧盟成员

---

[1] Wymeersch E. Systemic Risk after Brexit: Transitional Measures for the Financial Markets. *European Company & Financial Law Review*,2019,16(4).

[2] 境外分支机构(branch)附属于母公司,因此在获得监管许可的前提下,在境外经营时不必得到东道国监管许可。子公司(subsidies)不附属于母公司,独立经营,在境外经营时需要得到东道国监管许可。

都视为第三国,因此脱欧后英国对欧盟而言在法律关系上自动处于第三国的位置。欧盟金融通行证仅面向欧盟成员,英国金融机构持有的金融市场单一执照失效,英欧单一市场准入通道也自动于2020年底关闭。

英欧金融机构持有的单一执照数量众多,英国脱欧前,欧盟约8000家金融机构持有2.35万张单一执照进入英国市场,而英国约5500家金融机构持有33.5万张单一执照进入欧盟单一市场,[①]是欧盟机构的十多倍。欧盟金融通行证并不是金融市场统一层面的通行证,不同业务适用欧盟不同的单一执照,也适用对应的监管法规。从业务来看,欧盟金融通行证分为银行业务通行证、证券业务通行证、基金业务通行证、保险业务通行证、对冲基金和私募投资通行证。欧盟单一执照并非覆盖所有业务范围,比如银行业务通行证不包括非信贷机构提供的贷款和抵押业务,但包含的业务覆盖范围很广,已经是目前全球金融市场开放的最大限度。金融通行证制度为总部设在伦敦、业务遍布欧盟的金融机构提供了在欧盟低廉的经营成本和英国宽松的监管环境,一方面,总部设立在英国的金融机构无须在欧盟设立独立的实体,只需要英国监管许可就可向欧盟单一市场提供金融服务;另一方面,这些机构接受英国较为宽松的监管环境而不必遵守欧盟更为严格的市场监管。因此,美国、日本等众多第三国大型金融机构普遍将总部设在英国伦敦,面向欧盟开展业务。

以银行业务通行证为例,如果一家银行在欧盟任一成员得到通行证授权,则享有设立和提供服务的自由,可在其他欧盟成员设立分支或提供服务而无须得到东道国的批准。目前,伦敦是欧盟的银行业枢纽,流向欧盟的资金多数经由伦敦中转。鉴于欧盟市场的重要性,许多金融机构为满足英国脱欧后欧盟的实质性经营要求,选择将部分英国业务转移到欧盟市场。据估计,约有20%的国际投行会将总部迁往欧盟,[②]约有35%的跨境银行业务、10%—15%(即约1万名)的员工会迁至欧盟市

---

① Hohlmeier M., C. Fahrholz. The Impact of Brexit on Financial Markets—Taking Stock. *International Journal of Financial Studies*, 2018,6(3).

② Sapir A., Schoenmaker D., Véron N. Making the Best of Brexit for the EU27 Financial System. *Policy Briefs*, 2017, (1).

场。① 截至 2018 年 11 月,向欧洲央行申请新的或更全面的银行牌照的 37 家金融机构中,已有 30 家选择法兰克福作为其欧洲总部。英国智库 New Financial 的数据显示,截至 2019 年底,已经有 332 家金融公司将其核心业务迁出伦敦,流向不同的欧盟城市。(见表 17)其中,资产管理公司中有一半选择迁往都柏林,近 9 成的银行选择法兰克福作为其欧盟基地,而迁往阿姆斯特丹的机构中近 2/3 是交易平台、交易所或经纪公司。

表 17　截至 2019 年底从英国转移至欧盟的部分金融机构名单

金融机构	转移资产	目的地
英国英杰华集团	78 亿英镑资产	爱尔兰
美国美林银行	花费 3 亿 6 百万英镑转移 125 个岗位,通过合并英国和爱尔兰分公司将欧盟业务转移到都柏林	爱尔兰都柏林、法国巴黎
英国巴克莱银行	1660 亿英镑客户资产、150—200 个岗位	爱尔兰都柏林
瑞士信贷银行	250 家银行分支机构	其他欧盟国家的金融中心
美国摩根大通银行	商业银行业务转移至卢森堡,资产管理部门合并,投行业务、市场业务转移至法兰克福	卢森堡、法兰克福
英国劳埃德保险公司	欧洲经济区(EEA)内的业务	比利时布鲁塞尔
加拿大宏利金融集团	资产和财富部门在都柏林设立办公室	爱尔兰都柏林

资料来源:根据公开资料整理。

二、宏观层面英欧金融市场进入方式的重新构建

(一)等效监管是未来英欧金融市场进入的替代方案

为防止因制度缺失造成金融市场的人为割裂,宏观层面需要搭建替代金融通行证的市场准入框架,以保证英欧金融市场的正常交易。总体来看,可能性较高的有两种情形:一种情形是自由贸易协定模式,英欧签订自由贸易协定获得完全或部分的准入权利。由于欧盟现有自由贸易协定中对于服务市场的准入设有类型范围的限制,因此普通的自由贸易

---

① Michaela H., C. Fahrholz, The Impact of Brexit on Financial Markets—Taking Stock. *International Journal of Financial Studies*, 2018, 6(3).

协定依然会造成许多金融业务无法继续提供,金融通行证失效,除非双边协定是增强版的,英欧给予对方独特而唯一的金融市场进入通道。另一种情形是基于第三国的等效监管模式。第三国制度(third country regime,TCR)是现行欧盟法律下的规定,它在一定条件下向欧盟以外的国家(即所谓的"第三国")和来自那些国家的金融服务公司提供一定的权利和市场准入。这些权利不包括金融通行证,但包括在未经相关成员监管机构授权的情况下在欧盟开展某些受监管活动的能力。根据实施中的 MiFID Ⅱ 法案,第三国机构可以在欧盟设立分支机构向个人投资者提供投资服务,但需要得到成员的监管许可。英国依靠现有的第三国制度获得部分准入权利,即与欧盟达成基于第三国宏观层面的等效监管,金融机构无须向单个成员申请监管许可,即获得有限的市场准入。欧盟金融通行证下的多边相互认可制度将转向欧盟针对特定第三国的双边认可制度,具体由面向金融市场的单一执照模式转为等效监管模式,目前这种可能性最高。

(二)等效监管提供了有限的市场进入

目前国际监管合作中,金融市场相互认可制度主要有三种形式:等效监管、单一执照和替代合规。目前比较现实、可能性最高的选择是英欧实施针对特定第三国的等效监管以实现双方金融市场的有限准入。等效监管模式适用于欧盟与第三国法律体系不同但监管实施效果相同的情形。从金融市场的联系程度来看,即使英国脱欧,英欧金融市场也是目前欧盟所有对外关系中联系最为紧密的,也是最符合等效监管要求的。等效监管属于国别宏观层面的监管认定和一揽子认定方式,是对一国总体金融监管法律体系的认可,一旦英欧达成等效监管认定,双方金融机构即可有限进入对方市场。① 欧盟基于国别进行等效监管审核,认定第三国的金融监管体系在监管目标、执行过程、监管效果方面与欧盟等效时,该国金融机构就被豁免,减少了第三国金融机构进入欧盟单一市场的成本和制度不确定性,也达到了保护单一市场投资者的目的。等

---

① Belke A., I. Dubova & T. Osowski. Policy Uncertainty and International Financial Markets: The Case of Brexit. *ROME Working Papers*,2016,(7).

效监管的认定由欧洲证券和市场管理局负责,最终由欧盟委员会作出决定。欧盟第一个等效性监管协议是 2008 年与日本、美国签订的会计准则相互认可协议,现存超过 40 个等效性监管协议多为 2014 年以后签署,且等效监管认证有日益严格的趋势。等效监管有两项优点:一是国家层面统一监管认证,金融机构不必独立向欧盟成员提出业务申请许可,也不必在欧盟设立分支机构,就可提供金融服务;二是体现了对各国监管规则差异性的尊重,英国不适用欧盟法律,不必遵守欧盟严格的金融监管规则,保留了自主监管权。

(三)等效监管市场的开放呈现碎片化特点

相比欧盟金融通行证几乎是全范围的市场开放,等效监管的覆盖范围狭窄,约为金融通行证的 1/3,成为等效监管最大的缺陷。等效监管框架下英欧金融市场的开放呈现碎片化特征,具体体现在:第一,股票、债券和其他金融产品的发行业务不受影响。从欧盟目前的等效监管安排来看,股票、债券和其他金融产品的发行、销售不受影响,经纪业务和投资管理业务将相互开放。中央对手方、中央证券存管机构、交易场所、交易存储、金融基准产品业务将不受影响。第二,银行、保险、基金等主流的传统金融市场开放有限。等效性监管框架下,银行业务市场开放有限,传统的存款业务以及商业贷款、消费贷款和抵押贷款业务的开放将面临不确定性。保险中的直接保险业务将被禁止,而再保险业务面临不确定性。基金行业,传统基金管理业务中,欧盟注册基金公司的基金管理、营销和存托管业务将被禁止,其投资建议、分托管业务将面临不确定性。同时,英国注册基金公司的营销业务将面临不确定性。另类投资基金业务中,欧盟注册基金公司的基金管理、托管业务将被禁止,其投资建议、分托管业务将面临不确定性。此外,等效监管下面向个人投资者的市场准入有限,开放的业务多为向机构投资者提供的投资服务,以及有限的企业客户投资服务,但私人财富管理等面向私人客户的投资服务被禁止,覆盖范围相比金融通行证小很多。

(四)系统重要性市场基础设施的市场准入有限

第一,信用评级机构。对于系统重要的信用评级,欧盟公司不允许使用第三国(包括英国)的信用评级机构的信用评级来发行产品,除非得到欧盟许可。第二,中央对手方。欧盟原有的中央对手方监管体系下,位于第三国的中央对手方可向欧盟机构提供清算业务。2017年6月,欧盟发布清算机构监管建议,允许欧洲证券和市场管理局将位于欧盟以外的第三国清算机构认定为系统重要性机构,并施加严格的监管规则,必要时要求移往欧盟内部。新的要求包括:首先,位置要求。欧盟认定的第三国系统重要性中央对手方需位于欧盟境内。其次,接受欧盟监管。欧盟认定的第三国系统重要性中央对手方需要接受欧洲证券和市场管理局以及欧洲央行的直接监管,并允许核查所有的交易数据。即使只有部分业务属于欧盟认定的系统重要性业务,该中央对手方的所有业务也需要全部遵守欧盟的标准。欧盟在判断一家中央对手方是否为系统重要性机构时依据以下几个方面的标准:业务性质、规模与复杂性、破产后对欧盟金融市场的潜在影响、清算会员结构、与其他金融基础设施的依存性。

受此影响较大的是欧元支付系统(TARGET2)和伦敦结算所的欧元清算业务。目前在英国经营的清算机构主要三家:美国芝加哥商品交易所、伦敦结算所和伦敦金属交易所,其中伦敦结算所市场份额最大。2011年,欧洲央行最初以伦敦结算所不位于欧元区内将其排除在欧元支付系统之外,随后欧洲法院认定欧洲央行的这一做法损坏了欧盟单一市场的资金流动自由,欧洲央行无权对清算机构设置这一监管要求,伦敦结算所得以进入欧元支付系统,并依靠较低的成本和高度的市场流动性成为欧元最大的清算机构。目前,英国中央结算系统承担了欧元区约90%的欧元计价利率掉期合约以及40%的欧元计价信用违约互换合约的清算。英国脱欧前,欧元支付系统允许非欧元区但属于欧盟的国家金融机构直接参与,英国的金融机构除英格兰银行外都可参与欧元支付系统。英国脱欧后,英国银行将不再是欧元支付系统的直接会员。解决办法有两种:一是在欧盟设立子公司,申请单个成员的经营许可。以伦敦结算所为例,目前伦敦结算所在巴黎已有子公司,脱欧后为满足欧盟最新监管要求,可将欧元清算业务移到欧盟境内的巴黎,但运营成本上升。脱欧后,英国最多49%的利率衍生品市场迁至欧盟,其中法国受益较多,法国利率衍生品市场由2013年占全球市场份额的10.6%提高到2019年的13.2%,高于德国2.2%的水平。二是英欧达成等效监管等合作监管安排。英欧可参考美国和欧盟中央对手方的监管安排,采取合作监管模式。在欧盟经营的美国中央对手方,同时接受美国和欧盟双方监管。截至2016年底,来自10个国家的21家第三国中央对手方获得了在欧盟的清算业务许可,但第三国中央对手方获批欧盟的清算业务通常需要二年到四年的时间。

（五）等效监管认证不是长期稳定的市场进入方式

第一,欧盟的等效监管属于动态监管,英国需要适应欧盟监管规则的变化,对国内法律进行动态修订,但对欧盟法规的变动没有任何决策权和影响力。英国本国法律的变化会引起欧盟对等效监管的重新评估,欧盟认可程序不透明,难以界定市场分化到何种程度才意味着监管是等效的,欧盟对于达到何种监管水平才是等效监管也没有明确说明,最快在30天内便可通知对象国退出认证。此外,审批过程耗时长,一般需要二年到四年时间。第二,成员拥有自主裁量权。等效监管允许欧盟成员额外设置附加条款,也可自行决定是否针对特定国家的市场准入设置附加条款,即欧盟成员不必执行欧盟的等效监管条款,而金融通行证是必须执行。欧盟成员可根据本国金融市场的开放程度决定特定业务的开放许可,避免了单一执照带来的过度开放风险。因此,即使英国获得欧盟整体的等效监管认证,欧盟单一成员也可以将英国的金融公司排除在外。可以看到,等效监管覆盖范围有限,无法保证英欧现有金融交易不受影响,无法向市场提供足够的准入确定性和法规连续性,无法为英国金融服务业进入欧盟市场提供足够广泛和确定的市场准入。从表18中可以看出,在欧盟现有的等效监管协议下,欧盟的银行支付、私人财富管理、基金管理与营销、直接保险等业务将不再向英国金融机构开放,而欧盟面向英国市场的银行存款、贷款等业务也面临不确定性。

表18 英欧不同监管合作框架下市场覆盖范围

业务类型	金融通行证	欧盟现有等效监管协议	欧盟现有第三国制度安排
债券市场（债券发行和大宗交易）	是	是	不确定
股票市场（股票发行和大宗交易）	是	是	不确定
金融产品的销售和交易	是	是	不确定

(续表)

业务类型	金融通行证	欧盟现有等效监管协议	欧盟现有第三国制度安排
并购与企业财务顾问	是	不确定,可能开展面向客户的销售、后勤部门业务	不确定
金融研究业务	是	是	不确定,可能开展面向客户的销售、后勤部门业务
面向非消费者的纯商业贷款(贸易融资、融资贷款和应收账款融资)	是	不确定,可能开展贷款发起、执行、风控等业务	不确定,可能开展贷款发起、执行、风控等业务
面向消费者贷款(包括信用卡业务)	是	不确定,可能开展贷款发起、执行、风控等业务	不确定,可能开展贷款发起、执行、风控等业务
抵押贷款	是,但禁止非信贷机构抵押贷款	不确定,可能开展贷款发起、执行、风控等业务	不确定,可能开展贷款发起、执行、风控等业务
存款	是	不确定,可能开展存款发起、执行等业务	不确定,可能开展存款发起、执行等业务
支付服务	是	否	否
主要经纪业务	是	是	不确定,可能开展金融产品发起、执行、风控等业务
保险:直接保险	是	否	否
纯再保险	是	不确定,可能开展合同签订、执行等业务	否
保险和再保险:保险调解分配	是	不确定,可能开展合同签订、执行、风控等业务	不确定,可能开展合同签订、执行、风控等业务
投资组合管理	是	是	不确定,可能开展客户销售、投资组合管理等业务
私人财富管理	是	否。禁止向客户提供建议、投资组合管理、交易等业务	否

(续表)

业务类型	金融通行证	欧盟现有等效监管协议	欧盟现有第三国制度安排
基金管理	是	禁止业务为：欧盟注册基金公司的基金管理、营销和存托管业务，欧盟注册基金公司作为托管人； 不确定业务为：英国注册基金公司的营销业务，欧盟注册基金公司开展的投资建议、资产组合管理、作为分托管人业务	不确定
另类投资基金管理	是	禁止业务为：欧盟注册基金公司的基金管理、托管业务； 不确定业务为：欧盟注册基金公司的投资建议、资产组合管理、作为分托管人业务	禁止业务为：欧盟注册基金公司的基金管理、托管业务； 不确定业务为：欧盟注册基金公司的投资建议、资产组合管理、作为分托管人业务
保管人	是	不确定	不确定
中央对手方	是	是	禁止业务为：清算业务； 不确定业务为：市场接入中央对手方业务
中央证券存管机构	是	是	是，但结算业务不确定
信用评级机构	是	可开展业务为：客户销售、后勤业务； 不确定业务为：信用的评级、发布、风控业务	否
交易场所	是	是，可开展经营业务	不确定
交易存储	是	是	否
数据报告服务提供商	是	否	否
基准提供商	是	是	不确定

资料来源：Freshfields Bruckhaus Deringer LLP commissioned by TheCityUK. The Legal Impact of Brexit on the UK-based Financial Services Sector，May 2017。

三、微观层面跨国金融机构经营策略的自主转变

英国脱欧后,英欧金融通行证失效,如果双方没有在宏观层面就金融市场开放达成基于第三国框架的等效监管认证,包括中资在内的国际金融机构跨境经营成本将大大增加,需要从微观层面进行经营策略的转变,以避免政府宏观金融监管合作框架没有达成而带来的业务中断。为避免跨国金融机构将英国业务转移到欧盟市场,英国金融行为监管局2018年推出监管层面的金融服务补偿计划(FSCS)和临时许可制度(TPR)以解决欧盟金融机构在英国市场继续经营问题,给予在英国经营的欧盟金融机构最多三年的金融通行证权利,并且英国财政部有权延长这一时间至四年,但是鉴于欧盟市场的重要性,许多金融机构为满足英国脱欧后欧盟的实质性经营要求,依然将部分英国业务转移到欧盟市场。因此,不论政府宏观层面能否达成等效监管,国际金融机构都可在微观层面自主进行经营策略转变而不受政治风险的影响。

(一)设立独立经营的子公司(即附属机构)

这种方法适用于"英国总部+欧盟分支机构"或者"欧盟总部+英国分支机构"的国际金融机构。目前,这类机构数量较大,受脱欧影响也较大。这类国际金融机构总部位于一国,接受该国金融监管,又依托单一执照将金融业务范围覆盖欧盟全市场。英国脱欧前,金融通行证保证了国际金融机构享有设立分支和服务提供的自由,可自由在欧盟设立分支机构,不必得到单个东道国的监管许可就可向欧盟市场提供金融服务。英国脱欧后,金融通行证失效,国际金融机构在欧盟设立的分支机构无法继续在另一国提供服务。为维持原有金融通行证范围内的业务不被中断,这类国际金融机构可作出以下几种选择:第一,将位于欧盟的分支机构转变为子公司,向单个成员申请监管许可。境外分支机构附属于母公司,因此在获得监管许可的前提下,在境外经营时不必得到东道国监管许可。子公司不附属于母公司,独立经营,因此在境外经营时需要得到东道国监管许可。这类国际金融机构可将欧盟分支机构的资产转移到子公司,子公司作为独立法人实体进行实际经营,须申请监管许可。

这种方法需要的时间较短,因为监管机构已经对分支机构的业务比较熟悉,但如果新的子公司经营性质发生重大改变,组织结构重新组织,审核需要的时间也较为漫长。缺点是金融机构需要向涉及业务的每个欧盟成员分别申请业务许可,经营成本大大提升。第二,在东道国设立新的子公司。新设子公司独立经营须得到东道国监管许可。以德国新设子公司基金公司为例,申请企业需满足最低500万欧元的资本金要求,提交经营性质、范围和目标客户、经营战略等信息,在得到德国联邦金融监管局的许可后,再经过欧盟央行审核通过。新设子公司成本高昂,要满足实质性经营要求,配备足够的企业员工进行实际的经营活动。在部分欧盟国家,新设子公司的成本超过将业务转移回母公司的收益。第三,并购已经获得监管授权的独立公司。由于等效监管下,银行、保险和基金行业开放度有限,银行、基金等金融机构可在欧盟境内并购已经获得监管许可的独立公司。这种方式由欧盟成员监管机构审核,最终决定权在欧洲央行,需要的时间与新设子公司接近。

(二)就已经存续的子公司维持监管许可

这类国际金融机构属于"英国总部+欧盟子公司"或者"欧盟总部+英国子公司"的情形。英国脱欧前,即使拥有金融通行证,金融机构子公司的海外经营也需要申请东道国的监管许可,原因是子公司是独立法人实体。因此,这类金融机构子公司的经营在脱欧前就已经获得当地监管机构的许可,几乎不受英国脱欧政治因素的影响。英国脱欧后,调整成本仅包括继续增加子公司的人员和资金配置成本,以满足实质性经营要求,短期经营成本的上升较少。

(三)通过第三国分支机构申请监管许可

根据2018年欧盟《金融工具市场指令》中的第三国准入条款,英国金融机构在欧盟设立第三国分支机构,可直接向特定的单个成员申请经营许可。目前,欧盟对这类申请的监管许可趋于严格,体现在:第一,需要满足实质性经营要求。尽管法律上分支机构依附于母公司,但欧盟将其视为独立实体,也需要向单个成员和欧洲央行申请严格的监管许可,以避免金融企业通过设立过小的分支机构甚至空壳公司逃避监管。欧洲央行、欧洲银行业协会和德国联邦金融监管局等监管机构明确表示杜绝空壳公司进入欧盟市场。第二，成员保留自主裁量权。通过设立第三国分支机构得到特定成员的许可而进入单一市场的做法不适用于所有欧盟成员，需要向涉及业务的每个国家单独申请，同时成员可根据国内金融市场的开放程度对此保留自主裁量权。目前，德国联邦金融监管局在正式脱欧之前已经开始接受英国金融机构有关第三国分支机构的申请。第三，遵守欧盟的金融监管。这类机构需遵守欧盟《金融工具市场指令》中的业务经营范围、交易报告制度、交易信息披露等要求。

未来，英欧将重构双方的金融市场进入方式，为市场提供长期、确定性的市场准入。宏观层面，英欧金融业务密切交织，从双方的谈判进展和时间限制来看，双方彼此妥协，维持未来双向市场进入的折中方案可能性较高，更重要的是确定未来的替代方案能在多大程度上保持双方市场的准入。基于英欧金融市场巨大的贸易体量，以及双方维护金融市场稳定的考虑，双方比较乐观而现实的解决方案是达成等效监管。《英欧未来关系政治宣言》中，英欧双方已经提出尽快展开等效监管评估，大体上可视为金融通行证的未来替代方案，重点是未来的等效监管方案能在多大程度上保持双方市场的准入。等效监管认证不是长期稳定的市场进入方式，相比金融通行证几乎是全范围的市场开放，等效监管市场的开放呈现碎片化特点，覆盖范围狭窄，约为金融通行证的1/3，成为等效监管最大的缺陷。微观层面，国际金融机构需要自主进行经营策略的转变和业务布局，可通过设立独立经营的子公司，就已经存续的子公司维持监管许可，或者通过第三国分支机构申请监管许可，以避免政府宏观市场进入方式没有达成而带来的业务中断。无论采取何种方式，英国脱欧对于英欧的短期负面影响都是非常明显的，一定程度上需要在英国宽松灵活的监管环境和欧盟庞大的金融市场之间权衡取舍，业务重新布局势必提高短期经营成本，削弱市场份额。中国金融机构在英欧一直涉市不深，受英国脱欧影响的业务较少，不存在将英国业务迁出的必要性。相反，英国脱欧为包括中资机构在内的第三国国际机构提供了新的业务拓展机遇，可动态追踪英国和欧盟市场最新监管环境的变化，充分利用英国脱欧后宽松的市场监管环境提高业务优势，同时针对英国失去的欧盟单一市场业务类型,强化欧盟市场的业务能力。

本章小节

欧洲金融市场在危机爆发后形成了事实上的分割。欧元区成立之后,由于德法等信用良好国家的隐形背书,国际投资者给予欧元区成员一致的信用预期,使得各国长期国债利率呈现十年的一致区间。债务危机爆发后,各国偿债压力普遍比较大,国际投资者对一国债务可持续性预期存在自我实现机制。如果投资者认为一国经济基本面恶化,或者地区性债务风险传染性较高,预期该国国债不可维持,将直接导致国债的风险溢价上升,加重该国的偿债负担,这种债务预期的自我实现机制在欧债危机期间得以显现,使得面临较高债务但风险不高的国家由于投资者的风险预期导致国债利率上升,欧元区主权债务市场再次分化严重。

由于欧元区不是一个拥有独立主权和统一民族利益的国家,各国基于本国利益独立制定差异化的金融监管政策人为造成金融市场的分割,加重了欧元区金融市场的分化。理论模型表明,在欧盟单一市场跨国经营的国际银行出现流动性危机,如果实施救助的国家收益较少,而不实施救助的境外市场收益较多,即使救助这家银行对于维持国家金融市场稳定具有重要意义,该国也将选择不救助。欧盟单一市场存在"金融不可能三角",即在金融市场全球化条件下,一国不可能同时取得金融市场稳定、金融市场一体化和金融政策独立三个目标。克服金融不可能三角理论的现实方案是在欧元区内制定统一的金融政策,放弃独立金融政策的制定权,以换取金融市场稳定和整体化的目标,这为欧盟建立欧洲银行业统一监管体系提供了合理性。

欧洲主权债务危机与美国次贷危机在风险传导机制方面最大的差异在于美国次贷危机中市场风险的传导是通过政府直接注资以及提供担保将单个商业银行的风险转移到政府公共部门,而欧洲主权债务危机的风险转移与此相反,商业银行基于传统的业务习惯将国债视为无风险资产并持有大量国债,使得政府国债风险溢价传导到金融市场。为打断成员主权债务危机与银行业危机之间的风险传导效应,2012年6月,欧盟通过了建立银行业联盟的决议,通过统一对成员国内银行业体系进行监管为欧洲央行货币政策的有效性提供市场基础。欧洲银行业联盟由单一监管机制、单一清算机制和共同存款保险机制组成。单一监管机制是唯一一个已经完全实现的机制。欧洲央行自2014年直接对欧元区6000多家大型银行进行直接监管,自2016年对大型银行进行资产负债表的清理,改善资产质量。欧洲央行对监管银行的破产和牌照发放具有最终审核批准权,对于欧洲央行的监管职能无疑是巨大的挑战。欧洲央行既要制定统一的货币政策,又要与成员政府合作统一银行监管政策,而金融监管职能因为涉及成员利益分配容易侵蚀其货币政策的独立性。单一清算机制由中央清算机构、单一清算委员会和清算基金组成,仍处于改革完善中。共同存款保险机制下,储户存款的保险赔偿最高水平设置为10万欧元,由存款保险基金向储户赔付,由参加银行注资并由单一清算委员会负责管理。

英国脱欧对欧盟金融市场的影响是英欧金融业单一市场准入通道于2020年底关闭。为防止因制度缺失造成金融市场的人为割裂,宏观层面需要搭建替代金融通行证的市场准入框架,以保证英国和欧盟金融市场的正常交易。目前可能性最高的是英国依靠现有的第三国制度获得部分准入权利,即与欧盟达成基于第三国宏观层面的等效性监管,金融机构无须向单个成员国申请监管许可,即可获得有限的市场准入。等效性监管认证不是长期稳定的市场进入方式,相比金融通行证几乎是全范围的市场开放,等效性监管市场的开放呈现碎片化特点,覆盖范围狭窄,约为金融通行证的1/3,成为等效性监管最大的缺陷。无论采取何种方式,英国脱欧对于英国和欧盟金融机构的短期负面影响都是明显的,一定程度上需要在英国宽松灵活的监管环境和欧盟庞大的金融市场之间权衡取舍。

第五章　欧元区区域性合作机制

本章首先分析了欧元区区域性合作机制的缺陷与危机诱发机制。首先,结合希腊2012年债务违约分析欧元区缺少针对面临流动性危机的成员实施的救助机制,导致国际投资对成员政府偿债能力产生不确定性预期,进而推高该国国债利率,加重偿债负担。其次,分析区域性合作机制包括欧洲金融稳定机制、欧洲稳定机制和欧洲金融稳定基金的贷款条件、真实放贷能力、资金结构。同时结合最新的金融数据,从缓解银行资金成本、释放市场流动性等方面对欧洲稳定机制的放贷能力和压低融资成本的有效性进行量化评估。

第一节　区域性合作与危机诱发机制

债务危机爆发后,希腊等国面临国债违约风险,显示出欧元区缺少区域性的救助机制,需要建立区域性主权债务纾困机制。我们结合希腊2012年债务违约情况分析欧元区缺少针对面临流动性危机的成员实施的救助机制,会导致国际投资对成员政府偿债能力产生不确定性预期,这种不确定性预期进而会推高该国国债利率,加重偿债负担。

一、希腊国债违约事件

自加入欧元区以来,希腊经济发展平稳,直到2004年希腊奥运会举办之前,希腊的经济都保持较高的活力。希腊在上个世纪90年代初完成金融市场自由化进程,银行业竞争加剧,利率水平较低,市场流动性充裕,但2009年债务危机使得希腊国内的融资环境迅速恶化。2012年希腊国债发生信用违约,该事件使得希腊成为近60多年来首个违约的发达经济体。2012年3月20日,希腊1450亿欧元债务到期,为避免希腊政府违约并提振市场信心,欧盟决定向希腊提供资金援助,其中一项贷款条件就是要求希腊完成债务减记。债务减记侵害了希腊债权人的利益,因此自愿参与人数仅为85.8%,没有达到95%的自愿参与率水平。由此,希腊政府强制性地将债务置换参与率提高到95.7%,成功实现债务减记近7成(约1060亿欧元)的目标。在希腊成功完成约1060亿欧元的债务减记后,欧元区财长会和欧盟财长会最终批准对希腊发放第二轮规模为1300亿欧元的援助贷款。这笔资金在短期内对缓解希腊债务危机局势起到关键作用,但希腊债务减记已构成事实上的债务违约。

在此次希腊债务减记事件中,希腊政府在国际债权人不同意的情况下将债务置换参与率强制性地提高到95.7%,这是国际掉期交易协会决策委员会判定希腊债务违约的关键。既然债务违约已经发生,希腊债券的CDS持有人可获得赔偿,即触发CDS偿付机制。为确定CDS卖方向希腊债券持有人赔偿的金额,首先市场需通过对希腊债券CDS交易的拍卖,形成潜在负债回收价值,而CDS合约面值减去拍卖判定的潜在负债回收价值即为CDS卖方向希腊债券持有人赔偿的金额。对希腊最新债券的市价可作一个参照预期。根据2012年3月9日灰色市场(未经授权的市场)报价,新希腊债券价格约为面值的20%,折价8成;而2012年3月12日,最新希腊债券报价在23—26.5欧分,比灰色市场报价略微上涨,但折价也逾7成。根据美国存托及结算公司(DTCC)统计,2012年3月20日,希腊债券最终拍卖价为每1欧元面值价值21.5欧分,CDS卖家赔付比例为78.5%。① 由于希腊政府债券CDS合同金额为32亿美元,CDS应付总额是32亿美元的78.5%,即25亿美元。② 从表19可以看出,意大利、德国和法国参与CDS交易的银行都遭受不同程度的损失。

---

① 王维丹:《ISDA宣布希腊发生信用事件触发CDS》,载《华尔街日报》2012年3月10日。
② 《CDS拍卖成功 希腊"大戏"远未落幕》,载《第一财经日报》2012年3月21日。

表 19　触发 CDS 赔付机制后欧洲 CDS 市场上主要的输家和赢家

主要 CDS 赔付输家		主要 CDS 赔付赢家	
意大利联合信贷银行	−2.4 亿美元	汇丰银行	+1.94 亿美元
德意志银行	−0.77 亿美元	苏格兰皇家银行	+1.77 亿美元
法巴银行	−0.74 亿美元		

数据来源：美国存托及结算公司网站，2021 年 5 月 10 日访问。

二、危机诱发机制与区域性合作机制建立的必要性

2012 年发生的希腊债券信用事件迅速蔓延到爱尔兰、意大利、葡萄牙和西班牙等国，暴露出欧元区制度的缺陷，主要体现在：

第一，加入统一货币区后，成员财政能力受到削弱，不利于应对大规模的经济冲击和长期的经济增长。在缺少独立货币政策的条件下，具有更高政策空间的反周期性政策工具对于成员熨平经济波动显得十分必要，而加入欧元区后，成员财政能力受到极大削弱，不足以应对大规模的经济冲击。第二，加入欧元区后，各成员没有积极改善国内的财政结构，欧元区财政纪律执行力较差。2003 年德法债务相继超标，2012 年希腊进行债务减记，这一系列事件发生后，市场发现欧元区各成员政府债务违约根本无须承担任何风险，使得货币联盟的财政纪律缺陷暴露无遗，成员政府在国际市场的融资成本出现分化。希腊、葡萄牙、西班牙等国发债成本一再攀升，2015 年 4 月，希腊国债融资成本达 12%，加剧该国的资金链断裂，而市场要求德国国债的收益率仅为 0.12%。

我们在第三章理论模型基础上构建新的理论模型，探讨欧元区成员以不能控制的货币，即"外币"欧元发行国债的影响。新的理论模型反映出，欧元区主权债券市场中成员无法控制欧元的汇率，满足特定条件时，理性的政府就会选择通过违约方式减轻债务，而且投资者对一国主权债券的怀疑可以自我实现，使用信用的国家如西班牙、意大利等也会陷入债务危机。货币政策统一而财政政策不统一是目前欧元区主权债券市场的根本缺陷。日本和美国的债务率都远高于欧元区 84% 的水平，但美国和日本的国债利率一直处于低位，其中一个重要的原因是美联储和日本央行提供流动性支持。在债务危机爆发初期，同为欧盟成员的英国和

西班牙,两国的赤字率和债务率类似,赤字率在 2009 年均为 10% 左右,债务率英国为 69%,西班牙为 53%。自 2010 年开始,西班牙的长期国债利率比英国上升明显,陷入严重的主权债务危机。英国国债利率保持稳定的重要因素是英格兰银行掌握本国货币即英镑的独立发行权,而西班牙丧失本国货币的独立发行权,成为加入欧元区的代价。这即是"欧元区成员以无法控制的货币发行国债→无法发行货币,向债券持有人提供流动性担保→债券持有人产生清偿力怀疑,利率上升→财政赤字超标"的演进思路,反映出目前欧元区现有财政制度的内在缺陷与债务危机的动态诱发机制。基于稳定欧元区主权债务市场的需要,欧元区要建立区域流动性合作机制,在主权债务市场面临流动性危机时,需要借助区域内的流动性支持机制稳住市场对可能违约国政府主权债务市场的信心,在主权债务风险较高的成员和欧元区其他成员之间构筑一道隔离墙;同时向其他面临偿债缺口的国家提供资金支持,抑制债务危机的进一步蔓延,防止一国债务危机引发欧元区其他成员违约的多米诺骨牌效应,对外增强国际市场的信心。

第二节　区域性合作机制的完善

危机过后,欧盟在建立区域性合作机制方面进行了较大力度的改革,推出欧洲稳定机制、欧洲金融稳定机制、欧洲金融稳定基金,较好地压低了各国主权债券市场利率,切断了主权债务风险与债券市场融资成本之间的恶性循环。

一、欧洲金融稳定机制

欧洲金融稳定机制(European financial stabilization mechanism, EFSM)是面向欧盟成员的中期资金救助方案,可向需要救助的国家提供最高 600 亿欧元的资金援助。EFSM 贷款形式包括双边贷款或授信额度两种,由欧洲央行作为财政监督机构。EFSM 资金由欧洲央行向市场投资者筹集。一旦被救助国家违约,欧盟委员会将启用基金现金余额,若不足，将从欧盟成员征用额外资金。EFSM 放贷条件与 IMF 类似。EFSM 申请国首先向欧盟委员会提交经济和金融改革方案，并在欧盟议会申请多数投票通过，同时与欧盟议会就经济和金融改革方案签署合作备忘录。EFSM 运作情况如表 20 所示。

表 20　EFSM 运作情况

日期	筹集资金	用途	效果
2011 年 1 月 5 日	以 2.5% 利率发行 50 亿欧元 2015 年到期债券	向爱尔兰发放 50 亿欧元贷款	认购率 300%
2011 年 3 月 17 日	以 3.25% 利率发行 46 亿欧元 2018 年到期债券	向爱尔兰发放 34 亿欧元贷款	认购率 300%
2011 年 5 月 24 日	以 3.5% 利率发行 47.5 亿欧元 2021 年到期债券	向爱尔兰发放 30 亿欧元贷款，向葡萄牙发放 17.5 亿欧元贷款	认购率 300%
2011 年 5 月 25 日	以 2.75% 利率发行 47.5 亿欧元 2016 年到期债券	向葡萄牙发放 47.5 亿欧元贷款	—

来源：欧盟委员会官网，2021 年 5 月 10 日访问。

二、欧洲金融稳定基金

欧洲金融稳定基金（European financial stabilization facility，EFSF）是面向欧元区成员的临时性特殊目的工具（SPV），依靠较高的信用等级在市场以较低的融资成本筹集资金，再向收支困难的欧元区成员发放救援资金。

（一）EFSF 的运作特点

EFSF 主要采取向市场发行债券形式筹集资金，成员根据在欧洲央行出资比例向 EFSF 债券提供无条件、不可撤销的担保，担保额为债券面值的 120%，为超面值担保。EFSF 初始放贷能力为 4400 亿欧元，同时还有部分补充资金。一是 ESFM 可向 EFSF 提供最高 600 亿欧元的补充资金；二是 IMF 可向 EFSF 提供最高 2500 亿欧元的补充资金，如此，EFSF 的放贷能力可放大到 7500 亿欧元。2011 年 6 月 24 日，欧盟议会同意将 EFSF 的最大放贷能力扩容到 7800 亿欧元，并将各国政府的担保金额由贷款金额的 120% 提高到 165%，同时将 EFSF 的干预范围由一级市场扩大到二级市场,旨在维护债券市场的合理定价。无论是一级市场还是二级市场,EFSF 购买各国债券最高比例都为该种债券发行总额的 50%。EFSF 运作如图 36 所示。

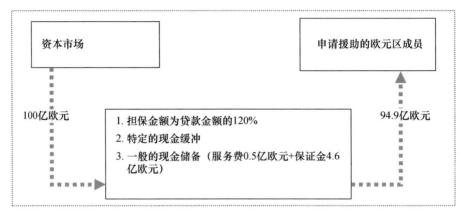

图 36　EFSF 运作

（二）EFSF 的资金援助特点和申请条件

EFSF 旨在纠正欧元区成员在资本市场的短期融资问题,如果一家银行持有 10 亿欧元的欧元区国债,同时债券久期在 3 年以内,通过 EFSF 就可以将主权债券置换成信用等级更高的特殊目的工具债券,由此,欧洲银行业的主权债务风险由银行的资产负债表转移到政府的资产负债表。EFSF 转移主权债务风险操作如图 37 所示。

欧元区成员申请资金援助时同样需向欧盟提交经济和金融改革方案。欧盟议会代表"三驾马车"签署合作备忘录,要求申请国家制定严格的政策条件,之后议会向欧元集团工作小组就银团贷款提出建议,协调贷款的主要技术细节。贷款具体条件要依次得到欧元区成员、欧洲央行、欧盟议会和欧元集团工作小组同意。EFSF 相比其他债权人没有优先偿还权,在申请国违约时,EFSF 将动用成员政府担保以及两种信用提高机制即特定的贷款现金缓冲和一般性的现金储备。特定的贷款现金缓冲为 EFSF 发放贷款的一小部分;一般性的现金储备由 50 个基点服务费用和一定百分比的贷款组成。

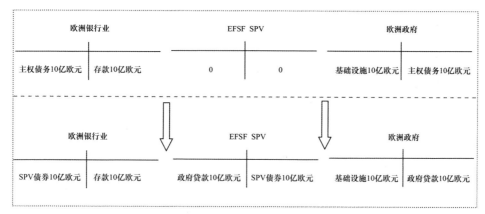

图 37　EFSF 转移主权债务风险操作

（三）EFSF 的缺陷

作为过渡性的制度设计，EFSF 的不成熟性很明显：第一，EFSF 的放贷能力受制于担保政府的信用等级。评级机构一般给予 EFSF 最高信用等级。EFSF 担保政府都属于 AAA 等级的国家（如奥地利、德国、芬兰、法国、卢森堡和荷兰），而 EFSF 现金只能投资于 AAA 等级的证券，并且覆盖全部负债。因此，EFSF 需要偿还的资金全部由担保和现金组成。由于目前部分国家的信用等级已遭下调，不再符合 AAA 等级，因此 EFSF 实际放贷能力低于 4400 亿欧元。第二，EFSF 向外围国家贷款利率较高。此前向爱尔兰提供的贷款利率已接近 6%，一方面不利于财政困难的国家削减赤字，同时外围国家较高的利率也暗含了更高的债务违约概率，不利于实现债务平衡。截至 2015 年 EFSF 的放贷数额统计如表 21 所示。

表 21　截至 2015 年 EFSF 的放贷数额统计　（单位：10 亿欧元）

	已发放贷款	剩余额度	累计发放贷款总量
爱尔兰	17.7	0	17.7
葡萄牙	26	0	26
希腊	130.9	0	143.6
总计	96.3	0	109.0

数据来源：EFSF 官方网站，2021 年 5 月 21 日访问。

三、欧洲稳定机制

欧盟成员政府意识到，扩大救助资金总量没有降低融资成本的方法更为彻底和直接。因此在吸取 EFSF 的经验后，欧洲央行将救助的着力点放在降低外围国家的融资成本，通过压低外围国家的债券利率，帮助成员政府实现债务可持续性上。由于 EFSM 和 EFSF 的救助能力有限，欧盟决定于 2010 年建立危机应对长效机制——欧洲稳定机制（ESM），压低外围国家的债券利率，实现债务可持续。2012 年 10 月 8 日，ESM 正式启动，于 2013 年 7 月起取代暂时性的机制安排，正式成为欧盟主导的危机救援长效机制，EFSM 和 EFSF 不再使用，实现了欧元区制度设计的又一重大创新。表 22 对欧盟应对危机制度，即 EFSM、EFSF 和 ESM 进行了汇总和比较，下面我们依次分析三大机制的运行特点。

表 22 欧盟应对危机制度设计

	欧元区成员向希腊提供的政府间贷款	EFSM	EFSF	ESM
形式	政府间贷款安排	欧盟机制	欧元区成员所有的私人公司	政府间组织
资本结构	欧元区各国共同提供的双边贷款	由欧盟各国预算担保	由欧元区成员预算担保，担保覆盖率为 165%	800 亿欧元实缴股本；6200 亿欧元催缴资金。实缴股本分 5 次上缴，每次上缴 20%
放贷能力	800 亿欧元	600 亿欧元	4400 亿欧元	5000 亿欧元，约为 EFSM 和 EFSF 的总和
工具	贷款	贷款，信用额度	贷款，一级市场债券购买	贷款，一级市场债券购买
有效期	自贷款发放日起 7 年半内还清，分 22 个季度平均还款	至 2013 年 6 月结束	至 2013 年 6 月结束	自 2013 年 7 月启动

（续表）

	欧元区成员向希腊提供的政府间贷款	EFSM	EFSF	ESM
欧洲央行的角色	负责改革方案的设计和监督，同时作为还款机构	负责改革方案的设计和监督，同时作为还款机构	负责改革方案的设计和监督，同时作为还款机构	负责对申请国债务可持续性进行分析；负责改革方案的设计和监督，同时作为还款机构
决策机构	欧元集团工作小组	欧盟经济和金融事务理事会	欧元集团工作小组、EFSF董事会	欧元集团工作小组、ESM董事会、ESM主席

资料来源：European Central Bank. The European Stability Mechanism. ECB Monthly Bulletin, July 2011。

（一）ESM 的运作机制

ESM 由欧元区 16 个成员出资设立，在严格的宏观调整方案框架下，维护欧元区金融市场稳定和欧元区的统一。ESM 最大放贷能力为 5000 亿欧元，约为之前 EFSM 和 EFSF 放贷能力的总和，并于 2013 年 7 月 1 日起正式取代 EFSM 和 EFSF，而当时暂时性的救助机制，如希腊贷款安排（Greek loan facility）、EFSF 未发放的贷款将一并转入 ESM。ESM 可购买成员国债，也可为国债提供担保，在建立银行业统一监管体系后，可直接向银行业注资。

ESM 资金为 7000 亿欧元，分为 800 亿欧元实缴股本和 6200 亿欧元催缴资金两部分。实缴股本分 5 次上缴，每次上缴 20%，2012 年和 2013 年各上缴两次（每年 320 亿欧元），2014 年上缴一次（160 亿欧元）。欧元区成员无法缴纳的部分，由其他成员分摊。欧元区成员依据在欧洲央行核心资本的出资份额向 ESM 注资，各国权重相同。目前的出资份额计算公式为：ESM 份额＝0.25×欧洲央行核心资本份额＋0.75×国民总收入份额。未来，ESM 可使用以下三种方式筹集资金：一是发行债券等金融工具；二是与第三方签署资金安排；三是与欧元区成员签署资金安排。特殊情况下，ESM 可以干预一级债券市场。同时，欧洲央行也指出：为维护债券市场稳定，未来 ESM 应该干预二级债券市场。由于 ESM 具有超常规性质，申请国需要遵守严格的宏观调整方案，同时对债务可持续性进行严格的分析,贷款条件与 IMF 类似。ESM 提供的资金援助是短期贷款形式,贷款定价为 ESM 筹集资金成本加上 200 个基点的风险溢价。ESM 享受优先偿还权,但排在 IMF 贷款之后。(债务危机爆发后欧元区成员接受的救助如表 22 所示)

ESM 将有效保障欧元区的金融和财政稳定。一是 ESM 放贷能力显著增强。如前所述,ESM 放贷能力约为 EFSM 和 EFSF 的总和。二是 ESM 的可操作范围大大增加。ESM 可以干预债券市场,欧洲银行业单一监管机制(SSM)建立后,也可直接向银行业注资,缓解银行业救助对各国主权债务带来的压力。作为欧元区永久性的危机应对长效机制,ESM 的设立弥补了欧元统一货币区缺乏债务纾困机制的缺陷,对遏制欧洲债务危机蔓延起到关键作用。

(二)ESM 现有缺陷分析

ESM 作为一家正式的国际机构,初始 800 亿欧元资金由各国实缴,与 EFSF 依赖各国政府担保不同,使得 ESM 不再受到出资国信用等级下调的影响,放贷能力增强。ESM 的启动标志着欧元区已经建立起正式的区域性救助机制,能够防止主权债务违约的连锁反应,切断债务风险的传导,但现有的制度缺陷也比较明显。

第一,ESM 的放贷能力有限,继续对其资金池扩容并提高其救助能力成为核心问题。ESM 的最大放贷能力为 5000 亿欧元,仅能应对对希腊、爱尔兰等小型经济体的救助,如果意大利等任一较大经济体面临流动性困难,则需要 ESM 提供至少 2 万亿欧元资金,ESM 同样存在清偿力不足问题。同时,金融市场对一国国债偿还能力的预期可以自我实现。如果国际投资者意识到该国国债市场存在无限量的流动性提供者,如美国国债市场和美联储一样,则产生该国无力偿还国债的预期,进而压低该国国债利率和债务总量;反之,如果国际投资者意识到该国国债市场不存在无限量的流动性提供者,如危机爆发时的希腊国债市场和欧洲央行一样,则产生该国无力偿还国债的预期,进而推高该国国债利率和债务总量,导致该国债务违约。这一实现机制同样适用于 ESM。ESM 优先在资金市场筹集资金,如果市场对欧元区主权债券违约的预期

表 23　债务危机爆发后欧元区成员接受的救助

（单位：10 亿欧元）

国家	IMF	世界银行	EIB/EBRD	双边协议	BoP	希腊贷款工具（GLF）	EFSM	EFSF	ESM	总计
塞浦路斯（一期）	—	—	—	2.5	—	—	—	—	—	2.5
塞浦路斯（二期）	1.0	—	—	—	—	—	—	—	9.0	10.0
希腊（一期）	32.1/48.1	—	—	—	—	52.9	—	130.9/144.6	—	215.9/245.6
希腊（二期）	0	—	—	—	—	—	—	—	86.0	86.0
匈牙利	9.1/12.5	1.0	—	—	5.5/6.5	—	—	—	—	15.6/20.0
爱尔兰	22.5	—	—	4.8	—	—	22.5	18.4	—	68.2
拉脱维亚	1.1/1.7	0.4	0.1	0/2.2	2.9/3.1	—	—	—	—	4.5/7.5
葡萄牙	26.5/27.4	—	—	—	—	—	24.3/25.6	26.0	—	76.8/79.0
罗马尼亚（一期）	12.6/13.6	1.0	1.0	—	5.0	—	—	—	—	19.6/20.6
罗马尼亚（二期）	0/3.6	1.15	—	—	0/1.4	—	—	—	—	1.15/6.15
罗马尼亚（三期）	0/2.0	2.5	—	—	0/2.0	—	—	—	—	2.5/6.5
西班牙	—	—	—	—	—	—	—	—	41.3/100	41.3/100
总计	104.9	6.05	1.1	7.3	13.4	52.9	46.8	175.3	136.3	544.05

注：32.1/48.1 表示，贷款总额为 481 亿欧元，目前已经发放 321 亿欧元，以此类推。

数据来源：欧盟委员会官网，2021 年 5 月 21 日访问。

较高,将大大提高 ESM 的筹资成本,存在清偿力不足的问题。一种解决思路是让欧洲央行像美联储一样,承诺为 ESM 提供无限量流动性支持,这样即可打破金融市场对 ESM 和欧元区成员国债偿还能力预期的自我实现机制。ESM 最大放贷能力直接决定欧盟能在多大程度上保障欧元区的金融和财政稳定性。目前,德国等欧元区成员正讨论杠杆化使用 ESM,使其放贷能力由目前的 5000 亿欧元进一步扩容,必要时可对大的经济体进行救助。

第二,ESM 的资金成本较高,贷款附加集体行动条款。ESM 向成员提供流动性支持时,资金价格是其向市场募集资金的成本加上 200 个基点。在解决债务危机时可以软硬兼施,一是通过长周期的财政紧缩方案,实现经济增长;二是短期内降低融资成本,让债务国更容易从市场筹集资金。较低的融资成本表明市场信心的恢复,也表明长期经济改革方案已初具成效,但 ESM 要求的 200 个基点的风险溢价至少向市场表明,"三驾马车"并不完全相信申请国家的经济和金融改革方案。自 2013 年起,各成员发行国债时要事先计划好未来可能的债务重组、债务减记事宜,一旦发生债务违约,将按照集体行动条款执行。这一规定意味着即便存在 ESM,未来成员发生像 2012 年希腊债务减记和强制性债务重组的可能性依然存在,ESM 无法保证成员不发生主权违约。

根据前文分析可知,ESM 存在放贷能力有限、资金成本较高和清偿力不足问题,无法打破金融市场对 ESM 和成员国债偿还能力预期的自我实现机制。2010 年 3 月 8 日,欧盟正式提出在欧元区建立类似 IMF 功能的欧洲货币基金(European monetary fund,EMF)计划,该计划以经济学家 Daniel Gros 和 Thomas Mayer 提出的方案为基础。[①] EMF 计划初始资本由违反财政纪律的成员缴纳,具体金额由超过 3% 赤字率和 60% 债务率的部分乘该国的收入水平,任一成员面临债务问题都可申请 EMF 贷款并执行严格的经济改革。也有经济学家主张由欧盟发行欧元债券来筹集原始资金,并允许投资者将持有的问题国家国债换成欧元债券。目前,EMF 计划还处于提议阶段,其设计方案也存在诸多缺陷,就

---

① Gros D., T. Mayer. How to Deal with Sovereign Default in Europe: Towards a Euro (pean) Monetary Fund, *CEPS Policy Brief*, 2010, (202).

现阶段欧元区成员的债务情况来看,违反赤字率和债务率硬性指标的国家往往是资金短缺国家,如希腊、葡萄牙、西班牙等。随着2018年希腊成为最后一个结束对"三驾马车"的资金需求的国家,欧元区债务违约的压力大大缓解,但其债务率一直维持高位,未来10年甚至更长时间内这些国家的偿债压力都将存在,让这些国家出资建立资金池显然不合逻辑,也不具有现实可操作性。

本 章 小 结

欧元区主权债务危机暴露了欧洲债务问题的严重性,金融危机的传染性使得源自希腊的主权债务信用危机迅速蔓延到欧元区内同样存在债务问题的西班牙、葡萄牙、意大利和爱尔兰等国,发债成本一再攀升,2015年4月,希腊国债融资成本达12%,加剧了该国的资金链断裂,而市场要求德国国债的收益率仅为0.12%,欧洲金融市场在危机爆发后形成了事实上的分割。

理论模型反映出,欧元区主权债券市场中欧元区成员无法控制欧元的汇率,满足特定条件时,理性的政府就会选择通过违约方式减轻债务。进一步地,欧元区主权债券市场的根本缺陷具有自我实现机制。当主权债券持有人对债务人清偿力进行怀疑时,就会抛售这些债券,引发市场流动性危机,这种预期足以使得信用状况良好的国家也陷入流动性危机。

实践方面,欧盟在建立区域性合作机制方面进行了较大力度的改革,推出ESM、EFSM、EFSF,较好地压低了各国主权债券市场利率,切断了主权债务风险与债券市场融资成本之间的恶性循环。EFSM、EFSF是过渡性的制度设计,都存在放贷能力受限、贷款利率较高的问题。2012年10月,ESM启动,于2013年7月起取代暂时性的机制安排,正式成为欧盟主导的危机救援长效机制,EFSM和EFSF不再使用,实现了欧元区制度设计的又一重大创新。作为欧元区永久性的危机应对长效机制,ESM的设立弥补了欧元统一货币区缺乏债务纾困机制的缺陷,对遏制欧洲债务危机蔓延起到关键作用。

第六章　欧元区债务危机应对制度

本章通过构建适合欧元区成员的债务可持续均衡模型,从理论和实证两方面阐明欧元区各国债务可持续的条件和动态规律,对财政紧缩降低债务率的观点进行验证。进一步地,分析目前欧盟降低债务率的常规方法即紧缩财政内容及负面影响,运用理论模型阐述政府债务率趋于稳定的条件是政府税收收入高于政府开支,同时对债务问题长期解决机制进行探讨,并提出系统的债务危机解决方案。

第一节　危机应对制度的有效性检验

每个主权国家应对债务问题的工具都不相同,通常的工具为增发货币、继续举债、增收节支,处于单一货币区使得成员丧失解决债务问题的多项工具。① 加入欧元区后,各成员丧失通过发行货币减轻债务压力的工具。美国是目前债务总量最多的国家,背后支撑因素除了美国强大的经济基本面,还有美元的国际关键货币地位。美国是目前世界上处理自身债务问题时工具最多的主权国家,突出的优势是美元为国际关键货币,美国可以运用独一无二的货币优势通过宽松的货币政策为债务问题解围,通过超发货币实现美元贬值和债务压力减轻。相比之下,欧洲央行不能以特定国家的债务状况来发行货币,造成欧元区成员政府在应对债务问题时丧失这一重要工具。

欧洲央行在危机初期奉行不救助条款,没有第一时间对希腊等国施

---

① Reinhart C. M. & K. S. Rogoff. *This Time is Different*: *Eight Centuries of Financial Folly*. Princeton University Press,2008.

以援手导致希腊债务问题在欧元区迅速蔓延。危机解决过程中,欧洲央行增补其最后贷款人角色,在成员国债市场缺乏流动性时全额购买,且不设资金上限,以平抑国债利率,降低政府融资成本,但增强欧洲央行的职能并不能从根本上解决成员的债务高企和过度财政赤字问题,只能从短期内降低其再融资成本,同时也不能从根本上解决存量债务和财政赤字问题。偿还债务从根本上还是需要各成员长期的经济增长,提高国民收入。2018年,希腊债务危机基本解决,欧元区债务违约的压力大大缓解,但其债务率一直维持高位,未来10年甚至更长时间内这些国家的偿债压力都将存在。我们运用财政学政府债务可持续性分析框架,构建适合欧元区成员的债务可持续均衡模型,阐明欧元区各国债务可持续性的条件和动态规律,运用理论模型阐述使政府债务率趋于稳定的条件。①

一、欧元区主权债务危机的理论分析框架

假定一国为主权独立国家,实施独立自主的经济政策,t 期该国政府财政约束条件是:

$$\frac{dB(t)}{dt}=G(t)-T(t)+i(b(t),\pi(t))B(t)+\frac{dM(t)}{dt} \quad (6-1)$$

其中,$G(t)$ 为开支,$T(t)$ 为税收,$i(b(t),\pi(t))$ 为名义国债利率,存在 $i(b(t),\pi(t))=r(b(t))+\pi(t)$,$r(b(t))$ 为国债利率,$\frac{dB(t)}{dt}$ 为新增债务,$\pi(t)$ 是物价水平,$B(t)$ 为政府国债存量,$\frac{dM(t)}{dt}$ 为本期增加的货币供给。用 $b(t)=\frac{B(t)}{Y(t)}$ 表示债务率。

进一步地,我们假设欧元区成员不制定本国货币政策,因此,$\frac{dM(t)}{dt}$ 对于本国而言是外生给定变量,并作理性预期假设,名义国债利率等于实际国债利率,t 期该国政府财政约束条件为:

---

① 孙海霞、斯琴图雅:《欧元区主权债务危机:一个理论分析框架》,载《欧洲研究》2010年第5期。

$$\frac{dB(t)}{dt} = G(t) - T(t) + r(b(t))B(t) \qquad (6\text{-}2)$$

t 期该国政府财政约束条件表明：加入欧元区后，各成员丧失通过发行货币减轻债务压力的工具，单个成员无法通过增发货币 $\frac{dM(t)}{dt}$ 为其债务融资，只能继续发行新的国债 $\frac{dB(t)}{dt}$，以缓解短期偿债压力，支付国债利息 $r(b(t))B(t)$，并补足年度财政赤字 $G(t) - T(t)$ 的缺口，即只能通过发行新国债缓解短期偿债压力，容易导致本国债务存量上升。

二、理论分析主要结论

（一）政府债务可维持的基本条件

假设一：如果一国经济的实际增长速度 α 小于该国国债利率 $r(b(t))$，会导致本国债务持续上升。促使一国债务持续下降的前提是政府产生净收入并保证经济稳定增长。

我们将债务率 $b(t) = \frac{B(t)}{Y(t)}$ 左右求导，得

$$\frac{db(t)}{dt} = \frac{B'(t)Y(t) - B(t)Y'(t)}{Y^2(t)} \qquad (6\text{-}3)$$

将(6-2)式代入，并令 $g(t) = \frac{G(t)}{Y(t)}$，$t(t) = \frac{T(t)}{Y(t)}$，得

$$\frac{db(t)}{dt} = g(t) - t(t) + \left(r(b_t) - \frac{Y'(t)}{Y(t)}\right)b(t) \qquad (6\text{-}4)$$

令经济实际增长速度 $\frac{Y'(t)}{Y(t)} = \alpha$，则

$$\frac{db(t)}{dt} = g(t) - t(t) + (r(b_t) - \alpha)b(t) \qquad (6\text{-}5)$$

由此发现，如果一国经济的实际增长速度 α 小于该国国债利率 $r(b(t))$，则系数为正，本国债务持续上升。让 $\frac{db(t)}{dt} = 0$，均衡时的条件为：

$$t(t) - g(t) = (r(b(t)) - \alpha)b(t) \qquad (6\text{-}6)$$

从图38可以看出，2010—2015年多数成员的国债利率都超过经济

增长速度,表明这段时间内众多成员的债务率继续上升,希腊债务率在2018年达到191.3%的峰值,各国债务存量只增不减,出现了债务不可维持的困难。2015年以后,随着经济增长速度超过国债利率,欧元区债务危机大大缓解。2018年8月20日,第三轮希腊债务危机救助计划正式退出,标志着希腊债务危机基本解决,困扰欧盟9年之久的主权债务危机基本得以解决。

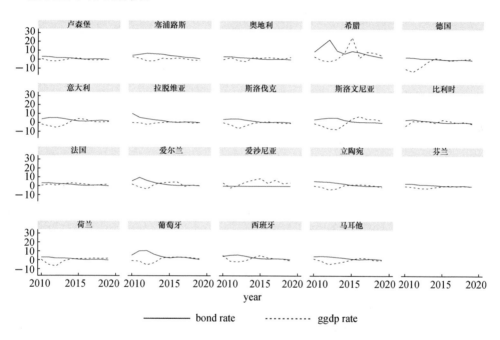

图38 欧元区实际GDP增长率和长期国债利率面板折线图
数据来源:http://www.imf.org,2022年2月20日访问。

(二)成员债务融资成本的影响因素

各国长期债券利率水平在经济平稳增长时期趋于一致,在债务危机发生期间呈现明显的分散趋势,成员政府在国际市场融资的成本也出现分化。希腊、葡萄牙、西班牙、爱尔兰等国发债成本一再攀升,呈现典型的先扬后抑趋势。希腊的长期国债波动最为剧烈,2011年和2012年,希腊长期国债融资成本达15.75%和22.5%,加剧了该国资金链的断裂,而市场要求德国国债的收益率仅为2.61%和1.5%,什么原因造成不同成员的国债利率差异如此之大?

假设二:成员政府国债利率的高低反映了该国债务存量和主权债券市场的信用状况,现有债务存量越低,主权债券市场信用度越高,该国越容易在国际市场以较低的融资成本发行国债(如德国);反之,现有债务存量越高,主权债券市场信用度越低,该国在国际市场要以较高的融资成本才能成功发行国债(如希腊)。

假设一国国债违约可能性是 $\varphi(0\leqslant\varphi\leqslant1)$,同时 φ 与该国国债利率 $r(b(t))$ 正向相关,当 $b(t)=0$ 时,$\varphi=0$;$\lim\limits_{b(t)\to\infty}\varphi=1$。$\varphi$ 与零风险国债利率 r^f 的关系如下:

$$(1+r(b(t)))(1-\varphi)=1+r^f$$

有

$$r(b(t))=\frac{r^f+\varphi(b(t))}{1-\varphi(b(t))} \quad (6\text{-}7)$$

左右求导,有

$$r'(b(t))=\frac{(1+r^f)\varphi'(b(t))}{(1-\varphi(b(t)))^2}\geqslant 0 \quad (6\text{-}8)$$

由式(6-8)可得出,一国国债利率与该国债务率正向相关,一国债务存量显著影响该国在债券市场上的债券融资成本,即本国较高的债务存量预示着未来违约概率上升,投资者要求的风险溢价随之上涨。同时,一国违约概率也与该国政府信用高低相关,较高的信用等级意味着较低的违约概率,压低其国债融资成本。可以看出,欧元区任一成员政府国债利率 $r(b(t))$ 与该国债务率 $b(t)$ 都呈现正向相关关系,并与该国政府国债违约可能性相关,现有债务存量越低,主权债券市场信用度越高,该国越容易以较低的收益率发行国债。

左右求导,有

$$\frac{d(t(t)-g(t))}{db(t)}=(r(b(t))-\alpha)+b(t)\left(\frac{(1+r^f)\varphi'}{(1-\varphi)^2}\right)>0 \quad (6\text{-}9)$$

如此,若一国经济增长速度 α 小于国债利率 $r(b(t))$,该国政府的资金曲线将越来越向右倾斜,即债务率持续上升。

(三) 欧元区成员均衡债务率变化

欧元区各成员国债市场与普遍的主权国家债券市场的主要区别在于成员无法控制债券发行货币的发行权,单一成员无法决定欧元的发行,因此也无法向本国国债的投资者保证一定的市场流动性以避免违约。

假设三:成员丧失本国债券发行货币的控制权,均衡的政府可维持最大财政赤字率和债务率都将下降。

成员政府财政收入极值是 t_{max}、t_{min} 和 g_{max}、g_{min},最多的净财政收入为 $t_{max} - g_{min}$。前面我们已分析,欧元区成员政府由于社会福利支出具有刚性,导致开支难以下降;同时,由于要素流动性增强,一国单方面提高税率会引发监管竞争,因此,净财政收入即 $(t(t)-g(t))'$ 倾向于下降,均衡的债务率将变为:

$$b(t) = \frac{(t(t)-g(t))'}{r(b(t))-\alpha} \quad (6-10)$$

继而得出:

$$b(t) = \frac{1-\varphi}{r^f+(1+\alpha)\varphi-\alpha}(t(t)-g(t))' \quad (6-11)$$

右边系数为正,因此随着成员政府净财政收入下降,该国均衡的债务率将下降。

(四) 欧元区债务可维持条件

假设四:一国债务率存在最大可持续水平,超过该阈值后该国债务总量呈现滚雪球效应而变得不可维持。

成员政府净财政收入 $(t(t)-g(t))^*$ 对应均衡债务率 b^*,如果目前成员债务率超过均衡债务率,即 $b' > b^*$,则对应净财政收入为 $(t(t)-g(t))'$,该国财政将出现缺口:

$$\Delta(t(t)-g(t))' = (t(t)-g(t))' - (t(t)-g(t))^*$$
$$= (r-\alpha)(b'-b^*) > 0 \quad (6-12)$$

该国无法控制货币供应量,只能通过发行新国债弥补财政缺口,有

$$\frac{db(t)}{dt} = g(t) - t(t) + (r-\alpha)b(t)$$

$$= (r-a)(b(t) - b^* - b') \qquad (6\text{-}13)$$

如此,债务率上升到 b'',维持如此高的债务率对应的净财政收入为 $(t-g)'' = (r-a)(b''-b'+b^*)$,对应赤字率为:

$$\Delta(t-g)'' = (t-g)'' - (t-g)^*$$
$$= (r-a)(b''-b') > 0 \qquad (6\text{-}14)$$

可见,该假设成立,一国只能通过增发新的国债为财政赤字融资,导致债务率持续上升。

第二节 非对称产出冲击对主权违约的影响[①]

早期的主权违约模型致力于回答主权债务为什么发生。众所周知,公司债务的债权人受到法律的保护,公司不可以无故赖账,否则司法程序将强制公司向债权人转移财产。但是主权国家当前却不受国际法的强制约束。如果主权国家违约,也少有机构可以强制将该国政府的资产转移到国外,那么这种情况下,为什么还有债权人愿意冒着被剥夺财产的风险而借款给主权国家呢?这个问题的研究源于 Eaton 和 Gersovitz(1981),他们所构建的递归竞争均衡模型成为此后主权违约模型的研究基础。这些模型假设产出服从外生的随机波动,主权国家通过国际借贷平滑产出,并提高福利水平。国际信贷市场存在竞争,主权国家可以违约,但面临违约成本。由于存在违约概率,外国投资者要求主权债券收益率高于无风险利率。由此,主权违约模型研究主权国家的违约决策如何形成,并定量估计违约时的经济损失、债务期限的长短等因素对主权违约概率的影响。Eaton 和 Gersovitz(1981)构建的模型提出,虽然债权人不能强制执行其权力,但是债权人可以在主权国家违约后拒绝继续为该国提供贷款,从而使该国不能再借助于贷款平滑消费。在主权国家的贷款不超过一个最高值的条件下,正是这个威胁"逼迫"主权国家按时还

[①] 朱钧钧、孙海霞、谢识予:《不对称产出冲击、长期债券和主权违约》,载《经济学(季刊)》2016 年第 3 期。

款。此后,尽管 Eaton 和 Gersovitz(1981)受到诸多批评,但他们所采用的递归竞争均衡模型还是成为此后主权违约研究的基础。众多学者在此基础之上开发出更接近于实际的模型。

绝大多数文献都存在局限性,即都假设产出冲击服从一阶自回归过程。然而现实世界中,GDP 产出波动具有明显的不对称特性,难以用自回归模型刻画。受此启发,我们将探讨不对称的产出冲击对违约概率的影响。然而,产出的冲击形式能影响主权违约概率吗?直观而言,债务期限的长短、违约时的经济损失等都会影响政府的违约决策,进而影响稳态的债务水平和该国的违约概率。而对于产出冲击的形式对主权违约概率的影响,目前却没有文献研究过。为此,本节先提供一个直观的解释。试想两种产出冲击,一种冲击形式是产出以 50% 的概率上涨或下跌,但每次上涨或下跌都只变动 1%;而另一种冲击形式的上涨概率达 90%,但每次只涨 1%,而下跌概率为 10%,不过每次下跌幅度却达 10%。长期而言,两种冲击形式对该国产出水平的影响差不多,但显然后一种形式会引起更大的违约概率,因为政府很难在长期的经济发展之后承受产出突然的大幅度下跌,而较能适应对称的产出波动。因此,从直觉上看,冲击的形式会影响主权违约概率。

Aguiar 和 Gopinath(2006)假设主权国家一旦违约将在一段随机的时期内无法在国际市场贷款,并且将遭受一定的产出损失。他们借用 Eaton 和 Gersovitz(1981)构建的模型,建立了主权国家、外国资金提供者和消费者之间的动态关系。通过比较随机趋势和趋势平稳的产出波动,他们得出服从随机趋势的模型将能更好地拟合现实的经济数据。Aguiar 和 Gopinath(2006)构建的模型可以解释发展中国家的一系列经济规律,如经常性账户和国内利率的反周期性,以及发展中国家通常在经济萧条时违约等现象。但是,该论文的局限性也同样明显,模型模拟过程中违约现象极少出现,违约概率非常低,只有千分之几。而现实世界中许多主权国家违约概率远高于这一数值,2012 年希腊就发生了信用违约,20 世纪拉美国家多次违约。此外,该模型的债务率、利差①水平和利差波动率都明显低于现实数据。Arellano(2008)采取相似的模型,最大的区别在于假设违约时的损失与当时的产出相关。模拟实验说明,违约成本与产出的相关性对于提高违约概率非常关键。Arellano(2008)所构建模型的违约概率可以提高到 3%,接近于现实数据,但无法很好地匹配现实经济中主权债务的利差水平和债券价格的波动率。

以上模型都假设一期债务,每期期末主权国家都必须借新债以还旧债。Hatchondo 和 Martinez(2009)引入多期债券,主权国家每期只需偿还部分债务和利息,使主权债务违约的不确定性在未来一段时间内都存在,从而提高了违约概率和利差水平。同时,债务在多期内存在,主权国家每一期的还款压力都减小,从而可以承受更大的债务规模。Chatterjee 和 Eyigungor(2009)也采用了相似的多期债务假设,模拟过程显示,该模型能较好地匹配包括违约概率、利差水平和波动率在内的多个现实数据。只是,多期债务假设同时提高了利差水平和波动率,参数校准使得利差水平偏低或波动率偏高,难以同时匹配这两个数据。

以上模型都假设产出波动服从一阶自回归过程,重点研究主权债券利率和违约概率之间的动态关系。与此相关的模型中,小国开放经济的 RBC 模型却假设利率外生,重点解释产出波动。这些模型都能解释一部分发展中国家的特点。Mendoza 和 Yue(2008)将这些模型的优点结合起来,所构建的新模型能解释产出的波动、利率的反周期性、较高的债务水平和主要的经济周期变量。

除此之外,最近也有一些学者从其他方面解释主权债务的特点,试图得到拟合度更好的模型。Lizarazo(2010)将通常的债权人风险中性假设改为风险厌恶,发现运用新模型能够得到更高的债务比例,对利率和波动率的拟合也更好。Durdu 等(2010)考虑经济新闻对于未来宏观经济的冲击,认为这种类型的冲击可以更好地拟合发达国家的相关规律,如消费的平稳性、利率的轻微反周期性等,同时能够解释部分违约发生

---

① 一般情况下,该利差定义为一国债务率和美国联邦基金利率的差距。

在经济繁荣时期的现象。

值得注意的是,动态随机一般均衡(DSGE)模型的稳态求解较为困难,都必须使用数值模拟。Hatchondo 等(2010)比较了不同的求解方法对于模型模拟结果的影响,发现运用不同方法所产生的结果存在差别。具体而言,Aguiar 和 Gopinath(2006)以及 Arellano(2008)都采用离散状态空间技术(discrete state space technique)求解 DSGE 模型的稳态政策方程,即将状态变量分割成若干个格点,然后通过格点之间的迭代求解稳态政策方程。这样,解的精细程度必然同格点的密集程度相关,然而太密集的格点将影响计算速度,多数模型都在更准确的解和更多的时间耗费之间权衡。Hatchondo 等(2010)也提出一些改进计算效率的方法,如运用各种插值法,可以提高精度并具有更高的收敛速度。国内对于主权违约以及债务危机的研究非常少,相关文献中,李稻葵和梅松(2009)提出了金融危机的内外因理论,指出美国国内流动性的松紧程度与发展中国家的国际收支危机相关。这可以解释本节所提出的产出波动具有明显的不对称性。

对比现有的文献,我们将不对称的产出冲击引入主权违约模型。以往的文献都假定产出是自回归形式的对称冲击,而现实世界中,经济波动具有很明显的不对称性。我们将研究不对称冲击对于主权违约概率的影响,所得到的研究结果进一步提高了模型对现实经济的拟合能力。对比 Chatterjee 和 Eyigungor(2009)的研究结果,本模型可以同时得到较高的利差水平和较低的波动率。

一、主权违约模型的构建

本模型沿用一贯的主权违约模型,最大的区别在于本模型提出两个假设:其一为产出服从不对称冲击,并用状态转换模型刻画这种不对称性;其二为采用长期的主权债券,这样更加符合实际的债务结构,对比 Hatchondo 和 Martinez(2009),以及 Chatterjee 和 Eyigungor(2009)的债券假设,这一点有利于对模型中相关参数的校准。

(一) 模型环境

在开放经济条件下一国每一期的产出都会面临外来冲击,该国政府为了最大化国民福利,尽量利用借贷平滑消费。政府可以在国际信贷市场购买或销售该国主权债券,并且该国仅有这一个渠道可以平滑消费、对冲风险,因此面临着不完整的资本市场。政府在每个时期都要作两个决定:第一个决定是要不要违约,违约的决策取决于违约所带来的成本和收益之间的权衡,违约收益当然是不再支付债务,而成本是一段时期内不能再进入国际信贷市场,并且违约当期的产出还遭受一定的损失;第二个决定是购买或销售多少主权债券,即储蓄或融资的金额,当然,债务融资的决定只有在不违约时才能作出。而国外投资者了解主权政府的债务决策后,会选择一个债券价格,这个价格反映了主权债务的违约概率。

国际信贷市场完全竞争情况下,存在众多的资金提供方,他们可以以一定的全球利率获得贷款或进行投资,并且国外投资者是风险中性的。国外投资者根据当期主权国家的产出、未来的产出预期和债务规模评估主权违约概率,而竞争的信贷市场中,国外投资者的长期利润为0,使得主权债务的价格或利率反映了国际信贷市场对于主权债务违约概率的评估。主权国家违约时,国外投资者将损失贷款的本金和利息,但是投资者还是愿意进入国际信贷市场,因为主权国家不违约的情况下他们将得到高于无风险利率的回报,这个利差反映了主权债务的违约概率。这样,竞争的国际信贷市场将主权债券利差、债券价格和主权违约概率联系在一起。

(二) 长期主权债券的假设

Hatchondo 和 Martinez(2009)、Chatterjee 和 Eyigungor(2009)的研究表明,长期债券对于拟合主权债券的利差水平和波动率非常关键。我们也将长期债券引入模型,但采用了不同的假设。为了使模型维度不至于扩张得太快,我们使用有限的几个变量刻画长期债券。Hatchondo 和 Martinez(2009)假设每一期主权债务都承诺一个以固定值递减的票息。这样,每一期主权债务都有相同的本息偿还结构,只要知道当期的债务偿还金额,就可以很快推算出未来各期内的债务偿还金额。由此,也可以很快推出主权债务的动态变动方程。Chatterjee 和 Eyigungor(2009)假设每个时期每单位债务都以一定的概率到期,而没有到期的债务将支付利息。利息支付比率和到期概率足以概括长期债券的动态变化,因为这两个参数确定之后,债务本息的偿还金额仅同当期的债务水平有关,而与以前各期的债务无关。

我们采用相似的思路,但新模型更加符合现实的债务偿还结构。假设每一期主权国家归还本金比率为 γ,而剩余部分本金将支付利率 z。当然,这个假设与 Chatterjee 和 Eyigungor(2009)并没有本质的区别,但是我们将看到,贴近实际的假设将有助于参数的校准。假设现期的债务水平为 b,则下一期的债务水平 $b'=(1-\gamma)b+i$,其中 i 表示新发行的债务。b 的符号决定着是主权债务还是主权投资,其中负号意味着为主权债务。γ 值将决定债券的有效期数,如果 $\gamma=0.10$,则债券的平均有效期为 10 期;如果 $\gamma=1$,则该假设退化为一期债券假设。

(三)不对称的产出冲击

一国实际经济周期存在诸多特点,其 GDP 增长率经常在较长一段时间的增长之后突然下降,然后又快速复苏,重新进入经济增长区间。大量研究表明,非线性模型更能拟合经济数据的特征。Morley 和 Piger(2004)比较了不同的线性模型和非线性模型模拟经济周期的特征,认为状态转换类模型对实际经济的刻画更准确,比如经济萧条之后是更快的复苏,并且复苏速度与此前衰退的严重程度成正比。而萧条和复苏属于不同的状态,现实经济在这些状态之间不断转换。其他文献如 Potter(1995),以及 Pesaran 和 Potter(1997)都表明了相似的观点。

马尔可夫转换模型(Markov switching model)最常用于研究经济周期不对称性,该模型由 Hamilton(1989)提出并应用类似卡尔曼滤波完成了模型的估计。这个两状态的马尔可夫转换模型获得了很大的成功,因为它几乎完整地复制了 NBER 关于经济周期的确定方式。Beaydry 和 Koop 于 1993 年将这个模型扩展到三个状态,观察到不少变量,如消费、产出和投资存在很强的相同运动倾向。Diebold(1996)运用动态因子模型(dynamic factor model),既刻画了变量之间的同向运动,又加入马尔可夫转换的特性。Kim 等(2002)运用一般化的动态因子模型估计了美国经济周期,认为美国经济周期可以用连续的三个阶段描述:衰退期、复苏期和增长期。

本节假设产出服从马尔可夫转换的不对称冲击,马尔可夫转换模型如下:

$$y_t = \alpha_{s_t} + \sum_{i=1}^{h} \beta_{i,s_t} y_{t-i} + \sigma_{s_t} \varepsilon_t, \quad \varepsilon_t = N(0, \sigma_{St}^2) \quad (6\text{-}15)$$

其中,S_t 为时期 t 的状态,如果模型具有 k 个状态,则 $S_t = 1 \cdots k$;h 为自回归项的最大滞后值。假设有三个状态,模型估计结果如表 24 所示。限于篇幅,同时考虑到状态转换模型在当前经济学研究中的广泛应用,我们不再对估计过程、自回归阶数和状态数目等进行详细讨论。值得一提的是,这个估计结果与 Kim 等(2002)颇为相似,表 24 中的状态 1、2 和 3 分别对应经济增长期、经济复苏期和经济衰退期。

表 24 马尔可夫转换模型的参数估计

	状态 1	状态 2	状态 3
μ	0.0074(0.0013)	−0.0390(0.0084)	−0.0461(0.0048)
ρ	0.7898(0.0404)	0.5427(0.0973)	1.2568(0.1330)
σ	0.0086(0.0009)	0.0085(0.0027)	0.01(0.0035)

注:括号内数字表示标准差。

三个状态之间的转换概率矩阵[①]为:

$$P = \begin{bmatrix} 0.96(0.14) & 0.00(-) & 0.04(0.03) \\ 0.40(0.21) & 0.60(0.37) & 0.00(-) \\ 0.00(-) & 0.45(0.30) & 0.55(0.38) \end{bmatrix}$$

转换概率矩阵显示,经济增长状态持续性高,平均持续时期达到 25 期,而其他两个状态的持续时期都很短,其中衰退期的平均持续时期只有 2.2 期。如果经济处于复苏状态,那么未来变好的概率为 40%,保持

[①] 该矩阵中相关元素表示状态之间转换的概率,括号内数字是标准差。比如,0.40 表示从第 2 状态到第 1 状态的转换概率为 40%;0.00 表示相应的两个状态之间不能直接转换。括号中的横线表示没有标准差。

这个状态的概率为 60%,而继续变糟的概率约为 0%,既经济二次探底的概率很小。如果经济处于衰退期,那么未来保持在衰退期的概率为 55%,而转向复苏的概率为 45%。转换概率矩阵所包含的这些信息也符合事实。

主权违约模型涉及期望和离散性决策(即违约或不违约),难以对数线性化求解,一般都采用离散状态的动态规划(discrete state dynamic programming)求解模型稳态。这种解法要求将所有变量离散化,在内生变量和外生变量组成的离散状态空间中,通过迭代价值方程直至收敛来求解,因此将产出冲击离散化是模型求解的必要步骤之一。此前,主权违约模型一直采用 Tauchen 方法(Tauchen,1986;Tauchen and Hussey,1991),将自回归式的产出冲击离散化,得到约 20 个状态的离散概率转换方程。实际上,这也是众多宏观经济模型在求解过程中所必须经过的一个步骤,Ljungqvist 和 Sargent(2004)简要介绍了 Tauchen 方法,并提供了该方法的 Matlab 程序。然而,Tauchen 方法仅仅能处理自回归形式的冲击离散化,在应用上具有很大的局限性。

本节假设状态转换过程符合产出冲击,并估计得到 3 个状态的离散概率转换方程。在主权违约模型的实际求解过程中,状态数目过小会极大地影响模型求解的准确度。为此,我们需要将 3 个状态的离散概率转换方程变成更多状态之间的转换方程,比如 21 个状态。[①] 我们使用一种基于模拟的离散化方法,该方法可广泛用于研究各变量的不同冲击形式对经济系统的影响,比 Tauchen 方法具有更广的应用范围。自回归冲击的模拟实验中,该方法对冲击的模拟准确度也不比 Tauchen 方法差。

(四)基于模拟的离散化方法

离散化方法将在连续空间取值的计量模型转化成具有等同效果的离散空间的状态转换方程。举例说明,某个变量 y_t 服从 $y_t = 0.8 y_{t-1} + \varepsilon_t$, $\varepsilon_t = N(0, \sigma^2)$,并且初始值为 0。在这个计量模型中,$y_t$ 的取值可以为任意数值,而离散化方法的目的是求状态转换方程 $f(\bar{y}_t | \bar{y}_{t-1}) = Pr$

[①] 虽然状态数目越多越好,但实际上受到众多制约,如计算速度。本节状态数目选择 21 个,因为更多的状态数目容易导致 Matlab 程序在运行中产生存储空间不够的问题。

($\bar{y}_t|\bar{y}_{t-1}$),其中 $\bar{y}_t$ 指 y_t 最接近的格点,每个格点相当于一个状态,离散化的状态转换方程也指格点之间的转换概率。当然,格点越密,状态转换方程就越接近于计量模型,当格点数目无穷多,并且它们之间的间隔无限小时,状态转换方程也无限接近于计量模型。考察两者之间是否具有等同效果,可以分别用两个模型模拟出一定数量的数据,比较这些数据的均值、方差等各阶矩。

Tauchen 方法根据正态概率分布的公式直接计算转换概率 $Pr(\bar{y}_t|\bar{y}_{t-1})$,而本节提出的离散化方法基于模拟,先模拟出符合原来的计量模型的数据,再利用这些数据提炼出各个状态之间的状态转换概率,由于不用直接计算概率,只要根据原计量模型可以模拟出数据,该方法就可以得到应用,并不局限于一阶自回归模型。

基于模拟的离散化方法分成以下几个步骤:第 1 步,模拟出符合模型假设的冲击数据 $\{\tilde{y}_t\}_{t=1}^T$。假设产出冲击服从马尔可夫状态转换模型,我们需要首先估计产出的马尔可夫状态转换模型,得到各参数估计,然后模拟出产出冲击数据。第 2 步,构建离散的均匀空间状态 $\{\bar{y}^i\}_{i=1}^n$,其中 n 表示预先假设的状态数目,而 $\bar{y}^i$ 表示第 i 个格点,并且 $\bar{y}^1 < \cdots < \bar{y}^i < \cdots < \bar{y}^n$。选择最大格点和最小格点时,须注意尽量使绝大多数模拟数据都落在整个区间之内,同时尽量避免有些格点区间内没有或很少有模拟数据。第 3 步,确定状态序列 $\{S_t\}_{t=1}^T$。对于一个具体的模拟数据,越靠近哪个格点,便算作这个格点对应的状态,即如果 $\bar{y}^i - w/2 < \tilde{y}_t < \bar{y}^i + w/2$,$w$ 为两个相邻格点之间的距离,则 t 时的状态为 i,即 $S_t = i$。第 4 步,确定每两个状态之间的转换概率 $\{p_{ij}\}_{i,j=1}^n$,$p_{ij} = Pr(S_t = j|S_{t-1} = i)$,$p_{ij}$ 指从状态 i 转换到状态 j 的概率。因为 $\sum_{j=1}^n p_{ij} = 1$,并且 $p_{ij} > 0$,故 $(p_{i1}, \cdots, p_{in})$ 为 Dirichlet 分布,$p_i = (p_{i1}, \cdots, p_{in})$ 的概率密度函数为:

$$f(p_i; a_1, \cdots, a_n) \sim p_{i1}^{a_{i1}-1} \cdots p_{in}^{a_{in}-1} \quad (6\text{-}16)$$

其中,$a_{ij} = \sum_{t=1}^T 1(S_t = j | S_{t-1} = i)$。

a_{ij} 表示从状态 i 到状态 j 转换的次数总和。显然,确定状态序列

$\{S_t\}_{t=1}^{T}$ 之后，$\{a_{ij}\}_{j=1}^{n}$ 也可以计算出来。由此，根据 Dirichlet 分布的概率密度函数，即公式(6-16)，$(p_{i1},\cdots,p_{in})$ 可以进行取样，多次取样的平均值可以作为状态之间的转换概率。由此，$\{p_{ij}\}_{i,j=1}^{n}$ 可以求出来。

值得一提的是，Dirichlet 分布的取样一般按如下步骤进行：首先生成 n 个相互独立的 $(p_{i1}^*,\cdots,p_{in}^*)$，并使 $p_{ik}^* \sim \text{Gamma}(a_{ik},1)$；然后标准化得到 $p_{ik} = p_{ik}^* \Big/ \sum_{l=1}^{n} p_{il}^*$。

（五）递归动态均衡

在开放经济条件下一国政府努力使居民福利最大化，即 $\max E_0 \sum_{t=0}^{\infty} u(C_t)$。其中，$C_t$ 表示居民消费，$u(C_t)$ 表示居民效用，即福利。政府每一期给居民分配随机的产出 y_t，假设这种产出具有不对称性，并服从马尔可夫转换模型。主权政府在国际信贷市场出售或投资主权债券，并且所得全部用于平滑国民收入，政府的最终目的是居民福利最大化。而债券价格 q 是众多国际投资者竞争的结果，并且受政府选择的下一期债券规模 b'、政府的违约概率 δ 和本期收入 y 影响。本期收入的下降影响着政府偿还债务的能力，下一期债券规模影响着政府未来的偿还能力，而违约概率的升高促使投资者提高风险溢酬，因此这三者对主权债务违约概率都有直接的影响。同时，这三个因素性质上各有不同，其中本期收入，即主权国家的产出，是外生的，同此前已实现的随机产出有关；下一期债券规模由政府决定，国际投资者又根据债券规模选择债券价格；违约概率内生于模型之中，取决于模型中的诸多因素，因为政府的违约决策取决于违约和继续履行合约时产生的期望效用现值，而这两个期望效用由模型决定，是一个递归动态过程。

每一期中，行为人的决策顺序如下：首先，政府根据起始借贷规模 b 和观察到的随机产出 y 决定是否违约。如果继续履行合约，政府根据其预算约束选择下一期债券规模 b'，并且根据竞争性的国际信贷市场确定债券价格 $q(d,b',y)$，其中 d 为政府的违约决策，当不违约时，其值等于 0；当违约时，该国在一段随机时间内无法再进入国际信贷市场，并且产出遭受一个瞬间损失，直到再次进入国际信贷市场之前，该国只能保持自给自足的经济,而下一期进入国际信贷市场的概率 θ 外生给定。一旦主权国家再次进入国际信贷市场,将再次决定债券规模和违约决策。

递归动态均衡中,政府和国外投资者知道自己的决策会对对方的决策造成影响。政府对下一期债券规模的策略函数、国外投资者的债券价格函数和消费者的消费决策共同形成均衡状态。其中,消费者的消费决策是消极的,即他将消费所有政府分配的消费品,储蓄或借贷的决策掌握在政府手里。政府违约或继续履行合约的决策与相对应的期望效用现值有关,记 $V^o(b,y)$ 为政府决策之前的贴现期望效用,而 $V^c(b,y)$ 和 $V^d(b,y)$ 分别为续约和违约时的期望效用,则

$$V^o(b,y)=\max_{\{c,d\}}\{V^c(b,y),V^d(b,y)\} \tag{6-17}$$

当政府决定违约时,$V^d(b,y)$ 的贝尔曼方程(Bellman equation)为:

$$V^d(b,y)=u(c^{def})+\beta[\theta V^o(b',y')+(1-\theta)V^d(b',y')]P(y'\mid y) \tag{6-18}$$

其中,θ 为该国重新进入国际信贷市场的概率,c^{def} 为违约时的产出,并且

$$c^{def}=\min\{\bar{y},y\} \tag{6-19}$$

其中,$\bar{y}$ 为违约成本参数,是一个固定值,给出了违约之后该国的最高消费。这个值将作为参数通过校准得到。公式(6-19)是 Arellano(2008)提出的违约时产出敏感性消费。这个假设不怎么引人注意,但却极大地提高了模型的数据拟合能力。在方程(6-18)中,$V^d(b,y)$ 包含两部分,第一部分为当期效用,第二部分为下一期效用,而下一期效用由于有 θ 概率的可能重新进入国际信贷市场,因此这部分效用又是 $V^o(b',y')$ 和 $V^d(b',y')$ 的期望值。

至于违约成本参数 $\bar{y}$,也可以看作当期收入的最高可能消费额,该参数的设置保证违约时产出会下滑,并且一定程度决定了下滑百分比。根据诸多文献的研究,历史上确实存在违约国当期 GDP 下滑严重的现象,下滑百分比从 5% 到 20% 不等。至于为什么违约会导致该国经济下滑如此严重,虽然有部分学者从信贷萎缩方面加以解释,但不够令人信服。本节沿用多数主权违约模型的常用做法,即假定这个百分比外生。该假设被普遍采用的原因一是没有具备较强说服力的假说可供选择;二

是贝尔曼方程求解困难,增加额外的内生变量将极大地增加模型的求解难度。相似地,政府继续履行合约时,$V^c(b,y)$ 的贝尔曼方程为:

$$V^c(b,y) = \{u(c) + \beta V^c(b',y') P(y' \mid y)\} \quad (6\text{-}20)$$

预算约束为:

$$c \leqslant y + \gamma b + c(1-\gamma)b - q(d,b',y)[b' - (1-\gamma)b]$$

其中,b 如果大于 0,说明这是债券投资,小于 0 为债券借款。政府选择最佳的债券规模 b' 以最大化消费者的效用,并且每一期政府将面临同样的决策。当然,政府不可以通过庞氏骗局永远扩大贷款而提高效用,在实际编程计算过程中,只需对政府债券的规模设定一个最小值就可以避免该边界条件。

国际投资者面对着一个自由竞争的国际信贷市场,他们可以按照一个世界利率 r^* 借贷或投资任意金额。他们能观察到主权国家每一期的产出 y_t,并且对主权债券的定价遵循风险中性原则。借鉴 Chatterjee 和 Eyigungor(2009),主权国家的违约决策为 $d(b',y')$,取值为 1 时意味着违约,而取值为 0 时意味着继续执行合约。则竞争性的国际信贷市场中,国外投资者的收益为:

$$\begin{cases} \gamma + (1-\gamma)[z + q(b'',y')], & \text{当 } d(b',y') = 0 \text{ 时} \\ 0, & \text{当 } d(b',y') = 1 \text{ 时} \end{cases}$$

根据竞争的国际信贷市场长期利润为 0,我们得到债券价格如下:

$$q(b',y) = \left\{ \sum_y [1 - d(b',y')] \frac{\gamma + (1-\gamma)[c + q(b'',y')]}{1 + r^*} \right\} P(y' \mid y)$$

(6-21)

而违约决策 $d(b',y')$ 由 $V^c(b,y)$ 和 $V^d(b,y)$ 的大小决定,如果继续履行合约的价值 $V^c(b,y)$ 大于违约所能提供的价值 $V^d(b,y)$,则主权国家选择继续履行合约,即 $d(b',y')=0$。反之亦然。而 $V^c(b,y)$ 和 $V^d(b,y)$ 在各外来冲击和债务组合下的大小只有模型的稳态解求出来之后才能确定,并且外来的产出冲击是本模型唯一的随机波动源。根据以上贝尔曼方程,可以通过数值模拟逼近稳态时各个期望效用随着产出 y 变化的状态方程,由此,政府违约的区域和继续履行合约的区域也可以确定,即

$$D(b) = \{y \in Y : V^c(b,y) < V^d(b,y)\}$$

$$C(b) = \{y \in Y : V^c(b,y) \geq V^d(b,y)\}$$

而违约概率为:

$$\delta(b',y) - \sum_{D(B')} f(y',y) P(y' \mid y) \tag{6-22}$$

模型的递归动态均衡定义如下:(1)给定政府的策略,消费者的消费决策 $c(s)$ 满足预算约束;(2)给定债券价格 q,政府的策略函数 $b'(s)$ 满足效用最大化;(3)债券价格 q 满足国外投资者的长期利润为 0。

二、不对称产出冲击、长期债券和主权违约概率

本模型的最大特点是假设产出冲击符合状态转换的不对称过程,这个假设更符合现实经济状况。

(一)参数校准与模型求解方法

Arellano(2008)校准 β、$\bar{y}$ 和 θ 三个参数,以拟合现实的违约概率、经常性账户的波动率和债务率。而 Chatterjee 和 Eyigungor(2009)校准 β 和 $\bar{y}$ 以拟合平均利差水平和70%的债务水平。与 Chatterjee 和 Eyigungor(2009)相似,我们也校准 β 和 $\bar{y}$,但校准对象有所区别,是主权债券利差的平均水平和波动率,同时兼顾其他现实经济中的相关系数和方差。模型中其他参数的设置,除了 γ 外,与 Chatterjee 和 Eyigungor(2009)保持一致。

求解动态宏观经济模型贝尔曼方程的三种最常用的方法是:离散化且价值方程迭代,对数线性化且二阶逼近和参数期望方法。(Canova, 2007)但对于主权违约模型,只有动态规划方法才能求解模型稳态,因为模型涉及离散的决策,即违约或不违约,而这个决策无法对数线性化。动态规划方法是全局非线性优化方法,该方法的一个劣势是受到维度的限制。一般而言,用该方法求解模型,内生变量不超过3个,否则计算量呈几何级数增长,极易导致无法求解。所幸的是,主权违约模型经过几年的发展,现在通过几个变量就可以模拟出与现实数据非常接近的结果。

本质上,离散动态规划方法类似于格点搜索法,先把状态空间格点化,然后再在这个离散的状态空间中迭代贝尔曼价值方程,直至方程收敛。由于所有变量都需要在离散的空间中进行运算,动态规划方法也要

求所有变量或方程都离散化,其中包括本模型的重要假设——不对称的产出冲击。我们将产出变量的状态数目设定为 $k=21$。构建内生变量主权债务的离散空间就是在其定义域范围内将其划分成均等的 n 份。本节计算中,取 $n=400$。

模型动态规划求解过程中,不断迭代价值方程,直至收敛。同时,作为模型的重要变量,债券价格一方面反映着主权国家的利率水平,另一方面也是国际信贷市场评估该国违约概率的一个重要指标。债券价格的收敛意味着国际信贷市场达到均衡,因此模型求解过程包含两个最优化算法。Aguiar 和 Gopinath(2006)以及 Arellano(2008)都采用逐个优化的办法进行求解,而 Hatchondo 等(2010)指出逐个优化的方法耗费大量时间,如果将两个优化算法连在一起将能节约不少计算时间。实际计算中,本节也证实了 Hatchondo 等(2010)的论断。为了加快运算速度,本节将两个算法连在一起,放在一个循环运算语句之下,每一次循环同时对两个算法进行优化,极大地加快了运算速度。同时,循环运算的退出要求满足价值方程的收敛和债券价格的收敛两个条件。Chatterjee 和 Eyigungor(2009)指出,一个计算中的收敛性问题,即债券价格的微小差别将导致主权国家下一期债务水平的调整和关于违约决策的调整,这些调整又将影响未来债务水平和现在的债券价格。由于违约决策的变动是突然的、离散的,这种变动将使债券价格发生跳跃式变化,造成模型收敛的困难。本节设 $q(b',y)=q(b'',y')$,即不再区别这一期债券价格和下一期的区别,简化模型的运算过程。结果表明,该算法具有较好的收敛性[①]。同时,由于模型处于稳态时,价格方程收敛,因此这个简化措施也符合模型要求。

(二)模型稳态的模拟结果

应用离散动态规划方法求解本模型,并模拟各变量在模型稳态处的各阶矩,得到模型的模拟结果,如表 25 所示。为了与 Chatterjee 和 Eyigungor(2009)等的结果进行比较,该表也列出他们的结果。表 25 最后一列显示了 AR 自回归对称冲击的模拟结果,这个结果将在后文分析不对称冲击的影响时用到。结果显示,本模型在所有变量的各阶矩上都比

---

① 较好的收敛性指相邻两次迭代的债券价格和价值都小于 1e-6。

Chatterjee 和 Eyigungor(2009)等更接近于现实数据,接下来分别分析各个变量的比较结果。违约概率[1]是主权违约模型的一个重要拟合变量。面对可能更高的违约概率,好的模型应该具备更灵活的拟合能力,以匹配可能更高的真实违约概率。后文将说明,不对称产出冲击的假设将显著提高模型的违约概率,这一特性可以保证本模型能够拟合更高的违约概率。

表 25 模型稳态模拟结果

	Arellano(2008)的模型 $\gamma=0.05$ 自回归冲击	Chatterjee 等(2009)的模型 $\gamma=0.05$ 自回归冲击	本模型 $\gamma=0.02$ 不对称冲击	参照模型 $\gamma=0.02$ 自回归冲击
违约概率	6.78%	5.94%	7.2%	4.35%
利差水平	0.1025	0.0877	0.1105	0.0613
债务率	1.00	0.70	0.86	0.48
$\sigma(c)/\sigma(y)$	1.09	1.10	1.11	1.05
$\sigma(NX)$[2]	1.50	1.02[3]	1.40	1.04
$\sigma(r-r^*)$	2.85	5.60	2.80	3.57
$\sigma(c,y)$	0.98	0.97	0.99	0.99
$\sigma(NX,y)$	−0.86	−0.33	−0.74	−0.39
$\sigma(r-r^*,y)$	−0.77	−0.68	−0.78	−0.65
$\sigma(NX,r-r^*)$	0.70[4]	—	0.87	0.55

从结果上看,本模型中,7.2%的违约概率比 Chatterjee 和 Eyigungor(2009)更接近于实际的违约概率。对于债务率[5],本模型的结果也比 Chatterjee 和 Eyigungor(2009)更接近实际值。不过值得一提的是,Chatterjee 和 Eyigungor(2009)参数校准的一个目标是拟合 70%的债务水平,因此他们得出的结果较低。作为解释,他们认为每一次违约,几乎

---

[1] 与此前的文献保持一致,该违约概率是年化的违约概率。
[2] NX 表示资本流入规模,是主权违约模型一直匹配的数据之一,本节没有过多关注这个变量。
[3] 与 Charterjee 和 Eyigunor(2009)一样,表 25 的计算过程中,我们略去了重新进入国际信贷市场的前 20 期模拟数据。至于这个时期的长度,本节还会提供敏感性分析。还有,Charterjee 和 Eyigunor(2009)没有提供 GDP 标准差,我们将其设定为 4%,然后计算 $\sigma(c)/\sigma(y)$。
[4] 这个数值来自 Arellano(2008)。
[5] 应该指出的是,这个债务水平并不是现实数据中常说的一个国家的公共债务总额,具体计算见 Chatterjee 和 Eyigungor(2009)。

总有约30%的债务是事后偿还的,因此真正不确定和具有违约风险的是70%的债务水平。我们不同意这种处理,因为不管事后有没有偿还债务,并不妨碍事先将这些债务视作风险资产。即使事后偿还,哪部分被偿还以及什么时候偿还都是重要的风险性内容,因此债务的事后偿还不能作为风险性债务水平降低的理由。除此之外,本模型中的消费、产出和经常性项目的方差,以及它们之间的相关系数都更接近实际经济变量。本模型也很好地再现了发展中国家利率的反周期性、经常性项目的反周期性和消费的波动率大于产出的波动率等规律。

对比此前的研究结果,本模型的重要贡献是同时拟合了较高的债券利差水平和较低的利差波动率。Arellano(2008)的模型中,随时间变化的违约概率是利差波动率的唯一驱动因素,在拟合了该波动率的同时,利差水平却与实际数据有很大的差别。Chatterjee和Eyigungor(2009)通过引入多期债券,显著地提高了利差水平,但利差波动率也变得比实际数据大。他们解释该模型可以很好地拟合非违约期的利差波动率,只是波动率好像对未来的违约决策非常敏感。

我们通过引入不对称产出冲击很好地解决了这个问题,在拟合了较高的债券利差水平的同时,也使其波动率接近于实际数据,并且从不对称冲击的角度给出解释。根据假设,经济在不同的状态之间相互转换,而且马尔可夫转换模型的估计结果显示,在几乎每一个状态,主权国家都有0.1%—0.4%的可能性遭受较大的负向冲击,[①]即陷入经济衰退期。现实中,发展中国家经济确实经常突然陷入困境,有时甚至发生在长时期的经济强劲增长之后。作为解释,Calvo和Reinhart于2000年提出资本突然逆转理论,而Boz(2010)将之归结为投资者突然改变投资信心。本节仅仅将其作为外生事件,纳入主权违约模型之中。根据产出假设,每一个状态经济都可能陷入衰退期,并且衰退期往往伴随主权违约,因此在本模型中每一个状态都有一定的违约概率。相比此前的模型,这一点具有很大的不同。在对称的自回归冲击假设下,从经济增长期突然陷入衰退期并产生违约的概率几乎为0。这样,本模型中每一期都存在一个正向的违约概率,显著提高了利差水平。

同时,本模型中利差的波动率变化不大,因为每一个状态的违约概

---

① 这是21个状态的转换概率矩阵所提供的信息。

率变化较小,使利差的波动率对于状态的转换不敏感。Chatterjee 和 Eyigungor(2009)显示,长期债券的假设使利差水平显著提高,但同时也提高了利差的波动率。本节通过不对称冲击的假设,可以在一个模型中同时很好地拟合这两个变量。

(三)不对称冲击对主权违约概率的影响

Chatterjee 和 Eyigungor(2009)已经给出了相对不错的模拟结果,那么我们提出的不对称冲击的假设在多大程度上改善了模型的模拟结果?为此,我们计算了一个参照模型,见表 25 的最后一列。参照模型的参数与本模型一样,只不过采用了 AR 自回归对称冲击,并应用 Tauchen 方法离散化概率转换方程。对比本模型和参照模型,不对称冲击的假设使违约概率上升 66%,债务率提高了 79%,利差水平几乎是 AR 冲击的 2 倍,而利差波动率却显著降低了,三个相关系数变化不大。从结果上看,AR 对称冲击下违约概率、债务率、利差水平和利差波动率都对不对称冲击敏感。

作为解释,不对称冲击假设下,发展中国家在经济增长状态下增长前景不错,并且这个状态占总体时间的 80%。由于长时期的增长状态预期,模型中主权国家可以承受更多的负债,故本模型的债务率比参照模型高。同时,产出的波动率在经济增长期显著小于复苏期和衰退期,故本模型的利差波动率更小。[①] 为了更形象地比较不对称冲击和 AR 对称冲击的异同,本节绘出两种状态下利差水平和产出冲击的散点图,如图 39 所示。

如同模型的模拟过程一样,该散点图的绘制不包括违约时期的利差水平和产出冲击,同时也除去了经济刚刚走出违约期后约 20 期之内的债务积累期。另外,为了体现平滑性,我们在绘制散点图时加了一个不影响全局的随机项,使各个冲击不至于集中在几个有限的点上。[②] 利差是主权国家利率与世界平均利率的差距,这个差距可以作为衡量主权国家违约风险的指标。利差越大,主权违约风险越大。散点图显示出两个

[①] 模型模拟中,鉴于可比性考虑,不包括经济复苏期和衰退期。

[②] 按照不对称冲击化的离散法,所有产出冲击集中在 21 个离散的点上,为了更好地显示利差水平和产出冲击之间的关系,有必要使这些散点更分散,为此我们使每一组散点加上随机项,当然这个随机项的方差很小,以至于不会影响整体的变量之间的关系。即使加上随机项,各个产出冲击的离散点还是隐约可见。

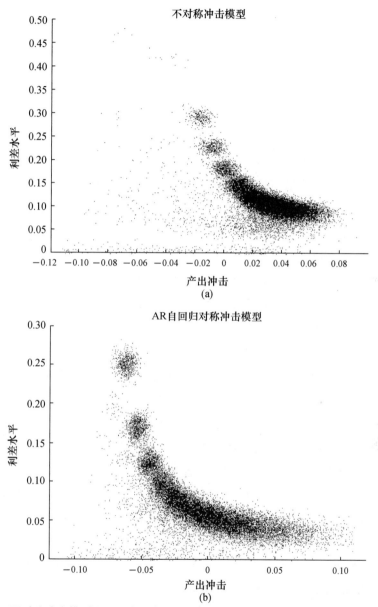

图 39　不对称冲击模型和 AR 自回归对称冲击模型的利差水平和产出冲击的散点图

模型各自在稳态下的 10000 个散点,每个散点代表产出冲击和利差水平的组合。比如,图 39(a)中,主要的散点都集中于一个狭小的区域,即产出冲击位于(0,6%)区间,利差水平位于(5%,15%)区间。这个区域也是不对称冲击模型中的稳态聚集区。而 AR 对称冲击模型中,这个聚集区域为产出冲击($-5\%,5\%$),利差水平($2\%,10\%$)。显然,(b)图显示了产出冲击的对称性,而(a)图不对称。(a)图利差水平显著大于(b)图,但是利差的波动率却更小,因为(a)图中各散点更加集中。

为什么不对称冲击的假设会提高模型利差水平,而降低利差波动率呢?这可以从冲击的不对称性方面作出解释。图40(a)显示,不对称冲击条件下,大部分散点都集中在大于0的区域,实际上这也是不对称冲击的特性之一。对比(b)图可得出,不对称冲击下的利差水平几乎是 AR 对称冲击之下的 2 倍,这个结果也得到表 25 的证实。同时,在(a)图中,利差水平的各散点更加集中,使不对称冲击条件下的利差波动率较小。之所以形成这个结果,因为几乎 80% 的冲击集中在大于 0 的经济增长区域,这个区域非常狭小。同时,极端的负向冲击很少发生,而一旦发生,利差水平的散点分布区域会较(b)图大,但负向冲击引发的这部分散点数量很少,以至于难以显著降低利差的波动率。总之,本模型中利差水平较高和波动率较低都与不对称冲击的特征有关,换句话说,不对称冲击使本模型的模拟结果更加接近于实际数据。

相似地,我们绘出不对称冲击和 AR 自回归对称冲击条件下违约概率散点图,如图 40 所示。图 40 除去了债务违约发生期以及重新进入国际信贷市场后的约 20 期债务积累期。两种冲击下,对于正向冲击,图 40 中的(a)和(b)两个图都显示违约概率大于 0,但(a)图概率大于(b)图,因为不对称冲击每个状态下经济有可能直接进入衰退期,所以每个状态下经济都存在一个相对较大的违约概率。而对于负向冲击,(b)图的散点更为分散。但两种冲击下违约概率都随着负向冲击绝对值的增加而增加,虽然这种关系不是绝对的。

(a)图中面对不对称的负向冲击,违约概率似乎并不严格单向增加,而是负向冲击绝对值越大,违约概率的发散程度越高。这一点与 AR 自回归对称冲击的区别很明显,为什么?仔细观察模型的模拟过程,我们发现不对称冲击下的主权债务违约一般发生在经济刚陷入衰退期时。一旦经济进入衰退期,将有近 50% 的概率发生主权债务违约。换句话说,每两次衰退将有一次违约,并且违约都发生在衰退期的第 1 时期。由于本模型的离散化概率转换方程包含上述信息,模型的模拟过程也显示了相同的特性。

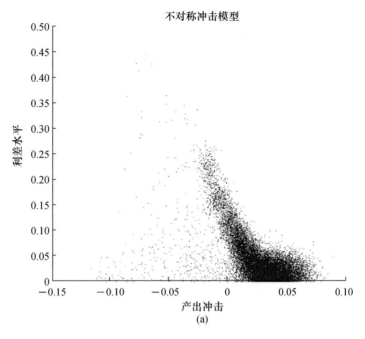

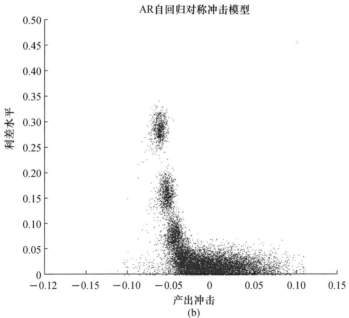

图 40　不对称冲击模型和 AR 自回归对称冲击模型的违约概率散点图

进一步,为什么大部分违约发生在衰退期的第 1 时期?现实世界中,主权国家在衰退期通常会先尝试采用多种方法避免违约,违约是最后的选择,因为违约会造成该国资金外流和信誉损失,并且往往在违约当年导致产出进一步下降。而模型中大部分违约却发生在经济刚进入衰退期时。这个结果与本模型有关,不对称冲击很好地模拟了现实经济世界的真实冲击,但另一方面模型假设主权国家和国外债权人都知道经济的这种不对称冲击形式,也就是说行为人具有完美的预期,他们能比较正确地预期未来经济的走势。完美预期下,主权国家预期到一旦进入经济衰退期,该衰退会平均持续多长时间,并且他们会在刚刚进入衰退期时就评估该国顺利走出衰退期的可能性。如果要违约,他们会选择在刚刚进入衰退期时就违约,以节约宝贵的还款资金。这种选择也基于一种认识,即违约的提早或延后不会影响违约之后该国经济面临的产出损失。在 AR 自回归对称冲击下,不会发生上述情况,主权国家违约随机地发生在经济衰退期间。因为 AR 冲击是对称的,主权国家无法较准确地判断该国衰退期的持续时间,可能很短,也可能较长。这种判断的不准确性使其在违约时机的选择上不会集中于某个具体的时间点。此外,(a)和(b)两图比较相似,都呈现往左上角倾斜的态势,似乎利差水平和违约概率之间有一定的对应关系。确实,Chatterjee 和 Eyigungor(2009)描述过这种关系,即利差 $r(y,b')-r^* \approx \pi(y,b')$,其中 π 指违约概率,利差 $r(y,b')-r^*$ 为一国债务率和美国联邦基金利率的差距。模拟结果显示,不对称冲击下这种关系也同样存在。

(四)模型的参数敏感性分析

这里分析模型对于一些重要参数的敏感性,这些参数包括本金偿还比率 γ,违约成本参数 $\bar{y}$,债务积累期参数 m。为了分析参数敏感性,我们用相似的方法计算了具有不同参数的多个模型,并模拟不同的 γ 和 $\bar{y}$ 对于模型结果的影响,结果如表 26 所示。γ 和 $\bar{y}$ 对模型结果有显著的影响,故两个参数的选择对于匹配现实数据非常关键。此外,模型结果对于时间偏好参数 β 也同样敏感,对于这一点 Aguiar 和 Gopinath(2006)以及 Arellano(2008)都有记录。β 越小意味着消费者越偏好现在的消费，这样会促使模型更多地违约，从而提高违约概率。

表 26　模型对于本金偿还比率和违约成本参数的敏感性

	$\gamma=0.05, \beta=0.96$			$\gamma=0.02, \beta=0.96$		
	$\bar{y}=0.94$	$\bar{y}=0.92$	$\bar{y}=0.90$	$\bar{y}=0.90$	$\bar{y}=0.88$	$\bar{y}=0.87$
违约概率	8.84%	7.72%	6.28%	8.52%	7.12%	6.52%
利差水平	0.1278	0.1117	0.097	0.1276	0.1113	0.1092
债务率	0.59	0.71	0.82	0.92	1.03	1.11
$\sigma(c)/\sigma(y)$	1.15	1.16	1.16	1.12	1.13	1.10
$\sigma(NX)$	1.08	2.08	4.04	0.64	2.04	4.16
$\sigma(r-r^*)$	4.03	4.27	4.70	2.81	2.98	3.09
$\sigma(c,y)$	0.99	0.97	0.92	1.00	0.97	0.90
$\sigma(NX,y)$	−0.64	−0.35	−0.21	−0.72	−0.21	−0.03
$\sigma(r-r^*,y)$	−0.79	−0.72	−0.61	−0.80	−0.76	−0.58
$\sigma(NX,r-r^*)$	0.77	0.54	0.43	0.84	0.35	0.32

γ 越小，违约概率越大，利差水平越高，债务率越高，同时三个相关系数绝对值越大。与 Hatchondo、Martinez 和 Sapriza(2009)相似，越小的本金偿还比例意味着该债券的期限越长，而债券期限越长意味着未来违约的可能性越高，在债券期限内所发生的事件都会影响该债券的价格，进而提高债券的利差水平。同时，较低的本金偿还比例意味着每一期的还款金额较低，这样主权国家将有更大的能力发行债券以提高消费，使债务率更高。$\bar{y}$ 越小，即违约成本越大，主权国家选择违约的概率就会越小。而利差水平和违约概率维持着一个较稳定的关系，在违约概率减小的情况下，利差水平也会降低。违约概率减小，则国外债权人愿意贷款给主权国家，这样该国的债务率增加。

根据假设，主权国家在违约时剥夺所有的外在债务，并且在一个随机的时期内将无法进入国际信贷市场，而这个随机的信贷禁入期之后，主权国家将重新开始积累债务，直至稳态。之前的研究，如 Arellano(2008)以及 Chatterjee 和 Eyigungor(2009)在模拟经济变量各阶矩时都将债务积累期排除在外，而只是计算经济稳态下各变量的各阶矩，我们也遵循同样的方法。但是，债务积累期参数 m 可能影响模型结果，为此我们分析模型结果对于该参数的敏感度。Chatterjee 和 Eyigungor (2009)的模型中，$m=20$，并且该参数对于模型结果的影响有限。在本模型中,我们发现模型结果中部分变量对于 m 参数比较敏感,具体如表27所示。

表27 债务积累期参数对模型结果的影响

	$m=15$	$m=20$	$m=25$
利差水平	0.1108	0.1104	0.1104
债务率	0.858	0.859	0.859
$\sigma(c)/\sigma(y)$	1.13	1.11	1.11
$\sigma(NX)$	1.68	1.40	0.56
$\sigma(r-r^*)$	2.89	2.82	2.82
$\sigma(c,y)$	0.97	0.99	0.99
$\sigma(NX,y)$	−0.28	−0.74	−0.81
$\sigma(r-r^*,y)$	−0.78	−0.78	−0.78
$\sigma(NX,r-r^*)$	0.32	0.87	0.96

我们发现,经常性项目余额的波动率以及经常性项目与产出和利差的相关系数对于债务积累期的长度参数比较敏感。其中的原因与不对称冲击下复苏期的长度有关,本模型中违约通常发生在经济衰退期,而经济复苏期紧随着经济衰退期。如果参数 m 过大,则经济复苏期将被排除在模拟过程之外,而经济增长期的产出波动较小,使经济变量的波动率降低,同时使资金的进出与产出和利差变动的联系更紧密。尽管参数 m 的选择影响模型的结果,但模型的主要变量,如债务率、利差水平和利差波动率等都对参数 m 不敏感,故本模型的主要结论是稳健的。此外,违约概率显然与参数 m 无关,因此表26中并没有考虑违约概率对于 m 的敏感性。

我们研究外生产出冲击形式与主权违约之间的关系。作为主要贡献,我们在主权违约模型中引入不对称的产出冲击,并对比模型研究结果与此前文献的区别。模型稳态的数据模拟结果显示本模型比Chatterjee和Eyigungor(2009)的模型更接近现实数据,不对称冲击假设明显改进了模型的数据匹配能力,特别是本模型能同时匹配较高的主权债券利差水平和较低的主权债券波动率。本模型提高数据匹配能力的原因较直观,因为不对称产出冲击才是发生在现实世界中的真实冲击形式,本模型引入了这个真实冲击形式,当然提高了理论模型与现实经济的接近度。基于产出冲击的不对称性,我们也说明了为什么该假设能显著提高模型的违约概率、债务水平等。此外,我们采用离散动态规划求解模型的稳态。主权违约模型在实践中具备较好的应用价值,如计算安全债务边界、评估实时的主权违约概率以及为债务违约提供预警。鉴于当前世界经济仍然不稳定,该模型可以用于评估相关国家的违约概率。

第三节 代表性国家债务可持续的实证分析

一、分析一国债务可持续的三种主流方法

目前分析一国债务可持续的方法主要有三种:跨期预算约束下分析债务可持续性、计算一国债务可负担的最高阈值、使用财政反应函数动态判断长期债务可持续性。我们依次分析其优缺点,最后确定使用第三种方法来判断欧元区代表性国家的长期债务可持续性。

(一)跨期预算约束下分析债务可持续性

该分析方法认为,如果一个政府未来预算盈余的现值等于目前的公共债务余额,则该政府债务满足跨期预算约束。[①] 该方法是分析一国债务可持续性的主流方法,也是 IMF 和欧洲央行考察一国债务可持续性的方法。[②] 该分析方法从一期政府预算约束公式入手,分析债务可持续性条件下的基本预算盈余序列与公共债务序列的协整关系。债务水平 d_t 与基本盈余 s_t 意味着两个变量都一阶单整过程时,存在一个常量 γ,使得 $d_t - \gamma s_t$ 平稳,且该常量 γ 代表了平均利率水平的倒数。记 r 为名义利率,δ 为折现率,E_t 为政府开支。

$$d_t - s_t \cdot r^{-1} = E_t \sum_{j=0}^{\infty} \delta^{j+1} (s_{t+j} - s_t), \quad 由于 s_{t+j} - s_t = \Delta s_{t+1} + \cdots +$$

---

① 张军、厉大业:《美国政府债务长期可持续性分析——基于一般均衡条件下的代际预算约束模型》,载《国际金融研究》2011 年第 8 期。
② 庞晓波、李丹:《突发事件对我国政府债务风险的影响评估:证据与展望》,载《数量经济研究》2016 年第 2 期。

Δs_{t+j},得到:$d_t - s_t \cdot r^{-1} = \sum_{j=0}^{\infty}(1-\delta)^{-1}\delta^j E_t[\Delta s_{t+j}]$,这意味着当 Δs_t 平稳时,$d_t - s_t \cdot r^{-1}$ 也平稳,整理为:$s_t = \alpha + \beta \cdot d_t + \varepsilon_t$,其中 ε_t 代表其他解释变量的组合。

该检验方程中,债务水平 d_t 与基本盈余 s_t 序列应是线性上升函数,且 $\beta>0$,原因是只有 $\beta>0$ 时,债务率才满足收敛的条件,债务趋于平稳,因此这是一国政府债务可持续的必要条件。如果债务率存在单位根,而 ε_t 为平稳序列,则 $\beta>0$ 意味着政府财政支出和债务存在长期协整关系,债务可持续性条件得以满足。此外,公共支出、产出波动也会影响政府财政预算,因此,可将这两个变量作为 ε_t,即其他解释变量组合的代表,取政府支出占 GDP 比重作为公共支出的代表变量,取 GDP 的波动率作为产出波动的代表变量,则

$$s_t = \alpha + \beta d_t + \chi E_t + \delta yvar_t + \varepsilon_t \tag{6-23}$$

其中,s_t 代表财政盈余率,d_t 表示债务率,E_t 表示政府开支,$yvar_t$ 表示经济增长波动率。因此可采用协整理论分析一国债务的可持续性。两个非平稳序列的线性组合平稳,则这两个非平稳序列存在长期协整关系,如果政府财政盈余率和债务率通过检验,并且协整系数满足跨期预算约束条件,说明政府的债务满足跨期预算约束条件,债务水平可持续。跨期预算约束条件检验方法依赖于严格的条件,即政府债务面临静态约束,这一假设的缺陷在于忽视了现实中政府债务融资存在庞氏骗局的事实,政府在经济增长下滑时债务不可持续,但在经济增长良好的年份债务可持续。由此,对债务可持续性的分析转向计算一国债务阈值上。

(二)计算一国债务可负担的最高阈值

具有代表性的是 Reinhart 和 Rogoff(2010)提出的 90% 的债务率阈值,表示债务对经济增长的作用由正值转向负值的临界点即债务率超过 90% 将拖累经济增长;何代欣(2013)计算出发达国家的债务率阈值是 42%。

欧元区以 60% 作为债务率的准入标准和财政纪律标准,部分经济学家也提出不同的合理债务率水平。Baum 等(2012a)提出,如果债务率低

于 67%,则适当的增长会促进经济增长,但一旦债务率超过 95%,其增长只会拖累经济增长。进一步地,一旦一国债务率超过 70%,该国长期利率水平将增加。Checherita-Westphal 和 Rother(2010)通过对 1970 年以来欧元区代表性国家进行实证分析发现,债务率与经济增长的关系呈现"U"形,债务率超过 90%—100% 区间后将对经济增长产生明显的负面影响;而对 1980—2010 年 18 个 OECD 国家进行分析发现,债务率超过 85% 将对经济增长产生负面影响。Kumar 和 Woo(2010)对新兴市场国家和发达国家进行非线性回归分析发现,债务率超过 90% 将对经济增长产生负面影响。Hansen(1999)则给出两个拐点值即 32.3% 和 66.25%,如果债务率低于 32.3% 或者高于 66.25%,对经济增长的促进作用将明显增强,而债务率介于 32.3% 和 66.25% 之间时,影响较为微弱。

债务阈值的缺陷是依赖于历史数据得出的债务上限忽视了经济和财政赤字的动态演化,单一的数值衡量如欧元区的 60% 债务率忽视了各国经济环境的变化对当期债务率的影响,换句话说,一国可维持的债务率是动态变化的,依本国经济周期和财政周期的波动而波动,暂时的偏离不代表该国债务不可持续。典型的例子是德国和法国,这两个欧元区的核心国家在 2003 年前后,以及 2012 年前后,纷纷突破了 60% 的债务率,但整体上不影响两国的债务可持续性。Bowdler 和 Esteves(2013)提出,欧元区成员债务结构、持有人的差异也会影响债务率与经济增长率的稳定关系,由此不存在严格的两者由正向转向负向的阈值。Manasse 和 Roubini(2005)等提出,单纯的债务率不是导致债务危机的根本原因,欧债危机爆发国的债务率远低于日本等高债务率国家,债务流动性、偿债意愿等也是发生债务违约的重要因素,因此,使用特定的债务率阈值衡量一国债务可持续性缺乏合理性。

(三) 使用财政反应函数动态判断长期债务可持续性

财政反应函数由 Bohn(2007)提出,该函数包括一国政府财政状况对本国经济变量的动态反应,反映了一国政府可依据经济波动对可负担债务率进行暂时的偏离,且不代表该国债务不可持续。该方法解决了前面两种分析方法存在的静态缺陷,使得债务率能够对经济变量进行动态调整,更符合一国长期债务可持续的判断思路。该方法认为,只要一国对本国的财政支出情况依据债务率作出正向动态反应,减少财政开支或者增加财政收入就可以保证该国债务可持续。Bohn(2007)最早提出的是线性财政反应函数,随后 Mendoza 和 Ostry(2008)、Ostry 等(2010)研究发现,当债务率超过 50% 后,财政对债务的线性反应由显著变为微弱,进而提出非线性财政反应函数。Ghosh 等(2013a)研究发现,部分欧元区国家债务率低于 40% 或高于 173% 时,该国财政赤字反应略为负向,即财政反应较弱。只有在 40% 至 173% 区间时,该国财政对债务率的反应显著为正向,即财政充分盈余,从而抑制债务率上升。Ghosh 等(2013a)对欧债危机进行研究时发现政府财政盈余对债务率的调整是有限的,超过一定限度,政府财政盈余将不再对较高的债务率进行动态调整,即产生"财政疲劳"。我们的研究借鉴 Ghosh 等(2013a)的思路,结合最新数据对债务危机发生前后主要成员的债务可持续性进行实证分析。我们将欧元区成员非线性财政反应函数设置为:

$$pb_t = f_1(d_{t-1}) + \beta D_t + \theta g_t + \mu_t \tag{6-24}$$

其中,pb_t 表示一国的当期财政赤字率,d_{t-1} 代表一国的债务率,g_t 表示一国的实际经济增长率,D_t 表示经济周期性函数,经济增长良好时取值为 1,经济增长倒退时取值为 0,$f_1(d_{t-1})$ 代表 d_{t-1} 的连续有界三次函数,取决于 d_{t-1}、d_{t-1}^2、d_{t-1}^3。一国预算需要符合以下条件:

$$d_t - d_{t-1} = (r_t - g)d_{t-1} + pb_t \tag{6-25}$$

r_t 表示一国短期国债利率,式(6-25)表示一国的债务率增长情况取决于该国国债利率与经济增长率的比较,也取决于该国当期的财政赤字率。如果 $(r_t - g)d_{t-1} + pb_t < 0$,则该国的债务率将下降,债务倾向于可持续。

二、希腊债务可持续性实证分析

希腊数据来源及处理统计说明如表 28 所示。

表 28　希腊数据来源及处理统计说明

变量	指标	数据处理		
		可得数据期间	数据频率	来源
希腊国债 3 个月短期利率	r_t	2011—2019 年	变频,原始数据为日数据,取平均值作为年度数据	Investing.com
实际经济增长率	g_t	1995—2019 年	年度数据	CHOICE 数据库
财政赤字率	pb_t	1995—2019 年	年度数据	欧盟统计局
债务率	d_t	1995—2019 年	年度数据	欧盟统计局

我们先使用 ADF 单位根检验方法,检验变量是否为平稳序列,再对三个变量的一阶差分进行平稳性检验,显示三个变量均为非平稳序列,存在单位根;债务率和赤字率的一阶差分在 1% 水平为平稳序列,实际经济增长率的一阶差分在 5% 水平为平稳序列。结合一阶差分散点图和平稳性检验,可得出三个变量均为 $I(1)$ 过程。(见表 29)

表 29　希腊债务分析变量的平稳性检验结果

单位根检验	Z 值	1%临界值	5%临界值	10%临界值
GDP	-1.395	-4.380	-3.600	-3.240
PB	-1.643	-4.380	-3.600	-3.240
DEBT	-1.788	-4.380	-3.600	-3.240
一阶差分平稳性检验	Z 值	1%临界值	5%临界值	10%临界值
GDP	-3.431	-3.750	-3.000	-2.630
PB	-6.492	-3.750	-3.000	-2.630
DEBT	-4.387	-3.750	-3.000	-2.630

(一)希腊非线性财政反应函数的估计

对希腊债务率和财政赤字率散点图即图 41 进行分析,可以看出希腊两组时间序列数据呈现非线性特征,使用非线性财政反应函数更为合理。

我们将希腊非线性财政反应函数设置为:

$$pb_t = f_1(d) + \beta D_t + \theta g_t + \mu_t \tag{6-26}$$

其中,pb_t 表示希腊当期财政赤字率,d_{t-1} 代表希腊的债务率,g_t 表示希腊的实际经济增长率。$f_1(d_{t-1})$ 是代表 d_{t-1} 的连续有界三次函数,取

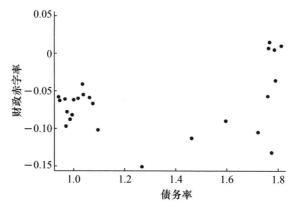

图 41　希腊债务率和财政赤字率散点图

决于 d_{t-1}、d_{t-1}^2、d_{t-1}^3，存在三种不同的函数形式：包含 d_{t-1} 和 d_{t-1}^3；包含 d_{t-1}^2 和 d_{t-1}^3；包含 d_{t-1} 和 d_{t-1}^2，先对变量采用基本回归后进行 BP 检验，结果显示存在明显的异方差。因此，使用系统 GMM 方法估计回归方程为：

$$pb_t = \alpha + \beta_1 d_{t-1} + \gamma_1 y_t + \mu_t \text{（回归模型 1）}$$
$$pb_t = \alpha + \beta_1 d_{t-1} + \beta_2 d_{t-1}^2 + \gamma_1 y_t + \mu_t \text{（回归模型 2）}$$
$$pb_t = \alpha + \beta d_{t-1} + \beta_3 d_{t-1}^3 + \gamma_1 y_t + \mu_t \text{（回归模型 3）}$$
$$pb_t = \alpha + \beta_2 d_{t-1}^2 + \beta_3 d_{t-1}^3 + \gamma_1 y_t + \mu_t \text{（回归模型 4）}$$
$$pb_t = \alpha + \beta_1 d_{t-1} + \beta_2 d_{t-1}^2 + \beta_3 d_{t-1}^3 + \gamma_1 y_t + \mu_t \text{（回归模型 5）}$$

回归结果统计如表 30 所示。

表 30　希腊财政反应函数回归结果统计

	回归模型 1	回归模型 2	回归模型 3	回归模型 4	回归模型 5
函数形式	$f_1(d_{t-1})$	$f_1(d_{t-1}, d_{t-1}^2)$	$f_1(d_{t-1}, d_{t-1}^3)$	$f_1(d_{t-1}^2, d_{t-1}^3)$	$f_1(d_{t-1}, d_{t-1}^2, d_{t-1}^3)$
d_{t-1}	0.1072***	−0.5429	−0.2433		−0.7357
d_{t-1}^2		0.2305**		−0.1829	0.3808
d_{t-1}^3			0.0573	0.1018	−0.0377
y_t	1.0381***	0.7399**	0.7276***	0.7229***	0.7501***
截距	0.2141**	0.2164	0.0905	−.0142	0.2963
拟合系数 R-squared	0.7152	0.7466	0.7462	0.7455	0.7467

注：*** 表示 1% 显著性水平下显著，** 表示 5% 显著性水平下显著，* 表示 10% 显著性水平下显著，下同。

参数约束性检验显示回归系数整体显著，p 值为 0。从回归结果来看，加入三次项后回归系数都不明显，同时加入二次项后提升了回归方程的解释力度，因此我们取回归模型 2 作为希腊的财政反应函数。一国预算需要符合以下条件：$d_t - d_{t-1} = (r_t - g)d_{t-1} + pb_t$，估计的希腊财政反应函数为：

$$pb_t = 0.2164 - 0.5429 d_{t-1} + 0.2305 d_{t-1}^2 + 0.7399 y_t + \mu_t \quad (6\text{-}27)$$

该回归方程的残差平方和为 0.01077927，观测数量为 24，因此财政外生冲击的估计值为 $\rho = \sqrt{\dfrac{SSR}{N}} = 0.02119$，即 2.119%。

（二）希腊债务率上限和财政空间估计及预测

从图 42 希腊债务率的分布来看，该国在加入欧元区以前债务率稳定在 90% 左右，但在 1999 年出现了近 30 年来的最低值，与当时希腊迫切希望加入欧元区有关。该国债务率在 2003 年至 2008 年增长缓慢，但债务危机爆发后呈现迅速增长的态势，虽然国际债权人对其实施救助，但该国债务率并没有得到显著的降低，一直处于迅速上升阶段，从 2009 年的 126.7% 上升到 2018 年的最高值 181.2%。自 1995 年到 2020 年，希腊的债务率均值为 130.3%（见表 31），显示出该国债务水平一直处于高位。从希腊财政赤字率的分布来看，自 2000 年加入欧元区以后，希腊的年度财政赤字率多数超过《马约》3% 的标准，2009 年希腊的财政赤字率高达 15.6%，财政赤字连续走高加剧该国的债务负担。

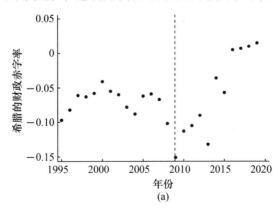

(a)

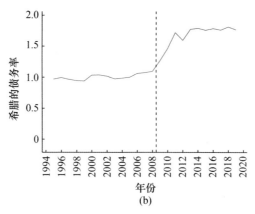

(b)

图 42　希腊财政赤字率和债务率分布图

表 31　希腊债务率基本统计

变量	观测值	均值	标准差	最小值	最大值
希腊债务率	25	1.3034	0.3611	0.94	1.812

将前面估计的希腊财政反应函数 $d_t - d_{t-1} = (r_t - g) d_{t-1} + pb_t$ 代入一国预算条件,得到:

$$d_t - d_{t-1} = (r_t - g) d_{t-1} + 0.2164 - 0.5429 d_{t-1} \\ + 0.2305 d_{t-1}^2 + 0.7276 y_t + \mu_t \quad (6\text{-}28)$$

一国政府债务负担的上限是其能够履约还款的最高债务率,记为 d_{t-1}^*,由于债务率已经达到最高值,因此 $d_{t-1}^* = d_t^*$,式(6-28)变为:

$$-(r_t - g) d_{t-1} = 0.2164 - 0.5429 d_{t-1} + 0.2305 d_{t-1}^2 + 0.7276 g_t + \mu_t \quad (6\text{-}29)$$

我们仅收集到 2012 年到 2019 年希腊 3 个月国债利率数据,因此计算希腊这一期间债务率最高值。根据 Ostry 等(2010),财政空间是指在一国债务规模可通过财政盈余调节的前提下,该国实际债务率与债务率上限的差额。整体来看,我们对希腊财政反应函数和该国债务率阈值的估计比较理想,没有异常值。从结果来看,该国虽然在 2017 年达到自 2012 年以来债务率的峰值,但由于财政盈余增长和经济增长,以及本国国债利率的下降,在 2017 年以后其债务水平进入可持续区间,是债务危机大大缓解的迹象。(具体见表 32)

表 32 希腊债务率上限和债务可持续性判断

年份	实际债务率	计算的债务率上限 d_{t-1}	财政空间	债务可持续性判断
2019	176.6	183.372	2.172	
2018	181.2	184.160	7.96	正向空间,可持续
2017	176.2	175.846	−2.654	正向空间,可持续
2016	178.5	163.710	−12.19	负向空间,不可持续
2015	175.9	156.684	−22.216	负向空间,不可持续
2014	178.9	172.590	−4.81	负向空间,不可持续
2013	177.4	145.823	−13.777	负向空间,不可持续
2012	159.6	118.303	−53.797	负向空间,不可持续

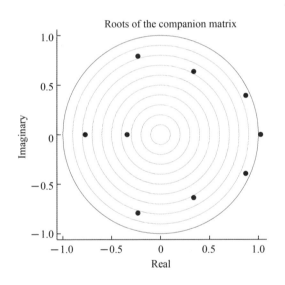

图 43 希腊债务分析模型 VAR 稳定性检验

我们再根据希腊债务率、财政赤字率和实际经济增长率构建 VAR 模型,对未来 10 年的债务率进行预测和风险警示。在滞后阶数选择上,对三组时间序列进行单位根检验,根据信息准则确定滞后一阶项,从而构建模型。然后对 VAR 模型整体的稳定性进行检验,各点都落入单位圆内,说明此 VAR 模型非常稳定。(见图 43)

从对未来10年希腊债务率的预测来看,整体上由于该国财政反应积极(见图44),加之经济增长,该国的债务率会呈现缓慢下降趋势,整体债务呈现可持续态势(见图45)。

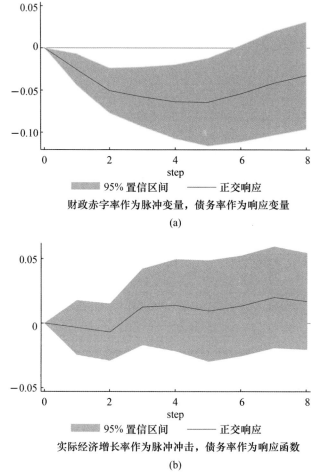

财政赤字率作为脉冲变量,债务率作为响应变量
(a)

实际经济增长率作为脉冲冲击,债务率作为响应函数
(b)

图44 希腊债务率与财政赤字率和实际经济增长率的脉冲响应

希腊债务率在2018年达到峰值,但该国政府在"三驾马车"施压下一直削减开支并提高税收,通过财政盈余抑制债务率上升。缩减开支一直是"三驾马车"向希腊提供资金援助的前提条件,也是希腊政府首先推进的改革领域。希腊是实施高社会福利制度的国家,希腊社会福利制度覆盖范围广,实施全民公费医疗,对小学至大学的学生实施学费全免,对该国公职人员发放14个月工资,并且自40岁即可提前退休,每年领取

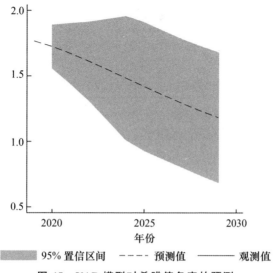

图 45　VAR 模型对希腊债务率的预测

14 个月的养老金。希腊政府为达到国际贷款人的要求，通过降低公务员工资、削减福利发放、实施养老保险和医疗保险改革等方式大幅削减政府财政开支。希腊于 2016 年取消了提前退休制度，延长退休年龄并降低养老金与通胀水平挂钩比率，将国有公司数目由 6000 家缩减到 2000 家，市级行政区由 1000 个压缩至 400 个，同时下调公共部门雇员待遇。根据"三驾马车"的救助协议，希腊应该在 2013—2014 年达成 115 亿欧元（占 GDP 5%）的债务削减目标，但希腊没有达到国际贷款人的要求。延期计划显示，希腊政府最终利用了 4 年时间在 2016 年达成削减目标，每年应削减的财政赤字比重从要求的占 GDP 2.5% 下调到 1.5%。希腊赤字率自 2016 年以后才出现逆转，在良好的经济增长环境和政府的经济刺激政策下，希腊出现了稳定的财政盈余，至此希腊政府的财政状况大为改观。此外，"三驾马车"在向希腊提供国际资金援助的后期阶段，充分考虑被救助国家的经济结构，考虑大幅度紧缩开支带来的经济下行风险，适当优化了对希腊的贷款条件，下调债务削减的目标，延长还款期并降低贷款利率，严格规定具体资金去向，确保资金使用的规范和有效性，使得希腊的贷款条件严格执行，债务削减目标得以实现，为希腊债务可持续提供了条件。

三、西班牙债务可持续性实证分析

西班牙数据来源及处理统计说明如表 33 所示。

表 33　西班牙数据来源及处理统计说明

变量	指标	数据处理		
		可得数据期间	数据频率	来源
LIBOR 欧元 3 个月短期利率	r_t	1997—2019	变频,原始数据为日数据,取平均值作为年度数据	Investing.com
西班牙实际经济增长率	g_t	1997—2019	年度数据	CHOICE 数据库
西班牙财政赤字率	pb_t	1997—2019	年度数据	欧盟统计局
西班牙债务率	d_t	1997—2019	年度数据	欧盟统计局

我们先使用 ADF 单位根检验方法,检验变量是否为平稳序列,再对三个变量的一阶差分和二阶差分进行平稳性检验,显示三个变量均为非平稳序列,存在单位根;实际经济增长率和赤字率的二阶差分在 1% 水平为平稳序列,债务率的二阶差分在 5% 水平为平稳序列。结合二阶差分散点图和平稳性检验,可得出三个变量均为 $I(2)$ 过程。(具体见表 34)

表 34　西班牙债务分析变量的平稳性检验结果

单位根检验	Z 值	1%临界值	5%临界值	10%临界值
GDP	−1.822	−4.380	−3.600	−3.240
PB	−1.455	−4.380	−3.600	−3.240
DEBT	−1.629	−4.380	−3.600	−3.240
一阶差分平稳性检验	Z 值	1%临界值	5%临界值	10%临界值
GDP	−4.122	−4.380	−3.600	−3.240
PB	−2.941	−4.380	−3.600	−3.240
DEBT	−1.407	−4.380	−3.600	−3.240
二阶差分平稳性检验	Z 值	1%临界值	5%临界值	10%临界值
GDP	−5.824	−4.380	−3.600	−3.240
PB	−4.794	−4.380	−3.600	−3.240
DEBT	−4.101	−4.380	−3.600	−3.240

(一) 西班牙非线性财政反应函数的估计

对西班牙债务率和赤字率进行散点图分析,可以看出西班牙两组时间序列数据呈现非线性特征,使用非线性财政反应函数更为合理。将西班牙非线性财政反应函数设置为:

$$pb_t = f_1(d_{t-1}) + \beta D_t + \theta g_t + \mu_t \quad (6\text{-}30)$$

其中,pb_t 表示西班牙的当期财政赤字率,d_{t-1} 代表该国的债务率,g_t 表示该国的实际经济增长率。$f_1(d_{t-1})$ 是代表 d_{t-1} 的连续有界三次函数,取决于 d_{t-1}、d_{t-1}^2、d_{t-1}^3,存在三种不同的函数形式:包含 d_{t-1} 和 d_{t-1}^3;包含 d_{t-1}^2 和 d_{t-1}^3;包含 d_{t-1} 和 d_{t-1}^2,先对变量采用基本回归后进行 BP 检验,结果显示存在明显的异方差。因此,使用系统 GMM 方法估计回归方程为:

$$pb_t = \alpha + \beta_1 d_{t-1} + \gamma_1 y_t + \mu_t \text{(回归模型1)}$$
$$pb_t = \alpha + \beta_1 d_{t-1} + \beta_2 d_{t-1}^2 + \gamma_1 y_t + \mu_t \text{(回归模型2)}$$
$$pb_t = \alpha + \beta_1 d_{t-1} + \beta_3 d_{t-1}^3 + \gamma_1 y_t + \mu_t \text{(回归模型3)}$$
$$pb_t = \alpha + \beta_2 d_{t-1}^2 + \beta_3 d_{t-1}^3 + \gamma_1 y_t + \mu_t \text{(回归模型4)}$$
$$pb_t = \alpha + \beta_1 d_{t-1} + \beta_2 d_{t-1}^2 + \beta_3 d_{t-1}^3 + \gamma_1 y_t + \mu_t \text{(回归模型5)}$$

回归结果统计如表 35 所示。

表 35 西班牙财政反应函数回归结果统计

	回归模型 1	回归模型 2	回归模型 3	回归模型 4	回归模型 5
函数形式	$f_1(d_{t-1})$	$f_1(d_{t-1}, d_{t-1}^2)$	$f_1(d_{t-1}, d_{t-1}^3)$	$f_1(d_{t-1}^2, d_{t-1}^3)$	$f_1(d_{t-1}, d_{t-1}^2, d_{t-1}^3)$
d_{t-1}	−0.0383**	−1.0824	−0.1257		−1.0824
d_{t-1}^2		1.5046		−0.1891	1.5046
d_{t-1}^3			0.0573	0.1447	−0.6874
y_t	1.4589***	1.5224***	0.0547	1.4479***	1.5224***
截距	−0.0396**	0.1886	−0.0031	−0.0293	0.1866
拟合系数 R-squared	0.8027	0.8654	0.8127	0.8111	0.8185

从回归结果来看,加入三次项和二次项后回归系数都不明显,因此我们取回归模型 1 作为西班牙的财政反应函数。初步估计的西班牙财

政反应函数为：

$$pb_t = -0.0396 - 0.0383d_{t-1} + 1.4589y_t + \mu_t \quad (6\text{-}31)$$

我们初次估计为包含 d_{t-1} 一次项，但估计的债务率上限有许多异常值，因此考虑包括 d_{t-1} 一次项和二次项，估计的债务率上限值比较理想，故采用回归模型2，最终估计的西班牙财政反应函数为：

$$pb_t = 0.1886 - 1.0824d_{t-1} + 1.5046d_{t-1}^2 + 1.5224y_t + \mu_t \quad (6\text{-}32)$$

（二）西班牙债务率上限和财政空间估计及预测

从西班牙财政赤字率和债务率的散点图即图46来看，该国债务率和财政赤字率自2008年以来恶化较为明显，同时两者呈现显著的负向相关关系。

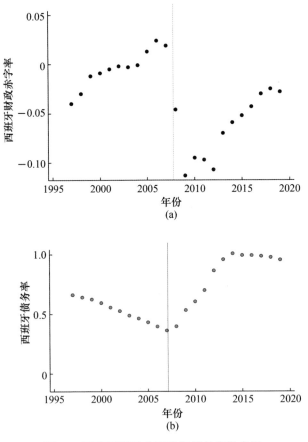

图46 西班牙财政赤字率和债务率散点图

将估计的财政反应函数代入一国预算条件,得到:
$$d_t - d_{t-1} = (r_t - g)d_{t-1} + 0.1886 - 1.0824 d_{t-1}$$
$$+ 1.5046 d_{t-1}^2 + 1.5224 y_t + \mu_t \qquad (6\text{-}33)$$

一国政府债务负担的上限是其能够履约还款的最高债务率,记为 d_{t-1}^*,由于债务率已经达到最高值,因此 $d_{t-1}^* = d_t^*$,上式变为:
$$-(r_t - g)d_{t-1} = 0.1886 - 1.0824 d_{t-1} + 1.5046 d_{t-1}^2 + 1.5224 y_t + \mu_t$$
$$(6\text{-}34)$$

先计算西班牙1997—2019年债务率的最高值,再计算该国实际债务率与债务率上限的差额,即该国的财政空间。(具体见表36)

表36 西班牙债务率上限和债务可持续性判断

年份	实际债务率	计算的债务率上限 d_{t-1}	财政空间	债务可持续性判断
2019	95.5	143.8368	48.33683	正向空间,可持续
2018	97.6	149.4002	51.80019	正向空间,可持续
2017	98.6	152.0536	53.45361	正向空间,可持续
2016	99.2	153.775	54.57496	正向空间,可持续
2015	99.3	154.3881	55.08809	正向空间,可持续
2014	100.7	158.5645	57.86455	正向空间,可持续
2013	95.8	145.0906	49.29057	正向空间,可持续
2012	86.3	120.6512	34.35116	正向空间,可持续
2011	69.9	85.7895	15.8895	正向空间,可持续
2010	60.5	68.78319	8.283189	正向空间,可持续
2009	53.3	54.25636	0.956356	正向空间,可持续
2008	39.7	42.26302	2.563022	正向空间,可持续
2007	36.2	41.16698	4.966976	正向空间,可持续
2006	39.6	44.66728	5.067279	正向空间,可持续
2005	43.1	47.78056	4.680563	正向空间,可持续
2004	46.3	51.29839	4.998392	正向空间,可持续
2003	48.8	54.49944	5.699437	正向空间,可持续
2002	52.6	60.02445	7.424449	正向空间,可持续
2001	55.6	65.94316	10.34316	正向空间,可持续

(续表)

年份	实际债务率	计算的债务率上限 d_{t-1}	财政空间	债务可持续性判断
2000	59.4	73.09439	13.69439	正向空间,可持续
1999	62.4	76.92455	14.52455	正向空间,可持续
1998	64.1	80.59303	16.49303	正向空间,可持续
1997	66.1	84.05082	17.95082	正向空间,可持续

我们再根据西班牙债务率、财政赤字率和实际经济增长率构建VAR模型,对2020—2029年的债务率进行预测和风险警示。在滞后阶数选择上,对三组时间序列进行单位根检验,同时根据信息准则确定VAR模型的滞后阶数,根据最简洁的SBIC准则,滞后4阶即可。估计滞后4阶VAR模型后,通过特征值检验,发现所有特征值都落入单位圆内,说明此VAR模型非常稳定。(具体见图47)

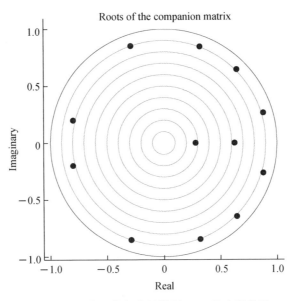

图47 西班牙债务分析模型VAR稳定性检验

从对2020—2029年西班牙债务率的预测来看,整体上由于该国财政反应积极,加之经济增长,该国的债务率会呈现缓慢下降趋势,整体债务呈现可持续态势。(见图48)西班牙债务占GDP比重在债务危机爆发前一直处于安全区间,即60%以内。但债务危机爆发后,该国的债务率

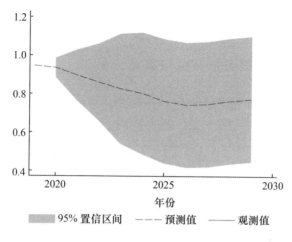

图 48　西班牙债务率预测

自 2008 年呈现迅速增长的态势,2014 年达到峰值 100%,目前维持在 90% 水平。相比其他欧元区成员,西班牙银行危机更为突出。由于房地产贷款在西班牙银行业贷款结构中占据相当比重,房地产市场泡沫破裂直接导致该国银行业不良贷款上升,该国银行业不良贷款和坏账发生率偏高。银行业不良资产增加和银行业救助带来的主权债务风险上升是西班牙债务率下降的主要阻力,西班牙银行体系资产规模庞大,总资产高达 3.5 万亿欧元,因此西班牙银行业危机的有效解决对于缓解市场对债务违约的紧张情绪十分重要。

2011 年,西班牙银行业不良贷款 1822 亿欧元,占未偿还贷款总额的 10.7%。2008 年债务危机爆发前,西班牙房地产市场泡沫顶峰时期创下逾 1.8 万亿欧元的纪录高位;债务危机爆发后,西班牙银行业总贷款规模在 2012 年扩大至 1.7 万亿欧元,约相当于 GDP 的 170%。受住房建筑商违约增加、失业率居高不下和国内需求疲软影响,西班牙银行业的不良贷款一年多来逐月攀升,但由于银行业寻求缩减风险资产,总贷款规模小幅下降。为解决该国银行业的坏账问题,2013 年西班牙启动"坏账银行"方案对银行进行重组,通过发行政府担保债券出售银行不良资产,西班牙政府银行救助基金(FROB)购买 49% 的债券,剩余 51% 向市场投资者出售。目前,西班牙银行问题趋于解决,经济复苏步伐加快,债务率处于可持续区间。

四、葡萄牙债务可持续性实证分析

葡萄牙数据来源及处理统计说明如表37所示。

表37 葡萄牙数据来源及处理统计说明

变量	指标	数据处理		
		可得数据期间	数据频率	来源
LIBOR欧元3个月短期利率	r_t	1997—2019	变频,原始数据为日数据,取平均值作为年度数据	Investing.com
葡萄牙实际经济增长率	g_t	1997—2019	年度数据	CHOICE数据库
葡萄牙财政赤字率	pb_t	1997—2019	年度数据	欧盟统计局
葡萄牙债务率	d_t	1997—2019	年度数据	欧盟统计局

我们使用ADF单位根检验方法,检验变量是否为平稳序列,再对三个变量的一阶差分和二阶差分进行平稳性检验,显示三个变量均为非平稳序列,存在单位根;实际经济增长率、债务率和赤字率的二阶差分在1%水平为平稳序列。结合二阶差分散点图和平稳性检验,可得出三个变量均为$I(2)$过程。(见表38)

表38 葡萄牙债务分析变量的平稳性检验结果

单位根检验	Z值	1%临界值	5%临界值	10%临界值
GDP	−2.302	−4.380	−3.600	−3.240
PB	−1.446	−4.380	−3.600	−3.240
DEBT	−0.883	−4.380	−3.600	−3.240
一阶差分平稳性检验	Z值	1%临界值	5%临界值	10%临界值
GDP	−5.724	−4.380	−3.600	−3.240
PB	−4.279	−4.380	−3.600	−3.240
DEBT	−1.443	−4.380	−3.600	−3.240

（续表）

二阶差分平稳性检验	Z 值	1%临界值	5%临界值	10%临界值
GDP	−7.179	−4.380	−3.600	−3.240
PB	−5.627	−4.380	−3.600	−3.240
DEBT	−4.971	−4.380	−3.600	−3.240

（一）葡萄牙非线性财政反应函数的估计

我们对葡萄牙债务率和财政赤字率进行分析，得出两组数据呈现非线性特征，使用非线性财政反应函数更为合理。将葡萄牙非线性财政反应函数设置为：

$$pb_t = f_1(d) + \beta D_t + \theta g_t + \mu_t \quad (6-35)$$

其中，pb_t 表示葡萄牙的当期财政赤字率，d_{t-1} 代表该国的债务率，g_t 表示该国的实际经济增长率。$f_1(d_{t-1})$ 代表 d_{t-1} 的连续有界三次函数，取决于 d_{t-1}、d_{t-1}^2、d_{t-1}^3，存在三种不同的函数形式：包含 d_{t-1} 和 d_{t-1}^3；包含 d_{t-1}^2 和 d_{t-1}^3；包含 d_{t-1} 和 d_{t-1}^2，对变量采用基本回归后进行 BP 检验，结果显示存在明显的异方差。因此，使用系统 GMM 方法估计回归方程为：

$$pb_t = \alpha + \beta_1 d_{t-1} + \gamma_1 y_t + \mu_t \text{（回归模型 1）}$$
$$pb_t = \alpha + \beta_1 d_{t-1} + \beta_2 d_{t-1}^2 + \gamma_1 y_t + \mu_t \text{（回归模型 2）}$$
$$pb_t = \alpha + \beta_1 d_{t-1} + \beta_3 d_{t-1}^3 + \gamma_1 y_t + \mu_t \text{（回归模型 3）}$$
$$pb_t = \alpha + \beta_2 d_{t-1}^2 + \beta_3 d_{t-1}^3 + \gamma_1 y_t + \mu_t \text{（回归模型 4）}$$
$$pb_t = \alpha + \beta_1 d_{t-1} + \beta_2 d_{t-1}^2 + \beta_3 d_{t-1}^3 + \gamma_1 y_t + \mu_t \text{（回归模型 5）}$$

回归结果统计如表 39 所示。

表 39 葡萄牙财政反应函数回归结果统计

	回归模型 1	回归模型 2	回归模型 3	回归模型 4	回归模型 5
函数形式	$f_1(d_{t-1})$	$f_1(d_{t-1}, d_{t-1}^2)$	$f_1(d_{t-1}, d_{t-1}^3)$	$f_1(d_{t-1}^2, d_{t-1}^3)$	$f_1(d_{t-1}, d_{t-1}^2, d_{t-1}^3)$
d_{t-1}	−0.0111	−0.4754*	−0.2419*		−1.5940**
d_{t-1}^2		1.5046		−0.1891	1.5046
d_{t-1}^3			0.0573	0.1447	−0.6874
y_t	0.6781***	0.2150	0.2165	0.2334	0.3475

(续表)

	回归模型 1	回归模型 2	回归模型 3	回归模型 4	回归模型 5
截距	−0.0608***	0.1355	0.0719	0.0036	0.4208*
拟合系数 R-squared	0.4027	0.4529	0.4356	0.4137	0.4947

根据一国预算需要符合的条件,从系数的显著性来看,考虑包括 d_{t-1}、d_{t-1}^2、d_{t-1}^3,估计的债务率上限比较理想,因此采用回归模型5,最终估计的葡萄牙财政反应函数为:

$$pb_t = 0.4208 - 1.5940 d_{t-1} + 1.5046 d_{t-1}^2 - 0.6874 d_{t-1}^3 + 0.3475 y_t + \mu_t \tag{6-36}$$

(二)葡萄牙债务率上限和财政空间估计及预测

葡萄牙财政赤字率和债务率自2008年以来恶化较为明显,两者呈现显著的负向相关关系。将估计的财政反应函数代入一国预算条件,得到:

$$d_t - d_{t-1} = (r_t - g) d_{t-1} + 0.4208 - 1.5940 d_{t-2} \\ + 1.6307 d_{t-2}^2 - 0.5189 d_{t-2}^3 + 0.3475 y_t \tag{6-37}$$

一国政府债务负担的上限是其能够履约还款的最高债务率,记为 d_{t-1}^*,由于债务率已经达到最高值,因此 $d_{t-2} = d_{t-1}^*$,上式变为:

$$-(r_t - g) d_{t-1}^* = 0.4208 - 1.5940 d_{t-2} + 1.6307 d_{t-2}^2 \\ - 0.5189 d_{t-2}^3 + 0.3475 y_t \tag{6-38}$$

先计算葡萄牙1997—2019年债务率的最高值,再计算该国实际债务率与债务率上限的差额,即该国的财政空间。(具体见表40)

表40 葡萄牙债务率上限和债务可持续性判断

年份	实际债务率	计算的债务率上限 d_{t-1}^*	财政空间	债务可持续性判断
2019	117.7	189.6055	71.90555	正向空间,可持续
2018	122.0	188.5299	66.52989	正向空间,可持续
2017	126.1	187.4542	61.35423	正向空间,可持续
2016	131.5	186.3786	54.87858	正向空间,可持续
2015	131.2	185.3029	54.10292	正向空间,可持续

(续表)

年份	实际债务率	计算的债务率上限 d_{t-1}	财政空间	债务可持续性判断
2014	132.9	184.2273	51.32727	正向空间,可持续
2013	131.4	183.1516	51.75161	正向空间,可持续
2012	129.0	182.0760	53.07596	正向空间,可持续
2011	114.4	181.0003	66.6003	正向空间,可持续
2010	100.2	179.9246	79.72464	正向空间,可持续
2009	87.8	178.8490	91.04899	正向空间,可持续
2008	75.6	177.7733	102.1733	正向空间,可持续
2007	68.3	176.6977	108.3977	正向空间,可持续
2006	63.9	175.6220	111.722	正向空间,可持续
2005	62.8	174.5464	111.7464	正向空间,可持续
2004	57.6	173.4707	115.8707	正向空间,可持续
2003	55.9	172.3951	116.4951	正向空间,可持续
2002	53.8	171.3194	117.5194	正向空间,可持续
2001	51.2	170.2437	119.0437	正向空间,可持续
2000	48.5	169.1681	120.6681	正向空间,可持续
1999	49.6	168.0924	118.4924	正向空间,可持续
1998	50.4	167.0168	116.6168	正向空间,可持续
1997	54.4	165.9411	111.5411	正向空间,可持续

在滞后阶数选择上,我们根据信息准则确定 VAR 模型的滞后阶数,根据最简洁的 SBIC 准则,滞后 2 阶即可。估计滞后 2 阶 VAR 模型后,通过特征值检验,发现所有特征值都落入单位圆内,说明此 VAR 模型非常稳定。(具体见图 49)

从表 40 可以看出,葡萄牙债务率在 2003 年至 2008 年之间虽然超过《马约》规定的 60% 标准,但增长平缓。债务危机爆发后,葡萄牙债务率自 2008 年呈现迅速增长的态势,2014 年达到 132% 后逐渐缓慢下降,随着经济形势好转,葡萄牙债务处于可持续区间内。

我们根据葡萄牙债务率、财政赤字率和实际经济增长率构建 VAR 模型,对葡萄牙未来的债务率进行预测和风险警示,从预测结果来看,整体上随着该国财政反应积极,加之经济增长,该国的债务率会呈现缓慢

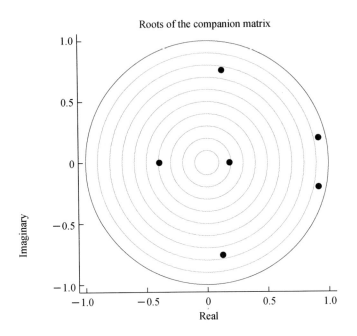

图 49 葡萄牙债务分析模型 VAR 稳定性检验

下降趋势,整体债务水平呈现稳健且可持续态势。(见图 50)

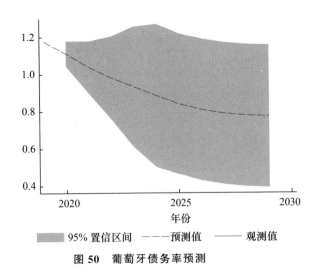

图 50 葡萄牙债务率预测

五、爱尔兰债务可持续性实证分析

爱尔兰数据来源及处理统计说明如表41所示。

表41 爱尔兰数据来源及处理统计说明

变量	指标	数据处理		
		可得数据期间	数据频率	来源
LIBOR 欧元3个月短期利率	r_t	1997—2019	变频,原始数据为日数据,取平均值作为年度数据	Investing.com
爱尔兰实际经济增长率	g_t	1997—2019	年度数据	CHOICE 数据库
爱尔兰财政赤字率	pb_t	1997—2019	年度数据	欧盟统计局
爱尔兰债务率	d_t	1997—2019	年度数据	欧盟统计局

我们使用 ADF 单位根检验方法,检验变量是否为平稳序列,再对三个变量的一阶差分和二阶差分进行平稳性检验,显示三个变量均为非平稳序列,存在单位根;实际经济增长率和赤字率的一阶差分在1%水平为平稳序列。结合二阶差分散点图和平稳性检验,可得出三个变量均为 $I(1)$ 过程。(具体见表42)

表42 爱尔兰债务分析变量的平稳性检验

单位根检验	Z 值	1%临界值	5%临界值	10%临界值
GDP	−2.888	−4.380	−3.600	−3.240
PB	−1.850	−4.380	−3.600	−3.240
DEBT	−1.145	−4.380	−3.600	−3.240
一阶差分平稳性检验	Z 值	1%临界值	5%临界值	10%临界值
GDP	−5.618	−4.380	−3.600	−3.240
PB	−4.587	−4.380	−3.600	−3.240
DEBT	−1.791	−4.380	−3.600	−3.240

(一)爱尔兰非线性财政反应函数的估计

我们对爱尔兰的债务率和财政赤字率进行分析,得出两组数据呈现非线性特征,使用非线性财政反应函数更为合理。将爱尔兰非线性财政

反应函数设置为:

$$pb_t = f_1(d) + \beta D_t + \theta g_t + \mu_t \tag{6-39}$$

其中,pb_t 表示爱尔兰的当期财政赤字率,d_{t-1} 代表该国的债务率,g_t 表示该国的实际经济增长。$f_1(d_{t-1})$ 代表 d_{t-1} 的连续有界三次函数,取决于 d_{t-1}、d_{t-1}^2、d_{t-1}^3,存在三种不同的函数形式:包含 d_{t-1} 和 d_{t-1}^3;包含 d_{t-1}^2 和 d_{t-1}^3;包含 d_{t-1} 和 d_{t-1}^2,先对变量采用基本回归后进行 BP 检验,结果显示存在明显的异方差。因此,使用系统 GMM 方法估计回归方程为:

$$pb_t = \alpha + \beta_1 d_{t-1} + \gamma_1 y_t + \mu_t \text{(回归模型 1)}$$
$$pb_t = \alpha + \beta_1 d_{t-1} + \beta_2 d_{t-1}^2 + \gamma_1 y_t + \mu_t \text{(回归模型 2)}$$
$$pb_t = \alpha + \beta_1 d_{t-1} + \beta_3 d_{t-1}^3 + \gamma_1 y_t + \mu_t \text{(回归模型 3)}$$
$$pb_t = \alpha + \beta_2 d_{t-1}^2 + \beta_3 d_{t-1}^3 + \gamma_1 y_t + \mu_t \text{(回归模型 4)}$$
$$pb_t = \alpha + \beta_1 d_{t-1} + \beta_2 d_{t-1}^2 + \beta_3 d_{t-1}^3 + \gamma_1 y_t + \mu_t \text{(回归模型 5)}$$

回归结果统计如表 43 所示。

参数约束性检验显示回归系数整体显著,p 值为 0。

表 43 爱尔兰财政反应函数回归结果统计

	回归模型 1	回归模型 2	回归模型 3	回归模型 4	回归模型 5
函数形式	$f_1(d_{t-1})$	$f_1(d_{t-1},d_{t-1}^2)$	$f_1(d_{t-1},d_{t-1}^3)$	$f_1(d_{t-1}^2,d_{t-1}^3)$	$f_1(d_{t-1},d_{t-1}^2,d_{t-1}^3)$
d_{t-1}	−0.0944***	−0.3468	−0.2445*		0.4979
d_{t-1}^2		0.1782		−0.4013*	−10.1811
d_{t-1}^3			0.0573	0.1447	−0.6874
y_t	0.7606**	0.7952**	0.8024**	0.8155**	0.8322***
截距	−0.0137	0.0552	0.0383	−0.0042	−0.0955
拟合系数 R-squared	0.3714	0.4115	0.4192	0.4068	0.4253

从回归结果来看,加入三次项和二次项后回归系数都不明显,因此我们取回归模型 1 作为爱尔兰的财政反应函数。我们初次估计包含 d_{t-1},但估计的债务率上限有许多异常值,考虑包括 d_{t-1} 和 d_{t-1}^2,估计的债务率上限比较理想,因此采用回归模型 1,最终估计的爱尔兰财政反应函数为:

$$pb_t = -0.0137 - 0.0944 d_{t-1} + 0.7606 y_t + \mu_t \tag{6-40}$$

(二) 爱尔兰债务率上限和财政空间估计及预测

从爱尔兰财政赤字率和债务率的散点图即图 51 来看,爱尔兰债务率在债务危机爆发前一直处于安全区间,即 60% 以内。2008 年欧洲债务危机爆发后,该国的债务率迅速增长,财政赤字率恶化较为明显,同时两者呈现显著的负向相关关系。

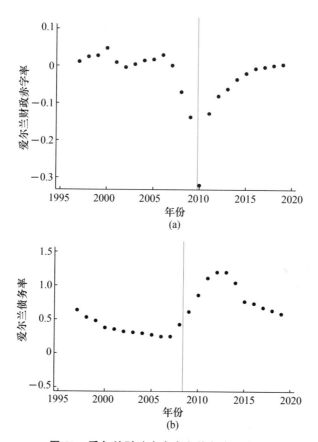

图 51 爱尔兰财政赤字率和债务率分布图

将财政反应函数代入预算条件,得到:

$$d_t - d_{t-1} = (r_t - g)d_{t-1} - 0.0137 - 0.0944 d_{t-1} + 0.7606 y_t + \mu_t \tag{6-41}$$

一国政府债务负担的上限是其能够履约还款的最高债务率,记为 d^*_{t-1},由于债务率已经达到最高值,因此 $d^*_t = d^*_{t-1}$,式(6-41)变为:

$$-(r_t - g)d_{t-1} = -0.0137 - 0.0944d_{t-1} + 0.7606y_t + \mu_t \quad (6\text{-}42)$$

我们先计算爱尔兰1997—2019年中债务率的最高值,再计算该国实际债务率与债务率上限的差额,即该国的财政空间。(具体见表44)

表44 爱尔兰债务率上限和债务可持续性判断

年份	实际债务率	计算的债务率上限 d_{t-1}	财政空间	债务可持续性判断
2019	58.80	40.5156	11.7156	正向空间,可持续
2018	63.50	43.7433	10.2433	正向空间,可持续
2017	67.70	46.5918	8.8918	正向空间,可持续
2016	73.80	39.5251	−4.2749	负向空间,不可持续
2015	76.70	67.8378	21.1378	正向空间,可持续
2014	104.40	49.2685	−25.1315	负向空间,不可持续
2013	119.90	16.0875	−73.8125	负向空间,不可持续
2012	119.90	16.5534	−73.3466	负向空间,不可持续
2011	111.10	31.8370	−49.2630	负向空间,不可持续
2010	86.00	5.7549	−50.2451	负向空间,不可持续
2009	61.50	−381.7899	−413.2899	负向空间,不可持续
2008	42.40	−67.5547	−79.9547	负向空间,不可持续
2007	24.80	57.1339	62.3339	正向空间,可持续
2006	24.70	51.6001	56.9001	正向空间,可持续
2005	27.20	48.0104	50.8104	正向空间,可持续
2004	29.40	44.9165	45.5165	正向空间,可持续
2003	30.70	44.4820	43.7820	正向空间,可持续
2002	31.90	54.3149	52.4149	正向空间,可持续
2001	35.20	55.8554	50.6554	正向空间,可持续
2000	37.50	66.2478	58.7478	正向空间,可持续
1999	48.00	62.5735	44.5735	正向空间,可持续
1998	53.00	63.7193	40.7193	正向空间,可持续
1997	63.70	69.2855	35.5855	正向空间,可持续

在滞后阶数选择上,我们根据信息准则确定VAR模型的滞后阶数,根据最简洁的SBIC准则,滞后4阶即可。估计滞后4阶VAR模型后,通过特征值检验,发现所有特征值都落入单位圆内,说明此VAR模型非常稳定。(见图52)

从图53对2020—2029年爱尔兰债务率的预测来看,整体上由于该国财政反应积极,加之经济增长,该国的债务率会呈现缓慢下降趋势。爱尔兰债务率偏高的重要原因是该国住房贷款在银行业资产中占据较

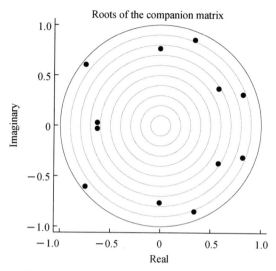

图 52 爱尔兰债务分析模型 VAR 稳定性检验

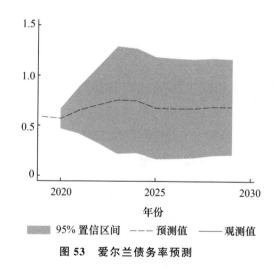

图 53 爱尔兰债务率预测

高比重，2008 年国际金融危机期间该国房地产价格急剧下跌引发债务违约和银行业流动性危机。由于银行业流动性短缺，2010 年爱尔兰陷入债务困境，被迫向 IMF 申请援助，最终达成总额 850 亿欧元，为期 3 年的救助协议，其中 225 亿欧元由 IMF 提供。2013 年国际资金援助到期后，爱尔兰依靠自身力量在市场上融资，是欧元区成员中仅有的债务危机过后经济迅速复苏、债务压力短时间内得以缓解的国家，是欧元区成员中走出危机之前比发生危机之前更加强大的突出例子。2013年,该国债务率达到峰值119%,随后迅速下降,到2019年已经下降到58%,处于安全区间。

六、德国债务可持续性实证分析

德国数据来源及处理统计说明如表45所示。

表45 德国数据来源及处理统计说明

变量	指标	数据处理		
		可得数据期间	数据频率	来源
德国1年短期国债利率	r_t	1997—2019	变频,原始数据为日数据,取平均值作为年度数据	Investing.com
德国实际经济增长率	g_t	1997—2019	年度数据	CHOICE数据库
德国财政赤字率	pb_t	1997—2019	年度数据	欧盟统计局
德国债务率	d_t	1997—2019	年度数据	欧盟统计局

我们使用ADF单位根检验方法,检验变量是否为平稳序列,再对三个变量的一阶差分和二阶差分进行平稳性检验,显示三个变量均为非平稳序列,存在单位根;实际经济增长率、债务率和赤字率的一阶差分在1%水平为平稳序列。结合二阶差分散点图和平稳性检验,可得出三个变量均为$I(1)$过程。(具体见表46)

表46 德国债务分析变量的平稳性检验结果

单位根检验	Z值	1%临界值	5%临界值	10%临界值
GDP	−4.648	−4.380	−3.600	−3.240
PB	−2.601	−4.380	−3.600	−3.240
DEBT	−1.661	−4.380	−3.600	−3.240
一阶差分平稳性检验	Z值	1%临界值	5%临界值	10%临界值
GDP	−5.619	−4.380	−3.600	−3.240
PB	−4.254	−4.380	−3.600	−3.240
DEBT	−3.265	−4.380	−3.600	−3.240

(一) 德国非线性财政反应函数的估计

我们对德国债务率和财政赤字率进行分析,得出两组数据呈现非线性特征,使用非线性财政反应函数更为合理。将德国非线性财政反应函数设置为:

$$pb_t = f_1(d) + \beta D_t + \theta g_t + \mu_t \tag{6-43}$$

其中,pb_t 表示德国的当期财政赤字率,d_{t-1} 代表该国的债务率,g_t 表示该国的实际经济增长率。$f_1(d_{t-1})$ 代表 d_{t-1} 的连续有界三次函数,取决于 d_{t-1}、d_{t-1}^2、d_{t-1}^3,存在三种不同的函数形式:包含 d_{t-1} 和 d_{t-1}^3;包含 d_{t-1}^2 和 d_{t-1}^3;包含 d_{t-1} 和 d_{t-1}^2,先对变量采用基本回归后进行 BP 检验,结果显示存在明显的异方差。因此,使用系统 GMM 方法估计回归方程为:

$$pb_t = \alpha + \beta_1 d_{t-1} + \gamma_1 y_t + \mu_t \text{(回归模型 1)}$$
$$pb_t = \alpha + \beta_1 d_{t-1} + \beta_2 d_{t-1}^2 + \gamma_1 y_t + \mu_t \text{(回归模型 2)}$$
$$pb_t = \alpha + \beta_1 d_{t-1} + \beta_3 d_{t-1}^3 + \gamma_1 y_t + \mu_t \text{(回归模型 3)}$$
$$pb_t = \alpha + \beta_2 d_{t-1}^2 + \beta_3 d_{t-1}^3 + \gamma_1 y_t + \mu_t \text{(回归模型 4)}$$
$$pb_t = \alpha + \beta_1 d_{t-1} + \beta_2 d_{t-1}^2 + \beta_3 d_{t-1}^3 + \gamma_1 y_t + \mu_t \text{(回归模型 5)}$$

回归结果统计如表 47 所示。

表 47 德国财政反应函数回归结果统计

	回归模型 1	回归模型 2	回归模型 3	回归模型 4	回归模型 5
函数形式	$f_1(d_{t-1})$	$f_1(d_{t-1}, d_{t-1}^2)$	$f_1(d_{t-1}, d_{t-1}^3)$	$f_1(d_{t-1}^2, d_{t-1}^3)$	$f_1(d_{t-1}, d_{t-1}^2, d_{t-1}^3)$
d_{t-1}	0.0388	0.5512	0.2882		8.8413
d_{t-1}^2		0.3656		0.4009	−12.2291
d_{t-1}^3			−0.1681	−0.3527	5.6199
y_t	0.3499**	0.3569**	0.3563**	0.3557**	0.3706**
截距	−0.0459	−2.1416	−0.2234	−0.1609	−0.0923
拟合系数 R-squared	0.1382	0.1451	0.1447	0.1443	0.1518

参数约束性检验显示回归系数整体显著,p 值为 0。

从回归结果来看,加入三次项和二次项后回归系数都不明显,因此我们取回归模型 1 作为德国的财政反应函数，最终估计的德国财政反应函数为：

$$pb_t = -0.0459 + 0.0388d_{t-1} + 0.3499y_t + \mu_t \quad (6\text{-}44)$$

（二）德国债务率上限和财政空间估计及预测

从德国财政赤字率和债务率的散点图即图 54 来看，该国债务率和财政赤字率自 2008 年以来恶化较为明显，同时两者呈现显著的负向相关关系。德国是欧元区债务稳健国家，在加入欧元区以前债务率稳定在 60% 左右，债务危机过后，2010 年达到峰值 83%，随后持续下降，目前稳定在 70%，处于安全区间。

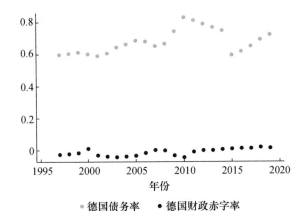

图 54 德国债务率和财政赤字率分布图

将财政反应函数代入一国预算条件，得到：

$$d_t - d_{t-1} = (r_t - g)d_{t-1} - 0.0459 + 0.0388d_{t-1} + 0.3499y_t + \mu_t$$

$$(6\text{-}45)$$

一国政府债务负担的上限是其能够履约还款的最高债务率，记为 d_{t-1}^*，由于债务率已经达到最高值，因此 $d_t^* = d_{t-1}^*$，式(6-45)变为：

$$-(r_t - g)d_{t-1} = -0.0459 + 0.0388d_{t-1} + 0.34986y_t + \mu_t$$

$$(6\text{-}46)$$

我们先计算德国 1997—2019 年债务率的最高值，再计算该国实际债务率与债务率上限的差额，即该国的财政空间。（具体见表 48）

表 48　德国债务率上限和债务可持续性判断

年份	实际债务率	计算的债务率上限 d_{t-1}	财政空间	债务可持续性判断
2019	72.3	706.3146	634.0146	正向空间,可持续
2018	69.3	3343.1255	3273.8255	正向空间,可持续
2017	65.1	−857.7633	−922.8633	负向空间,不可持续
2016	61.8	−2847.8601	−2909.6601	负向空间,不可持续
2015	59.6	2865.1484	2805.5484	正向空间,可持续
2014	74.90	672.5564	597.6564	正向空间,可持续
2013	76.90	220.5324	143.6324	正向空间,可持续
2012	79.00	196.7415	117.7415	正向空间,可持续
2011	81.20	−4696.2757	−4777.4757	负向空间,不可持续
2010	83.00	−612.1650	−695.1650	负向空间,不可持续
2009	74.40	68.1222	−6.2778	负向空间,不可持续
2008	66.70	70.1069	3.4069	正向空间,可持续
2007	65.20	94.9991	29.7991	正向空间,可持续
2006	68.10	100.5890	32.4890	正向空间,可持续
2005	68.60	85.7688	17.1688	正向空间,可持续
2004	66.30	99.9479	33.6479	正向空间,可持续
2003	64.40	78.0107	13.6107	正向空间,可持续
2002	60.70	69.3439	8.6439	正向空间,可持续
2001	59.10	72.0271	12.9271	正向空间,可持续
2000	60.20	61.5245	1.3245	正向空间,可持续
1999	61.30	81.2048	19.9048	正向空间,可持续
1998	60.50	75.3510	14.8510	正向空间,可持续
1997	59.80	68.8542	9.0542	正向空间,可持续

在滞后阶数选择上,我们根据信息准则确定 VAR 模型的滞后阶数,根据最简洁的 SBIC 准则,滞后 1 阶即可。估计滞后 1 阶 VAR 模型后,通过特征值检验,发现所有特征值都落入单位圆内,说明此 VAR 模型非常稳定。(见图 55)

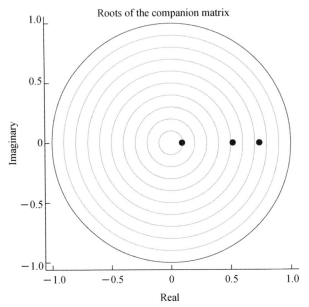

图 55　德国债务分析模型 VAR 稳定性检验

我们根据德国债务率、财政赤字率和实际经济增长率构建 VAR 模型,对德国未来的债务率进行预测和风险警示,从预测结果来看,整体上随着该国财政反应积极,加之经济增长,该国的债务率会呈现缓慢下降趋势,整体债务水平呈现稳健且可持续态势。(见图 56)

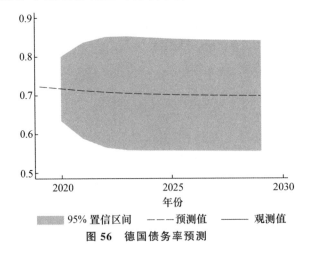

图 56　德国债务率预测

在债务危机恶化、欧元区经济整体处于衰退边缘的险恶形势下,德国作为欧元区最大的经济体保持了较好的增长。从债务率的分布来看，德国是欧元区债务稳健国家。在欧元区各成员中，德国债务率走势最为平稳。虽然德国债务率自2003年以来一直超过60%的警戒水平，但波动较小，尤其是债务危机的爆发并没有导致德国债务率陡增。德国正逐渐从债务危机中复苏，债务率在近几年也出现了缓慢下降趋势。德国通过扩大在欧元区以外市场（东亚国家和美国）的出口，弥补了在欧元区市场的损失。此外，欧元疲软也使德国出口企业受益。由于欧元对美元走弱，德国制造的机器、设备和汽车等产品对于欧元区以外的客户来说更加便宜，德国出口贸易的增长拉动了经济。

第四节 欧债危机应对制度反思

本章第一节通过理论模型说明使政府债务率趋于稳定的条件是政府税收收入高于政府开支，并提出假设一，如果一国经济的实际增长速度小于该国国债实际利率，会导致本国债务率持续上升。促使一国债务率持续下降的前提是该国政府努力让收入大于支出，并保证经济增长超过国债利率。政府只有产生净收入并保证经济稳定增长才能使本国债务率下降。本节将分析目前欧盟降低债务率的常规方法即紧缩财政内容及负面影响，对债务问题长期解决机制进行探讨，并提出系统的债务危机解决方案。

一、欧元区通过紧缩财政降低债务率

欧债危机已经于2018年基本解决，标志性的事件是2018年8月20日"三驾马车"结束对希腊的资金援助。自2018年8月21日起，希腊只能通过发行债券等方式独立融资，也表明希腊初步重返国际金融市场，具备自主在国际债券市场进行融资的能力。2018年，惠誉将希腊主权信用级别由"B−"上调至"B"，展望为正面；标普将希腊主权信用级别从"B−"上调至"B+"，展望为正面，显示出国际投资者也认可希腊政府的经济改革和债务改善状况。希腊是发生主权债务危机后最后一个告别"三

驾马车"援助的欧元区国家,标志着困扰欧盟9年之久的主权债务危机基本得以解决。在欧元区债务问题解决思路上,以"三驾马车"为代表的监管机构主要通过缩减开支和增加税收两种渠道来展开。

第一,缩减开支。缩减开支一直是"三驾马车"向欧元区成员提供资金援助的前提条件。欧元区整体属于高社会福利制度地区,因此紧缩财政政策是降低赤字率的直接方式。"三驾马车"在施援时要求对象国提供GDP 2%至5%的财政收缩计划,但对国际资金援助的事后总结发现,过高的缩减开支、提高税收和经济改革要求会加剧受援国社会矛盾,使该国失业率上升,导致该国社会福利支出基数增加,反而出现政府开支不降反升、经济增长暂时衰退的现象。2018年,该国债务率达到181.2%的峰值,债务率继续高企。因此,国际资金援助的重要经验是充分考虑被救助国家的经济结构,考虑大幅度缩减开支带来的经济下行风险,适当优化贷款条件,下调债务削减的目标,延长还款期并降低贷款利率,严格规定具体资金去向,确保资金使用的规范和有效性,这样才能使得贷款条件严格执行,实现债务缩减目标。

在执行国际债权人的方案时,希腊政府缩减开支改革的目标过高,导致社会矛盾加剧,失业率上升明显,债务率不降反升。在2008—2018年间,希腊政府债务率平均达到164.3%,平均失业率达到19.7%,2017年GDP的增长率仅为1.4%,2019年为1.9%,可见GDP增长缓慢。希腊失业率居高不下,2017年为21.5%,高失业率意味着社会福利保障基数增加,加大了政府偿债压力。根据"三驾马车"的救助协议,希腊应该在2013年和2014年达成115亿欧元(占GDP 5%)的开支缩减,但希腊没有达到国际债权人的要求。延期计划显示,希腊政府最终用了4年时间在2016年达成缩减目标,每年应缩减的财政赤字比重从要求的占GDP 2.5%下调到1.5%。希腊赤字率自2016年以后才出现逆转,在良好的经济增长环境和政府的经济刺激政策下,希腊出现了稳定的财政盈余,至此希腊政府的财政状况大为改观。

第二,增加税收。希腊地下经济盛行、政府腐败严重导致该国税收难以提高,偷税、漏税问题严重,全国每年偷逃税款高达300亿欧元,相当于GDP的10%,公职腐败也使希腊政府每年损失200亿欧元,相当于希腊 GDP 的 8%。为此,希腊政府多方填补税收漏洞以增加政府财政收入,包括下调税收起征点,向年利润超过 50 万欧元的企业额外征税;提高个人累进税率,向年收入超过 12000 欧元的人征税,并提高了奢侈品和进口商品的税率。

二、欧债问题的长效解决机制

2018 年,希腊债务危机基本解决,但其债务压力依然巨大。从长期来看,债务是未来收益的索取权,减少债务的根本只有通过未来收入的增长。希腊经济发展的重点将转移到长期的经济增长和债务总量的下降上,这也是债务问题解决的根本思路。

希腊债务危机解决的复杂程度还与该国经济结构单一相关。任何一国都存在财政赤字和政府债务,债务可持续性取决于两个条件:一是债务率不能过高。过高的债务率会产生滚雪球效应。二是即使该国债务率较高,如日本,但只要该国实现出口增长和外资流入,凭借外向型经济带来的贸易顺差,加之外资流入带来的资本顺差,也能从根本上带来收入增长和债务率下降。目前,这两个条件希腊都不具备,使得该国债务危机的彻底解决将是长期挑战。希腊经济增长面临外部环境不利和内部结构改革困难两大问题。

第一,希腊的债务率和失业率居高不下。自 2016 年以来,希腊各项经济指标明显好转,2018 年 GDP 增长 2.02%,公共财政赤字自 2016 年以来首次出现正增长,2018 年占 GDP 比重为 1.1%。目前,希腊经济持续缓慢增长,但该国经济问题主要体现在高失业率和高债务率上。紧缩财政对降低政府年度赤字率效果明显,但债务问题的根本解决还是要靠经济增长带来的政府和私人部门财富的累积。

第二,希腊经济存在较为严重的结构性缺陷,内部经济结构改革困难,外部进出口结构难以改变,突出表现为:

首先,该国经济自主性弱,过于倚重外向型服务业,对外部出口环境的依赖性强,容易受到外部环境的波及。希腊三产结构不合理,工业基础薄弱,第二产业在国民经济中占比较小,第一和第三产业占主导。2017 年,希腊第一产业占 GDP 的比重为 14%,农业较发达,农业人口占

37%，农产品出口额占该国出口总额的36%。希腊第三产业发达，占GDP比重超过42%，就业人口占70%，其中，海洋运输、旅游和侨汇是其外汇收入的三大来源。希腊第二产业占GDP的比重为33%，就业人口占16%，工业基础比较薄弱且技术落后，以食品加工业和轻工业为主。其次，希腊贸易长期维持逆差结构。由于希腊资源相对匮乏，能源和原材料依赖从德国、意大利、中国和俄罗斯进口，出口商品附加值较低，以矿产品、化工产品、机电产品、食品、饮料、烟草等为主。虽然近几年希腊出口增长迅速，但仍然存在大量逆差，2018年希腊进口额是出口额的1.65倍。综合来看，希腊经济自主性弱，经济过于倚重外向型服务业，对外部出口环境的依赖性强，同时资源匮乏，依赖进口，出口附加值低。因此，改变该国贸易逆差的局面需要从根本上改变该国经济结构。

为防止地区性债务危机蔓延，"三驾马车"共同对欧元区内面临债务危机的政府进行资金援助。其中，IMF向各国实施救助的条件普遍是要求对象国实施大规模的债务缩减和经济结构调整，要求对象国将债务率由最高160%下降到稳健水平，即60%—120%之间，以保证总债务量的可偿还性。各国政府需要实施严格的财政紧缩计划以达到国际债权人的要求，将债务水平降到120%这个目标设得很高，短期内大幅降低会导致严重的经济衰退，但所谓长痛不如短痛，解决债务危机的切入点就是遏制政府债务率的增长，原因是债务率达到一定阈值只会拖累经济增长，而经济增长是解决债务危机的长期有效手段。

本 章 小 结

本章构建适合欧元区成员债务可持续均衡模型，从理论和实证两方面阐明欧元区各成员债务可持续的条件和动态规律，对财政紧缩降低债务率的观点进行验证。进一步地，分析目前欧盟降低债务率的常规方法即紧缩财政内容及负面影响，运用理论模型阐述使政府债务率趋于稳定的条件是政府税收收入高于政府开支，同时对债务问题长期解决机制进行探讨，并提出系统的债务危机解决方案。

希腊、意大利等欧元区成员并不是世界上债务率最高的国家,也不是债务总量最多的国家,爆发债务危机与处于单一货币区有关,欧元区单一的货币政策使得单个成员无法通过增发货币为其债务融资以缓解短期债务压力,欧洲央行在危机初期奉行不救助条款,没有第一时间对希腊等国施以援手导致希腊债务问题在欧元区迅速蔓延。危机解决过程中,欧洲央行增补其最后贷款人角色,增强欧洲央行的职能并不能从根本上解决成员的债务高企和过度财政赤字问题,只能从短期内降低其再融资成本,并不能从根本上解决存量债务和财政赤字问题。偿还债务从根本上还是需要长期的经济增长,提高国民收入。2018年希腊债务危机基本解决,欧元区债务违约的压力大大缓解,但其债务率一直维持高位,未来十年甚至更长时间内这些国家的偿债压力都存在。

理论部分,我们运用财政学政府债务可持续性分析框架,构建适合欧元区成员债务可持续均衡模型,阐述使政府债务率趋于稳定的条件,即成员政府国债利率的高低反映了该国债务存量和该国主权债券市场的信用状况,现有债务存量越低,主权债券市场信用度越高,该国越容易在国际市场以较低的融资成本发行国债(如德国);反之,现有债务存量越高,主权债券市场信用度越低,该国在国际市场越要以较高的融资成本才能成功发行国债(如希腊)。接着,阐明欧元区各国债务可持续性的条件和动态规律,即如果一国经济的实际增长速度小于该国国债实际利率,该国的债务就会持续增长。促使一国债务率持续下降的方法是在努力让收入大于支出的同时,保证经济增长超过国债利率,即政府只有产生净收入并能保证经济稳定增长才能让本国债务率降下来。

实证部分,首先分析了目前研究一国政府债务可持续的三种方法:基于跨期预算约束分析债务可持续性、计算一国债务可负担的最高阈值、使用财政反应函数动态判断长期债务可持续性。我们依次分析其优缺点,确定使用第三种方法来判断欧元区代表性国家的长期债务可持续性。该方法认为,只要一国对本国的财政支出情况依据债务率作出正向动态反应,减少财政开支或者增加财政收入就可以保证该国债务可持续,成为目前研究一国债务可持续性的主流方法。

最后,我们对欧债危机应对制度进行了反思。在欧元区债务问题解决思路上，以"三驾马车"为代表的监管机构主要从缩减开支和增加收入两种渠道来展开。缩减开支一直是"三驾马车"向成员提供资金援助的前提条件。欧元区整体属于高社会福利制度地区，因此紧缩财政政策是降低赤字率的直接方式。但对国际资金援助的事后总结发现，过高的削减开支、提高税收和经济改革要求会加剧受援国社会矛盾，使该国失业率上升，导致该国社会福利支出基数增加，反而出现政府开支不降反升、经济增长暂时衰退的现象。因此，国际资金援助的重要经验是充分考虑被救助国家的经济结构，考虑大幅度紧缩开支带来的经济下行风险，适当优化贷款条件，下调债务削减的目标，延长还款期并降低贷款利率。

第七章　欧元区经济发展模式反思

本章分析欧元区经济发展模式的弊端,以及建立该模式的理论基础,阐述欧元区以秩序自由主义为准则,以社会市场经济理论为基础的经济模式内容与特点。欧元区经济发展模式以秩序自由主义为理论基础,该理论成为欧盟单一市场建立的指导思想。

第一节　欧元区经济发展模式的内容与弊端

一、欧元区经济发展模式的内容

从半个多世纪的区域一体化发展历史来看,欧盟已经建立了关税同盟、单一市场、单一货币区等多个超国家级的组织实体,制定并实施了共同货币政策、共同贸易政策和改革中的共同财政协调机制,同时建立了欧洲央行、欧洲金融稳定基金等正式的区域性协调组织,这些政策的实施与机构的启动带来了欧元区经济发展模式的实际运转。欧元区经济发展模式是以德国社会市场经济模式为基本框架,以福利国家模式为特征,坚持自由经济的竞争政策和统一的宏观政策并存,坚持市场经济和福利保障并存,坚持依靠统一市场、统一政策和统一货币来实现单一市场的运行,综合市场竞争、劳动力福利保障和协调性宏观经济政策的经济发展模式,追求经济效益和社会公平。

欧元区经济发展模式以秩序自由主义为理论基础,该理论认为应通过价格体系、货币政策、开放市场、私人所有制、契约自由、承担财产责任、经济政策的稳定性来构建公平竞争的市场经济,成为欧盟单一市场建立的指导思想。欧盟单一市场实行金融通行证制度即是通过制度设计实现要素自由流动和市场经济的运行。有关欧元成立的基础性文件《欧洲联盟条约》将竞争原则上升为明确的指导性原则,使得秩序自由主义理论成为构建欧元单一货币区的指导思想。2009年,《里斯本条约》生效,欧盟社会市场经济模式基本成形,《里斯本条约》提出欧盟应在社会市场经济基础上实现经济和社会发展。《欧洲联盟条约》提出欧盟应建立经济发展、价格稳定、高度竞争的社会市场经济,即是对欧盟目前经济社会秩序的明确声明。[①]

整体而言,欧元区成立之初,其政治意义大于经济意义,但成立之后的顺利运转也反映出单一货币区的可行性和适用性。由于背靠欧盟单一市场和统一的贸易政策,欧盟产品和服务标准在国际贸易中广泛使用,使得欧元区借助于经济力量实现其政治影响力,欧元区经济发展模式追求的经济效益和社会公平得以实现。

二、欧元区经济发展模式的弊端

在经历了债务危机和英国脱欧的双重冲击后,欧盟经济实力受到重大打击,一直坚信的自由主义和社会市场经济理论也受到质疑。

(一) 成员经济发展不均衡

2000—2019年,欧元区整体经济增长表现为前期平稳、后期迟缓,且成员之间发展不均衡。成员从单一货币区获得的经济收益相差较大,因债务危机遭受严重打击的部分国家人均GDP增长缓慢。如图57所示,爱尔兰、爱沙尼亚、拉脱维亚、立陶宛、马耳他等国人均GDP增长较为迅速,其中立陶宛最为明显,人均GDP增长167.9%,这些国家除爱尔兰外都没有发生严重的主权债务问题,其经济结构和贸易结构相对稳健。

相比之下,希腊、西班牙、葡萄牙、意大利等是债务危机爆发的主要国家,危机后人均GDP呈明显下滑趋势,拉大了与其他成员之间的差距。2000—2019年,意大利人均GDP下降1.9%,希腊仅增长1.8%,是成员中增长较为缓慢甚至为负增长的两个国家。希腊自2011年以后人

---

① 《欧洲联盟基础条约——经〈里斯本条约〉修订》,程卫东、李靖堃译,社会科学文献出版社2010年版。

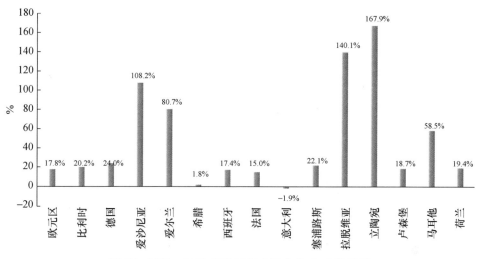

图 57　2000—2019 年欧元区成员人均 GDP 增长率

均 GDP 出现了平稳的负增长趋势,这与希腊大幅度缩减开支带来的经济下行风险有关。2011 年前后,国际债权人提供第一、第二轮资金援助时对希腊政府提出过高的缩减开支、提高税收和经济改革要求,加剧了希腊社会矛盾,使该国失业率上升,导致该国社会福利支出基数增加。危机发生时的收入下降效应和危机发生后的财政紧缩效应是该国人均 GDP 明显下降的主要原因。

(二)加入欧元区后成员付出一定代价

欧元区成员依靠统一市场、统一政策和统一货币来实现单一市场的运行,但在实际运行过程中由于使用统一货币存在固有缺陷,成员之间经济周期各异,使用单一货币并统一央行使得各国独立宏观经济政策工具缺失,成为加入单一货币区的代价。例如,共同存款保险制度涉及欧盟不同主权国家,一旦发生赔付,更多时候是本国银行业经营稳健国家(如德、法)对本国银行业经营风险较高国家(如希腊)的赔付和信用背书,使得金融一体化在本国银行业经营稳健国家存在进一步推动的政治阻力。

2012 年 6 月,欧盟理事会发布《迈向真实的经济与货币联盟》,提出欧元区可借助财政整合,有效应对负面的经济冲击。要从根本上解决欧元区货币政策统一而财政政策不统一的问题,则应统一财政政策,组建财政联盟,通过更深层次的一体化进程解决由于一体化不足带来的问题,但现实的情况是欧元区不具备成立财政联盟的政治条件,因此这一改革目前仅停留在讨论层面。

(三)债务危机和全球经济衰退冲击经济复苏

债务危机极大地冲击了欧盟一体化进程,也暴露出欧元单一货币区的内在缺陷。与美国、中国等国家经济实力的此消彼长使得欧盟在单一市场的对内政策呈现出典型的现实性特点,如欧洲央行放弃独立性原则转而更为实质性地刺激经济增长和保持物价稳定;对外政策也呈现出微妙的变化,不再像美国那样一味单向地维护西方国家提倡的自由主义国际秩序,转而认同中国等国家国际影响力上升的现实,追求互惠互利和合作共赢。

(四)部分国家存在脱离欧元区和欧盟的倾向

欧元区的建立由于存在成本与收益,使得成员数量并不是越多越好,欧元区存在经济一体化的界线和最优水平。如果一国加入欧元区以后经济专业化程度提升明显,或者相反地,提升不明显,这类国家就会存在脱离欧元区的倾向。希腊长期积累的债务问题难以在短期内明显解决,同时各国国内的政治压力和民众福利的刚性支出也使得债务问题的解决愈加艰难,极大地消耗了欧洲国家的耐心。例如,2012年市场引发对希腊退出欧元区的讨论,但出于综合政治意义和欧元区完整性考量,法国和德国意见一致,认为欧债危机实际上是一场信用危机,都希望希腊继续留在欧元区,认为要求希腊在2020年将债务水平降到120%这个目标设得过高,应该给予希腊更多时间,允许希腊政府有足够的时间达到国际债权人的要求。在这一过程中,法国和德国会继续帮助希腊,但希腊需履行还债义务,最终希腊没有退出欧元区。

英国脱欧也反映了英国对加入欧盟成本与收益的权衡。目前,英国经济已经高度参与到单一市场中,也全面参与到欧盟产业链中,脱欧后英国摆脱了欧盟单一的制度约束,重获独立的对外贸易政策制定权,但也付出了巨大的经济代价,因为单一市场带来的贸易增长效应是显著的。有研究发现，1993年到2011年英国对欧盟的贸易增长高于对非欧盟国家的贸易增长。从历史的角度来看，促使英国申请加入欧盟的主要经济考量就是加入单一市场。1972年，英国主动退出欧洲自由贸易联盟（EFTA），加入当时的欧共体，主要原因是EFTA的贸易体量较小，英国不想错失贸易体量更大的单一市场发展机会。现有研究表明，单一市场为成员带来显著的贸易增长效应，英国脱欧后最为不舍的依然是欧盟单一市场。

无论是希腊退出欧元区的讨论，还是英国退出欧盟的现实选择，均反映出目前欧洲经济模式下成员发展不均衡的事实，在加入标准中应该考虑不同国家的现实差距。1998年，德国、法国等11个符合标准的国家成为欧元区的始创国，随后又接纳了9个成员加入，欧元区开放型的加入机制体现了欧盟在一体化进程中对成员差异的接纳。2017年，基于各成员一体化水平存在较大差异的现实，欧盟提出建立"多速欧洲"目标，部分成员可以在一体化道路上先行一步，其他成员可根据自身情况不与先行国家同步，但欧盟整体走向全面一体化的方向不变。"多速欧洲"目标的提出体现了欧盟对成员现实差距的认识，比实现单一严格的一体化目标更接近现实，也更具有可操作性。

第二节 英国脱欧对欧元区经济发展模式的挑战

经过艰难谈判，英国与欧盟于2020年12月24日确定了全新的自由贸易协定。英国自2021年1月1日正式完全脱离欧盟，获得独立的贸易政策制定权，对外贸易政策重新洗牌，必将在较长时期内深刻影响英国与欧盟、美国和中国等的贸易关系。

一、英国脱欧造成单一市场事实的分割

第一，最新贸易模式的优点是英国有限进入单一市场，同时又保持了对外贸易政策制定的灵活性。从经济角度来看，英欧新自贸协议的自由化水平高于目前欧盟与日本、加拿大的自贸协议，英欧之间商品贸易只要符合原产地规则，就可以实行零关税、零配额的自由贸易。对于特

定低风险的商品贸易,如汽车、葡萄酒、有机物、药品和化学品等在通关时适用自行报单制度以降低非关税壁垒。英国有限地进入欧盟单一市场,弥补了不加入欧盟的部分经济损失。同时,英国没有完全失去欧盟统一大市场,又灵活地拓展了与其他经济体的贸易。英国不享受欧盟关税同盟待遇,也不适用欧盟与第三方签署的贸易协定,因此有独立的对外贸易制定权。从政治角度来看,新自贸协议下英国政治成本较低。英国保持了对外贸易政策的独立性与灵活性,可控制人员自由流动和难民涌入,不需要分摊欧盟预算,不执行欧盟整体的监管法规,对欧盟政策制定也没有影响力,体现出一定的对称性,政治代价较小。

第二,从贸易协议的自由化程度来看,新贸易模式下英欧商品贸易的自由化程度高于服务贸易。英欧之间服务贸易市场开放度有限,仅优于传统的《服务贸易总协定》,此外,多项重要的服务贸易安排诸如数据保护、金融业的等效监管等悬而未决。金融业作为英国经济的支柱产业受脱欧影响较大,新自贸协议仅表明英欧金融机构持有的金融通行证确定失效,金融业单一市场准入通道自 2021 年 1 月 1 日自动关闭,[①]但对于脱欧后英欧跨国金融机构如何继续开展经营活动没有搭建宏观的监管合作框架和具体的市场准入安排。

整体来看,英国脱欧是双输的结果,双方都遭受负面冲击。从损失程度来看,欧盟贸易损失要小于英国,英国对欧盟市场的依赖程度更大,因此遭受的产出冲击和贸易损失更大;从贸易合作前景来看,新贸易模式造成贸易成本的上升和贸易数量的绝对下降。[②] 短期来看,英国脱欧带来英欧双方的净福利损失,英国 GDP 损失为 0.6%—2.25%;长期来看,英国脱欧会造成显著的福利下降,与欧盟贸易下降约 8%,国内消费

---

① 欧盟委员会对执照权利丧失的解释如下:"许多运营商,包括来自第三国的运营商,已经在英国立足,并根据欧盟金融服务立法中规定的执照权利在单一市场内部的其他地区经营,这些权利可能将在脱欧后失去。这意味着,从英国向欧盟 27 国提供金融服务将受到欧盟法律第三国制度和欧盟客户成员当地法律框架的监管,不会有单一的市场准入。"

② Latorre M. C., Z. Olekseyuk, H. Yonezawa, S. Robinson. Brexit: Everyone Loses, But Britain Loses the Most. Peterson Institute For International Economics Working Paper, March 2019.

下降0.5%—1.3%。① 但部分英国经济学家提出脱欧对英国的影响不大,认为英国可以不再受欧盟制度约束,欧盟成员身份每年给英国带来巨大成本,脱欧会使得这一成本消失。② 英国向欧盟缴纳的会员费每年约为130亿英镑,而欧盟用于英国的支出约为40亿英镑,英国净支付约为90亿英镑,英国作为欧盟成员每年要缴纳的会费、救助基金等占GDP的3.2%—3.7%,脱欧后英国政府可将这笔资金用于国内经济。③ 但更多研究表明,英国从欧盟单一市场收益良多,即使脱欧后增加与其他经济体的贸易量,也无法补足与欧盟贸易量的下降。④ 我们从图58中也可以直观地看到,自2016年6月英国脱欧公投结果公布后,英欧服务贸易进出口贸易额开始呈现下降趋势,2020年第二季度后,英欧双边服务贸易额呈现急剧下降的特点,与多数经济学家的观点保持一致。

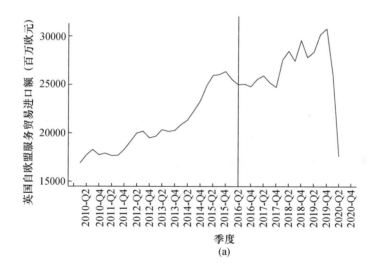

(a)

---

① Steinberg J. B. Brexit and the Macroeconomic Impact of Trade Policy Uncertainty. *Journal of International Economics*,2019,117.

② Kierzenkowski R., N. Pain, E. Rusticelli and S. Z. Click. The Economic Consequences of Brexit: A Taxing Decision. *OECD Economic Policy Papers*,2016,(16).

③ Minford P., *et al.*, *Should Britain Leave the EU? ——An Economic Analysis of a Troubled Relationship*. Edward Elgar Publishing Ltd.,2015.

④ Dhingra S., *et al*. The Costs and Benefits of Leaving the EU: Trade Effects. *Economic Policy*,2017,32(92).

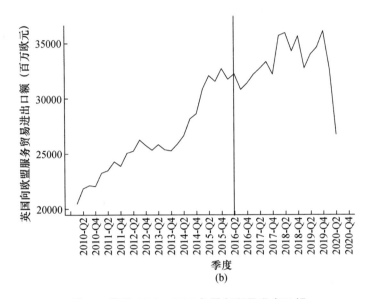

图 58　英欧 2010—2020 年服务贸易进出口额
数据来源：英国统计局官网、欧洲统计局官网、东方财富 CHOICE 数据库。
注：黑色竖线源于 2016 年 6 月英国脱欧公投结果公布。

二、新贸易模式下英欧面临非对称性负面冲击

英国脱欧对双方贸易都会产生负面冲击，呈现典型的非对称性特征，即欧盟的贸易损失要小于英国，原因是欧盟成员可通过增加对其他成员的内部贸易来替代与英国的贸易，但欧盟的贸易损失也比预期的要大。

第一，从英国的角度来看，英国对欧盟贸易的依赖程度高于欧盟对英国贸易的依赖程度。英国最大的贸易对象是欧盟，但欧盟的贸易对象更加多元化。根据英国税务与海关总署数据，2018 年，英国与欧盟双边出口额占总出口额的 46.9%，双边进口额占总进口额的 48.4%。相比之下，欧盟与英国双边出口额占总出口额的 6.3%，双边进口额占总进口额的 5.3%。英国制造业比服务业更受益于欧盟单一市场，与欧盟的贸

易量高于其他国家或地区,因此,脱欧对英国的贸易冲击大于欧盟。① 同时,受贸易壁垒影响的产业的贸易量占总贸易量的比重也受到影响,英国贸易中易受贸易壁垒影响的产业的贸易量占总贸易量的比重较高,影响更为严重。②

第二,从欧盟的角度来看,欧盟市场内部贸易所占比重较高,成员可通过增强内部贸易来替代与英国的贸易,弥补与英国贸易下降带来的损失,因此欧盟出口企业对贸易政策不确定性反应的弹性要大于英国出口企业,所受影响较小。③ 2017 年,欧盟 49.2% 和 52.3% 的出口和进口发生在内部市场,欧盟对英国的贸易依赖程度呈现下降趋势。这种非对称性还体现在成员之间。欧盟 27 个成员中受英国脱欧影响较大的国家,一类是与英国地理位置相近、与其一直有紧密贸易联系的国家,如爱尔兰、马耳他;另一类为小的开放经济体,如比利时和荷兰。④

三、英国脱欧对欧盟和英国商品贸易冲击的实证分析

(一)实证设计和变量选取

为研究英国脱欧对商品贸易产生的持续不确定性冲击,我们在经典引力模型基础上,考虑英欧 GDP、人口总数、汇率以及英国脱欧虚拟变量,进行回归分析。变量选取及来源如表 49 所示。GDP 代表经济实力与购买能力,是影响英欧双方贸易额的正向因素,人口总数也是影响英欧双方贸易额的正向因素。我们选取时间序列数据进行回归,在考虑数据可得性的基础上,尽可能选择较长时间跨度,即 2010 年第 1 季度到 2020 年第 3 季度英国与欧盟 27 个成员之间的贸易数据作为研究样本,数据来自英国统计局官网、欧洲统计局官网和东方财富 CHOICE 数据库,最终的数据样本总量为 378 个。我们使用 RStudio 1.3 与 Eviews 8.0

---

① Amador J.,R. Cappariello, R. Stehrer. Global Value Chains: A View from the Euro Area. *European Central Bank (ECB) Working Paper*,2015,(1761).
② Kierzenkowski R.,N. Pain, E. Rusticelli and S. Z. Click. The Economic Consequences of Brexit: A Taxing Decision. *OECD Economic Policy Papers*,2016,(16).
③ Graziano A.,K. Handley, N. Limão. Brexit Uncertainty and Trade Disintegration. Working Paper,2018.
④ Amador J.,R. Cappariello, R. Stehrer. Global Value Chains: A View from the Euro Area. *European Central Bank (ECB) Working Paper*,2015,(1761).

软件进行单位根检验和描述性统计。描述性统计结果如表 50 所示。

表 49 变量选取及来源

变量	含义	时间及频率	数据来源
TX_t	英欧商品进出口总额	2010 年第 1 季度到 2020 年第 3 季度,频率为季度	东方财富 CHOICE 数据库,用月度汇率将英镑换算为欧元
$EUGDP_t$	欧盟 27 国 GDP 总额	2010 年第 1 季度到 2020 年第 3 季度,频率为季度	欧洲统计局
$UKGDP_t$	英国 GDP 总额	2010 年第 1 季度到 2020 年第 3 季度,频率为季度	欧洲统计局
$EUPOP_t$	欧盟总人口	2010 年第 1 季度到 2020 年第 3 季度,频率为季度	欧洲统计局
$UKPOP_t$	英国总人口	2010 年第 1 季度到 2020 年第 3 季度,频率为季度	欧洲统计局
Ex_t	英国兑欧元的汇率	2010 年第 1 季度到 2020 年第 3 季度,频率为季度	英国统计局

表 50 描述性统计结果

变量	均值	最大值	最小值	标准差	偏度	峰度
$EUGDP_t$	3071217	3644113	2613094	258872.4	0.358213	2.104877
$UKGDP_t$	568765.6	677282.1	449130.2	63311.77	−0.214392	1.978313
$EUPOP_t$	444.664	448.62	440.71	2.508934	0.060746	1.71148
$UKPOP_t$	65.06442	67.28	62.64	1.410434	−0.082227	1.731074
TX_t	113281.1	134256.7	87374.5	10684.21	−0.543257	2.765977
Ex_t	1.195945	1.3937	1.1089	0.076159	1.28974	3.841466

设置模型如下:

$$\ln TX_t = \beta_0 + \beta_1 \ln EUGDP_t + \beta_2 \ln UKGDP_t + \beta_3 \ln EUPOP_t$$
$$+ \beta_4 \ln UKPOP_t + \beta_5 Brexit_t + \beta_6 YEAR$$
$$+ \beta_7 \ln Ex_t + \mu_t \tag{7-1}$$

先检验各个变量的平稳性,结果显示变量不平稳(见表 51);再对变量进行协整检验,进一步检验变量之间是否存在协整关系;选择 Johansen 协整检验法对英欧商品进出口总额和英欧 GDP 总额、英国总人口、欧盟总人口进行协整检验。根据 Johansen 协整检验结果,进行迹检验,说明变量在 5% 的临界值状态下存在协整关系,变量间存在长期的均衡关系。

表 51　平稳性检验结果

变量	Dickey-Fuller	p 值
TX_t	−0.97054	0.9312
$EUGDP_t$	−1.2007	0.8894
$UKGDP_t$	−1.5052	0.7692
$EUPOP_t$	−2.2596	0.4712
$UKPOP_t$	−2.1419	0.5177
$\ln Ex_t$	−0.75691	0.4788

由表 51 可以看出,各个变量是不平稳的,我们对变量进行协整检验,进一步检验变量之间是否存在协整关系;选择 Johansen 协整检验法对英欧商品进出口总额和英欧 GDP 总额、英国总人口、欧盟总人口进行协整检验,检验结果如表 52、表 53 所示。

表 52　协整检验的迹检验

检验假设	特征值	迹检验统计量	临界值(5%)	p 值
None*	0.632335	90.53035	88.80380	0.0373
At most 1	0.435000	50.50705	63.87610	0.3916
At most 2	0.330410	27.66985	42.91525	0.6418
At most 3	0.147514	11.62627	25.87211	0.8371
At most 4	0.122833	5.24232	12.51798	0.5620

表 53　协整检验的最大特征值检验

检验假设	特征值	特征值检验统计量	临界值(5%)	p 值
None*	0.632335	40.0233	38.33101	0.0317
At most 1	0.435000	22.8372	32.11832	0.4301
At most 2	0.330410	16.0436	25.82321	0.5408
At most 3	0.147514	6.3840	19.38704	0.9377
At most 4	0.122833	5.2423	12.51798	0.5620

根据 Johansen 协整检验的结果，变量间存在一个长期的均衡关系。

（二）回归分析和稳健性检验

我们以 2016 年 6 月英国脱欧公投结果公布为虚拟变量分界点分析英国脱欧对于英欧商品贸易的影响，其时间序列数据回归模型分析结果见表 54，模型 1 可以表达为如下形式：

$$\ln TX_t = 391.6626 + 1.034861 \ln EUGDP_t + 0.709749 \ln UKGDP_t$$
$$- 76.47940 \ln EUPOP_t + 14.707930 \ln UKPOP_t$$
$$+ 0.070194 Brexit_t \tag{7-2}$$

表 54　2016 年 6 月脱欧公投结果公布为虚拟变量分界点的模型回归结果

变量	模型 1	模型 2	模型 3
截距项	391.6626	216.6007	198.0098**
TX_{t-1}		0.280119***	0.300507***
$EUGDP_t$	1.034861***	0.764431***	0.802785**
$UKGDP_t$	0.709749***	0.615653***	0.926494***
$EUPOP_t$	−76.47940***	−42.06843**	−47.36670***
$UKPOP_t$	14.707930***	6.870930	2.452055***
$Brexit_t$	0.070194**	0.051871	0.022686
Year	—	—	0.032017
Ex_t	—	—	−0.465968
调整后的 R^2	0.866464	0.883810	0.902896
F 统计量	54.20664***	52.97834***	48.65348***
数据总量	210	252	294

本章通过增加新的变量年份和汇率以及滞后一期的商品进出口总额来检验模型的合理性。模型 1 选取 2016 年第 2 季度为英国脱欧的虚拟变量开始节点，将英国 GDP 总额和欧盟 GDP 总额、英国总人口和欧盟总人口作为控制变量。模型 2 加入滞后一期的商品进出口总额作为控制变量，发现 $Brexit_t$ 和 $\ln UKPOP_t$ 的系数并不显著。模型 3 加入英欧之间商品贸易的滞后项、时间和汇率的对数进行回归，以控制时间趋势和汇率对于贸易的影响，同样发现虚拟变量 $Brexit_t$ 的回归系数并不显著。

从图 59 可以清晰地看到，2016 年 6 月英国脱欧公投结果公布开启了英国脱欧进程，2016 年下半年双边贸易量出现了短暂的下降后又逐渐恢复，至 2018 年出现历史峰值。这一基本事实使得以 2016 年 6 月作为虚拟变量分界点进行回归系数不显著。继而,我们发现,2019年随着双方贸易谈判开启,双边贸易量自2019年下半年开始出现明显的下滑,回归系数显著性增强。

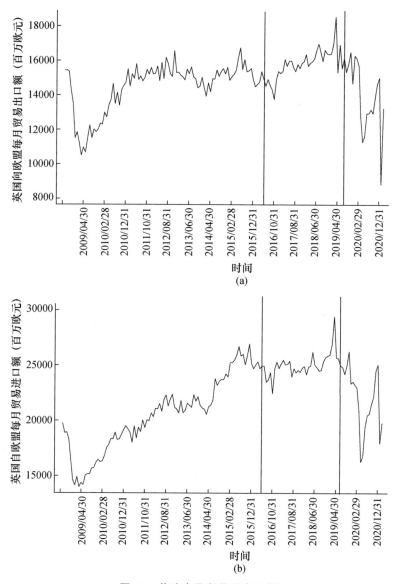

图 59　英欧商品贸易进出口额

数据来源:英国统计局官网、欧洲统计局官网、东方财富CHOICE数据库。

注:黑色竖线分别为2016年第2季度、2019年第2季度。

我们再以 2019 年第 2 季度为界分析英国脱欧对双边贸易额产生的影响。

模型回归结果见表 55,模型 1 表达式可写成如下形式:

$$\ln XT_t = 230.9086 + 1.034861\ln EUGDP_t + 1.046836\ln UKGDP_t$$
$$- 46.17470\ln EUPOP_t + 9.552624\ln UKPOP_t$$
$$- 0.063260 Brexit_t \quad (7-3)$$

表 55　2019 年第 2 季度为虚拟变量分界点的模型回归结果

变量	模型 1	模型 2	模型 3
截距项	230.9086	133.0269	129.6913
TX_{t-1}	—	0.253336***	0.256009**
$EUGDP_t$	1.034861***	0.825682***	0.947828 **
$UKGDP_t$	1.046836***	0.472632***	0.781680***
$EUPOP_t$	−46.17470***	−26.62614	−38.03817 **
$UKPOP_t$	9.552624***	4.651772	−0.714427
$Brexit_t$	−0.063260**	−0.038544	−0.038843
Year	—	—	0.044388
EX_t	—	—	−0.355426
调整后的 R^2	0.869888	0.881276	0.906603
F 统计量	55.82276***	51.72323***	50.74829***
数据总量	210	252	294

模型 1 选取 2019 年第 2 季度为英国脱欧的虚拟变量开始节点,将英国 GDP 总额和欧盟 GDP 总额、英国总人口和欧盟总人口作为控制变量。模型 2 在模型 1 基础上加入滞后一期的英欧商品进出口总额作为控制变量。模型 3 在模型 2 基础上加入英欧商品贸易滞后项、时间和汇率的对数进行回归以控制时间趋势和汇率对于贸易的影响。

从模型 1 回归结果可以看出,虚拟变量 $Brexit_t$ 的系数显著为负,表示英国脱欧这一政治事件对英欧之间的商品贸易额产生较为明显的负面影响。英国与欧盟于 2020 年 12 月 24 日确定了全新的贸易协议,英国自 2021 年 1 月 1 日正式完全脱离欧盟,双边贸易量遭受的负面冲击较大。整体来看,英国脱欧是双输的结果,双方都遭受负面冲击,导致双边贸易成本上升和贸易数量绝对下降。英国脱欧前从欧盟单一市场受益良多,即使脱欧后增加与其他经济体的贸易量,也无法弥补与欧盟贸易量的下降,因此脱欧导致英国对外贸易的净损失。英国脱欧导致双边贸易量下降的幅度取决于未来政策制定的不确定性、参与贸易产业的沉没成本、产品的市场进入成本。

四、贸易冲击的影响机制分析

英国脱欧对双方经济产生较大的负面影响,具体包括:

(一)短期非关税壁垒上升但长期走向不清晰

新的贸易模式下,英欧商品贸易关税将削减到零水平,但英国的贸易损失很大,原因在于双边贸易的非关税壁垒要比关税壁垒高。

第一,短期内,如果欧盟内部非关税壁垒不变,英国将面临较高的非关税壁垒。非关税壁垒包括贸易交易语言、结算货币、运输成本、法律障碍等,采取多种形式,包括原产地规则、通关成本、监管差异、外国市场进入限制、产品质量标准、许可证要求、国籍要求、技术人员流动壁垒等,自2021年起在双边贸易中逐渐显现。根据新的自由贸易协定,自2021年1月1日起,英国企业向欧盟出口商品必须要遵循欧盟的产品技术标准和市场准入规则,欧盟企业进入英国市场也要遵循英国的产品技术标准,欧盟和英国将对双边贸易商品进行海关检查,企业通关货币成本和时间成本增加,非关税壁垒显著上升。

脱欧前,欧盟内部成员之间实施多边互认制度,非关税壁垒极低。在欧盟单一市场销售产品,仅需要在一个成员内部取得产品技术销售许可,即可在所有欧盟成员内部销售,即使这些成员禁止销售该类产品。借助多边互认制度,一家企业可在欧盟其他成员设立分支机构销售产品或提供服务而不必得到该成员监管机构的批准,只需经过通知程序即可。多边互认制度实现了欧盟单一市场的产品销售自由和机构设立自由,也体现了欧盟准入监管和运行监管的统一,使得企业在欧盟单一市场内部的国际贸易极为开放和自由,成员之间交易成本大大降低,促进了欧盟单一市场的一体化。脱欧后,英国与欧盟成员将自动处于第三国地位,多边互认制度失效,英国企业在欧盟市场销售产品需要申请欧盟产品技术标准认证,非关税壁垒显著上升。

第二,新的贸易协议框架下英欧的非关税壁垒将会提高至略高于挪威但低于美国的水平。美国正与欧盟进行自贸区谈判,英国面临的欧盟的非关税壁垒会少于欧盟向美国执行的非关税壁垒。美国与欧盟的非关税壁垒约为11%,英国面临的欧盟的非关税壁垒可适当估计为美国的1/4,即约为2.77%。[①] 同样可以参考挪威,挪威模式是欧盟与其他经济体贸易合作最紧密的模式,完全处于单一市场中,挪威与欧盟的非关税壁垒约为2.11%。总体来看,英欧的非关税壁垒将会提高至2.11%—2.77%。

第三,从长期动态角度看,随着单一市场贸易更加紧密,欧盟内部的非关税壁垒和贸易成本递减,英国面临更高的非关税壁垒。同时,未来双方贸易制度环境的确定将会导致贸易增长和非关税壁垒下降,因此非关税壁垒走向尚不清晰。首先,随着单一市场内部贸易更加紧密,欧盟内部非关税壁垒和贸易成本降低,相较而言英国将面临更大的非关税壁垒。欧盟单一市场要素的自由流动促使各国市场价格趋于收敛,[②]如果欧盟持续降低内部市场的非关税壁垒,英国的贸易损失将被放大,在−3.09%至−1.13%之间。[③] 其次,从长期动态角度看,随着英欧双边贸易关系趋于稳定,贸易增长将导致非关税壁垒下降,达到5.68%至10.54%之间。[④]

第四,非关税壁垒的影响因产业、贸易弹性、产业比重等不同而不同。脱欧带来的贸易影响不仅取决于贸易壁垒的高低,也取决于受贸易壁垒影响的产业的贸易量占总贸易量的比重、贸易弹性、全球产业链构成等因素。目前,国际贸易越来越呈现多边化趋向,生产全球化与网络

---

① Latorre M. C., Z. Olekseyuk, H. Yonezawa, S. Robinson. Brexit: Everyone Loses, But Britain Loses the Most. Peterson Institute For International Economics Working Paper, March 2019.
② Méjean I., C. Schwellnus. Price Convergence in the European Union: Within Firms or Composition of Firms?. *Journal of International Economics*, 2009, 78(1).
③ Ottaviano G., et al. The Costs and Benefits of Leaving the EU. *CFS Working Paper*, 2014,(472).
④ Méjean I., C. Schwellnus. Price Convergence in the European Union: Within Firms or Composition of Firms?. *Journal of International Economics*, 2009,78(1).

化趋势明显增强。英国经济高度参与全球价值链,英国出口的产品中41%的中间品来自欧盟国家,其中的11%来自德国,6%来自法国,这一较高的比例说明英欧贸易更多地体现为供应链贸易。关税冲击依产业不同而不同,对处于生产网络核心地位的产业,关税冲击对产出的影响要远远大于处于生产网络边缘的产业。[1] 此外,英国贸易中容易受贸易壁垒影响的产业所占比重较高,英国脱欧对英国贸易的影响要大于对欧盟的影响。[2]

英国脱欧还会造成资源的无效转移,原因是生产率越高的企业,对外贸易参与度越高,受英国脱欧影响越大,产出下降越明显,造成资源从效率高的公司转移到效率低的公司。[3]

(二)英国脱欧形成持续的不确定性冲击

脱欧之前,英国与欧盟在 WTO 框架下具有清晰的一系列贸易协定。作为欧盟成员,英国享有欧盟与第三国生效的贸易协定36项。英国进出口贸易多受欧盟优惠贸易协定覆盖,覆盖范围包括英国约60%的出口和约64%的进口。在中间品贸易中,欧盟优惠贸易协定框架覆盖了英国约60%的进口和约56%的出口。脱欧后,英国将不再适用欧盟与第三国的贸易协定,短期内英国对外贸易协定的数量和贸易政策的覆盖范围会显著下降。此外,与欧盟站在一起的英国和作为单一国家的英国相比,显然前者的贸易谈判能力更加强大,未来英国贸易市场环境是否更优尚不得而知。

第一,英国脱欧对贸易环境产生了不断强化、持久的不确定性冲击。脱欧导致英欧企业面临全新的贸易环境,不确定性陡然上升。在解决好与欧盟的贸易关系后,英国在未来数年内需要重塑与世界各国的贸易关系,形成较长时间的贸易制度不确定性和制度空窗期,这对英国贸易环

---

[1] Amador J., R. Cappariello, R. Stehrer. Global Value Chains: A View from the Euro Area. *European Central Bank (ECB) Working Paper*, 2015,(1761).

[2] Kierzenkowski R., N. Pain, E. Rusticelli, S. Zwart. The Economic Consequences of Brexit: A Taxing Decision. *OECD Economic Policy Paper*, 2016,(16).

[3] Bloom N., P. Bunn, S. Chen, P. Mizen, P. Smietanka and G. Thwaites. The Impact of Brexit on UK Firms. *Bank of England Staff Working Papers*, 2019,(818).

境产生了不断强化、持久的不确定性冲击。① 市场不确定性越持久,企业对冲击的反应速度越缓慢,导致企业产生谨慎性效应,即企业不会大幅度削减贸易和投资,而是逐年谨慎削减,使得产出的恢复更为漫长。英国财政部也提出脱欧从三个渠道对市场产生不确定性冲击:一是过渡效应,失去欧盟成员地位后,市场会普遍预期过渡期英国的贸易和投资环境将较为保守和封闭;二是贸易制度的不确定效应,未来政府政策制定的不确定性大大增加;三是金融市场的波动效应。②

第二,贸易制度的不确定性对贸易量的影响是巨大的。稳定的贸易环境有利于企业形成稳定的市场预期,促进贸易量上升。反之,若企业无法预测未来贸易政策的走向,面对贸易环境的不确定性将会形成完全的风险效应,企业倾向于采取保守的国际市场进入和退出战略。首先,贸易环境的不确定性会扰乱企业的贸易决策,企业作决策时只能依据最坏的情形和尾部风险作出假设。2016年从英国进入欧盟市场的企业数量为384044家,其中新进入欧盟市场的企业为107436家,退出欧盟市场的企业为89561家。英国脱欧后,超过5200家企业不再向欧盟出口新产品,近4000家企业将现有产品撤出欧盟市场。③ 这一影响主要体现为:一是脱欧会提高企业对未来关税和非关税壁垒的期望值;二是未来不确定性增加会提高企业进入国外市场的成本。其次,稳定的贸易市场环境有利于贸易量的上升。贸易政策的确定性有利于企业进出口贸易的发展,如1986年葡萄牙加入原来的欧共体后由于贸易政策稳定导致双边贸易大幅增长;④中国与美国贸易政策的不确定性显著制约了中国

---

① Graziano A., K. Handley, N. Limão. Brexit Uncertainty and Trade Disintegration. Working Paper, 2018.

② HM Treasury Analysis: The Immediate Economic Impact of Leaving the EU. Https://www. gov. uk/government/publications/hm-treasury-analysis-the-immediate-economic-impact-of-leaving-the-eu, available at 2021-05-10.

③ Crowley M. A., O. Exton, L. Han. Renegotiation of Trade Agreements and Firm Exporting Decisions: Evidence from the Impact of Brexit on UK Exports. *CEPR Discussion Papers*, 2019, (13446).

④ Handley K., N. Limão. Trade and Investment under Policy Uncertainty: Theory and Firm Evidence. *American Economic Association*, 2015, 7(4).

对美国的出口贸易,①在 2001 年中国加入 WTO 后由于形成稳定的贸易环境,中国对美国出口增长了近 1/3。②

第三节 欧元区经济发展模式改革

一、深化金融市场一体化解决单一市场分裂

欧债危机初期,由于德国和法国反对,欧洲央行拒绝救助问题银行,即使银行业危机迅速在整个欧元区蔓延。因此,各国基于本国利益独立制定差异化的金融监管政策,人为造成金融市场的分割,加重了欧元区金融市场的分化。欧债危机期间,商业银行基于传统的业务习惯将国债视为无风险资产并持有大量国债,使得政府国债风险溢价传导到金融市场。

英国脱欧对欧盟金融市场的影响是英欧金融市场被人为割裂,英欧金融机构持有的金融市场单一执照失效。对于这些金融机构如何继续开展经营活动,双方没有搭建宏观的监管合作框架和具体的市场准入安排。

为应对债务危机和英国脱欧对欧盟金融市场的冲击,欧盟选择了通过深化一体化进程而不是倒退来解决目前金融市场的割裂问题。为打断成员主权债务危机与银行业危机之间的风险传导,欧盟建立了银行业联盟,通过统一对成员国内银行业体系进行监管为欧洲央行货币政策的有效性提供市场基础。银行业联盟的建立主要是为了遏制债务危机期间各成员银行业危机的传染效应,推动欧元区银行业执行严格而统一的监管标准,打破银行风险与主权风险之间的恶性循环。如果欧洲银行业联盟方案能够全部付诸实施,将成为欧元区成立以来金融监管领域最重大的制度变化,有助于避免主权债务危机与银行业危机的交叉演化,促

---

① Pierce J. R., P. K. Schott. Trade Liberalization and Mortality: Evidence from US Counties. *American Economic Review: Insights*, 2020, 2(1).

② Handley K., N. Limão. Policy Uncertainty, Trade, and Welfare: Theory and Evidence for China and the United States. *American Economic Review*, 2017, 107(9).

进实体经济的复苏。欧洲央行对监管银行的破产和牌照发放具有最终审核批准权,这对欧洲央行的监管职能无疑是巨大的挑战。欧洲央行既要制定统一的货币政策,又要与成员政府合作统一银行监管政策,最终通过在欧元区内制定统一的金融政策,达到金融市场稳定和一体化的目标,克服金融市场分化。

二、加强应对非对称性冲击能力

在欧债危机期间,各成员产出波动具有明显的不对称性,前文通过模型论证了产出的冲击形式会影响主权违约概率。直观而言,债务期限、违约时的经济增长等都会影响政府的违约决策,进而影响稳态的债务水平和该国的违约概率,政府很难在长期的经济发展之后承受产出突然的大幅度下跌,而较能适应对称的产出波动。

欧元区面临债务问题的国家本身债务率较高,外汇储备不足,劳动力工资刚性较强,社会福利较高,固化的经济和贸易结构使得改革初期开源节流异常艰难。这些国家经济自主性弱,过于倚重外向型服务业,对外部出口环境的依赖性强,同时资源匮乏,依赖进口,而出口附加值低,常年贸易经常账户逆差或顺差较少,对德国经济的依赖较深,对德国保持常年的贸易逆差,同时资本账户多为逆差,德国银行对这些国家的贷款弥补了其资金缺口。欧元区外围国家对核心国家的经常项目和资本项目双逆差使得这些国家积累了巨额的对外债务,需要对国内经济结构实行彻底的改革。

解决欧元区各国债务危机的根本思路是内因和外因结合。首先,各成员对内通过紧缩财政、增收节支的方式降低债务率。国际资金援助的重要经验是充分考虑被救助国家的经济结构,考虑大幅度紧缩开支带来的经济下行风险,适当优化贷款条件。其次,从优化外部条件入手提高债务国的偿债能力并承诺提供流动性支持。目前,欧洲央行事实上已经放弃独立性原则,推出量化宽松货币政策,弥补其功能的不足,承诺在成员国债面临流动性问题时及时入市购买该国国债,向市场提供流动性支持。

三、解决区域内部失衡

欧元启动意味着德国、法国等核心国家实际汇率贬值和西班牙、希腊、爱尔兰等外围国家实际汇率升值,还意味着核心国家居民存款贬值和外围国家存款升值,也意味着核心国家出口增加和外围国家出口减少。对于核心国家而言,近年来欧元升值起到了真实币值回归的作用,但对于启动之初就已经处于升值状态的外围国家而言,随后的升值继续推高真实汇率水平,这对于外围国家出口部门的打击是巨大的。这是理解欧元区经济结构失衡的重要前提。欧元流通后,希腊、意大利等国面临输入型通货膨胀,进一步削弱其出口产业竞争力,出口收入下降;高水平的社会保障支出具有明显的刚性,又大大恶化了这些国家的财政结构,直接导致其主权债务不可持续。

加入统一货币区后,成员财政能力受到削弱,不利于应对大规模的经济冲击和长期的经济增长。成员无法控制欧元的汇率,满足特定条件时,理性的政府就会选择通过违约方式减轻债务,而且市场对一国主权债券的怀疑预期可以自我实现,足以使得信用良好的成员陷入债务危机。欧元区要建立区域流动性合作机制,在主权债务市场面临流动性危机时,需要借助区域流动性支持机制稳住市场对可能违约成员政府主权债务市场的信心,在主权债务风险较高的成员和其他成员之间构筑一道隔离墙;同时向其他面临偿债缺口的国家提供资金支持,抑制债务危机的进一步蔓延。危机过后,欧盟在建立区域性合作机制方面进行了较大力度的改革,推出欧洲稳定机制、欧洲金融稳定机制、欧洲金融稳定基金,较好地压低了各国主权债券市场利率,切断了主权债务风险与债券市场融资成本的恶性循环。

四、英国脱欧后欧盟调整内外政策

英国脱欧前,欧盟层面统一的对外贸易政策促进了内部贸易发展,也不可避免地带来诸多问题。一是统一的贸易政策无法兼顾各成员贸易结构的差异,是各成员妥协的结果。德国是传统工业大国,而英国金融业全球领先,比较优势的差异决定了各成员在不同产业的关切点不同。以金融交易税的实施为例,2011年德国等提议对欧盟金融市场的投机交易征收"托宾税",从而为欧盟预算融资。金融交易税客观上提高了金融投机交易的成本,但削弱了伦敦的国际金融中心竞争力,因此,英国竭力反对,导致欧盟没有实施。由于付出多,所得少,英国一直竭力反对增加欧盟预算。2012年11月9日,由于英国强烈反对,欧盟财长会议未能就欧盟2014年至2020年财政预算案达成协议。欧盟预算是欧盟实现政治和经济目标的资源基础,有利于缩小成员发展差距,促进成员协调发展。欧盟预算的分配机制决定了较为落后国家是预算的净收益国,而较为富裕国家是预算的净贡献国。因此,虽然英国一再宣称欧盟提高财政预算的方案与欧洲各国采取的紧缩政策自相矛盾,但背后真正的考量是成本与收益的比较,反映出成员在欧盟财政预算方案上的分歧和微妙关系。二是统一的贸易政策无法兼顾成员与欧盟以外国家的双边贸易关系。在对待美国和中国两个大国的态度上,英欧存在较大的分歧。英国与美国贸易量较大,英国一直希望与美国达成自由贸易协定,但欧盟与美国的自由贸易协定进展缓慢。同样,英国与中国贸易互补性强,给予中国市场经济地位,并率先加入亚投行,与欧盟的立场不同。

英国脱欧让欧盟意识到现有制度设计的缺陷,在债务危机解决过程中,欧盟对原有的制度进行了根本改革。对于英国脱欧后续安排,欧盟拒绝英国挑拣,坚持两大统一以维持单一市场和关税同盟的完整性。一是坚持四大要素自由的统一。欧盟坚持商品、服务、人员和资本四大要素的自由流动必须统一,不允许英国挑拣。二是坚持高水准的单一市场进入与遵循欧盟监管法规的统一。欧盟强调若没有统一监管就无法保证公平的市场竞争环境,不能进入世界最高质量的单一市场。

英国脱欧导致英欧企业面临全新的贸易环境,在解决好与英国的贸易关系后,欧盟在未来数年内需要重塑与世界各国的贸易关系,这对欧盟贸易环境产生了不断强化、持久的不确定性冲击。因此,出于稳定贸易政策的考虑,欧盟会执行更为开放的贸易和投资政策。总体来看,如何妥善处理好与主要贸易伙伴的贸易关系是欧盟重建对外贸易政策框架的基石。

本 章 小 结

欧洲经济发展模式以德国社会市场经济模式为基本框架,以福利国家模式为特征,坚持自由经济的竞争政策和统一宏观政策并存,坚持市场经济和福利保障并存,坚持通过统一市场、统一政策和统一货币来实现单一市场的运行,追求经济效益和社会公平的平衡。欧洲经济发展模式以秩序自由主义为理论基础,成为欧盟单一市场建立的指导思想。在经历了债务危机和英国脱欧的双重冲击后,欧盟经济实力受到重大冲击,一直坚信的自由主义和社会市场经济理论也受到质疑。欧元区顺利运行以来,整体经济增长表现为前期平稳、后期迟缓,且成员发展不均衡。欧元区在实际运行过程中由于使用统一货币存在固有缺陷,成员之间经济周期各异,使用单一货币并统一中央银行使得各成员独立宏观经济政策工具缺失,成为加入单一货币区的代价。债务危机极大地冲击了欧盟一体化进程,也暴露出欧元单一货币区的内在缺陷。与美国、中国等新兴市场国家经济实力的此消彼长使得欧盟在单一市场的对内政策呈现出典型的现实性特点,如欧洲央行放弃独立性原则转而更为实质性地刺激经济增长和保持物价稳定;对外政策也呈现出微妙的变化,不再像美国一味单向地维护西方国家提倡的自由主义国际秩序,转而认同中国等国际影响力上升的现实,追求互惠互利和合作共赢。

希腊长期积累的债务问题难以在短期内明显解决,极大地消耗了欧洲国家的耐心,2012 年市场引发对希腊退出欧元区的讨论。但出于综合政治意义和欧元区完整性考量,德法将希腊继续留在欧元区。然而,希腊脱欧的讨论在英国变为现实。英国脱欧让欧盟意识到现有制度设计的缺陷,在债务危机解决过程中,欧盟对原有的制度缺陷进行了根本改革,是从实践上对单一货币区理论的修正和完善,避免了英国脱欧的跟风效应,也避免了欧洲一体化的倒退。欧盟提出建立"多速欧洲"目标,部分成员可根据自身情况不与先行国家同步,但欧盟整体走向全面一体化的方向不变。为打断成员主权债务危机与银行业危机之间的风险传导，欧盟建立了银行业联盟，通过统一对成员国内银行业体系进行监管为欧洲央行货币政策的有效性提供市场基础。

为从根本上解决欧债危机，欧盟采取的治理思路是内因和外因结合。首先，各成员对内通过紧缩财政、增收节支的方式降低债务率。其次，从优化外部条件入手提高债务国的偿债能力并承诺提供流动性支持。欧洲央行已经放弃独立性原则以弥补其功能的不足，承诺在成员国债面临流动性问题时及时入市购买该国国债，向市场提供流动性支持，以保证总债务量的可偿还性。基于稳定欧元区主权债务市场的需要，欧元区建立了区域性的流动性合作机制，在主权债务市场面临流动性危机时，借助于该机制稳住市场对可能违约成员政府主权债务市场的信心，在主权债务风险较高的成员和其他成员之间构筑一道隔离墙。另外，欧盟在建立区域性合作机制方面进行了较大力度的改革，推出欧盟稳定机制、欧盟金融稳定机制、欧盟金融稳定基金，较好地压低了各成员主权债券市场利率，切断了主权债务风险与债券市场融资成本的恶性循环。

第八章　欧元区现有制度的启示与建议

经济学科的一个重要特点是面对经济问题时难以进行事前的实验，无法复制经济危机的环境与爆发点，但可将历次经济危机看作天然的经济学实验，每次经济危机都有其导火索、演进逻辑和根本原因，因此应对每次发生过的经济危机都进行深刻反思和认真总结，在下一次危机来临时才能尽可能地减少应对失误，降低危机的破坏作用。中国目前尚没有爆发大规模债务危机，但存在地方政府隐性负债等多个债务风险点，使得中国应对债务危机的经验不足，没有应对债务问题的具体预案和备用工具，因此分析欧债危机对中国具有一定的警示意义。

一、希腊主权债务危机的解决方案及启示

欧元区主权债务危机始于希腊主权债务危机，2012年希腊国债发生信用违约事件，该事件使得希腊成为近60多年来首个违约的发达经济体。基于希腊特殊的欧元区成员地位，以及防范希腊债务风险向欧元区其他国家蔓延，自2009年希腊爆发债务危机至2018年债务危机基本解决，欧盟委员会、欧洲央行和IMF组成"三驾马车"对希腊提供了长达9年、共计3轮逾3000亿欧元的巨大资金援助，对该国债务危机的解决提供了关键的资金支持。

第一、第二轮资金援助对遏制希腊危机的恶化起到关键作用，但救助计划存在两大缺陷：一是对希腊政府仅提出较高的改革和债务率下降的目标。"三驾马车"提出希腊在2020年前把债务率从160%降低到120%的目标。从希腊实际的债务率下降进程来看，这一目标显然超出希腊政府的减债能力范围，2018年希腊债务率已经高达181.2%。二是对希腊削减开支和经济改革要求不具体，导致经济改革执行不彻底，过度强

调紧缩开支政策加剧了希腊社会矛盾,使其失业率上升明显。"三驾马车"在提供第三轮资金援助时总结了前两轮资金援助的缺陷,具体规范了每笔资金的使用去向,并考虑大幅度缩减开支带来的经济下行风险,适当下调了债务削减的目标。除了外部资金援助外,希腊政府全面更新本国的投资环境以吸引外资进入。

增收节支是主权国家解决债务问题的根本途径,是否有效取决于一国经济结构和贸易结构。2018年8月,希腊债务危机基本解决,但其债务压力依然巨大,在未来很长一段时期内将面临较高的偿债压力。希腊债务危机解决的复杂程度还与该国经济结构相关,希腊经济存在较为严重的结构性缺陷,该国经济自主性弱,过于倚重外向型服务业,对外部出口环境的依赖性强。希腊三产结构不合理,工业基础薄弱,第二产业在国民经济中占比较小。资源相对匮乏,能源和原材料依赖从德国、意大利、中国和俄罗斯进口,出口商品附加值较低,以矿产品、化工产品、机电产品、食品、饮料、烟草等为主,贸易长期维持逆差结构,使得贸易逆差难以逆转。从短期来看,希腊债务危机爆发时可以依赖强制性的债务减记实现债务减免;从长期来看,经济增长是解决债务的根本方法,希腊债务危机的最终解决只能依赖于收入的稳定增长以及经济结构的调整。

在债务危机解决过程中,希腊政府全面更新投资环境,出台新的《投资促进法》,针对重大战略投资制定特殊、快速的审批和许可流程通道,并通过设立风险投资基金、企业重组基金和小额贷款基金等新型融资工具帮助经济复苏。中国企业在希腊这一波外国直接投资涌入的热潮中数量增长迅速,投资效益良好。2016年8月,中国中远海运集团(以下简称"中远")以3.685亿欧元完成对希腊比雷埃夫斯港港务局67%股份的收购,并用5年时间追加3亿欧元的改扩建投资,是中国在欧洲投资的最大集装箱码头特许经营权项目。中远接手该港口后的第2年,该港口的利润就从2015年的312万欧元增加到2018年的4230万欧元,为希腊直接创造3100个就业岗位,间接创造1万个就业岗位,该港口成为地中海地区第二大集装箱营运港口。此外,中国企业近年对希腊的投资增长迅速,国家电网有限公司用3.2亿欧元收购了希腊电网运营商ADMIE 24%的股份,神华集团与希腊的库普罗佐斯集团共同在可再生能源项目投资 30 亿欧元,中兴与希腊电信公司 Forthnet 共同开发价值 5 亿欧元的光纤网络,百润公司和摩根士丹利投资 4850 万欧元收购希腊化妆品公司 Korres 的多数股权,中国开发银行、中国进出口银行和中国工商银行向希腊企业提供逾 20 亿美元的航运贷款。2019 年 10 月,中国工商银行在希腊设立代表处;2019 年 11 月,中国银行获得希腊央行颁发的银行营业执照,开设希腊首家分行;2017 年 11 月,希腊与中国签署《2017—2019 年希腊—中国联合行动计划》,并延期到 2020—2022 年;2018 年 8 月,希腊与中国正式签署"一带一路"合作谅解备忘录。

二、欧元区主权债务危机的解决方案及启示

希腊并不是世界上债务率最高的国家,也不是债务总量最多的国家,爆发债务危机与希腊处于单一货币区有关,欧元区单一的货币政策使得单个成员无法通过增发货币为其债务融资以缓解短期债务压力,欧洲央行在危机初期奉行不救助条款,没有第一时间对希腊等国施以援手,导致希腊债务问题在欧元区迅速蔓延。在危机解决过程中,欧盟对这些制度缺陷都进行了根本改革,是从实践上对单一货币区理论的修正和完善。2018 年 8 月,希腊成为欧元区最后一个结束资金援助的成员,与葡萄牙、西班牙和爱尔兰、意大利等国一起步入经济复苏道路,长达 9 年的欧债危机从形式上得以解决。

希腊债务危机并不是个例,反映了欧元区多个成员普遍存在经济结构和债务问题。首先,一些国家为加入欧元区,如希腊、意大利、葡萄牙、德国等通过货币掉期交易将负债转为外汇交易,用衍生品利息收入抵销债务等做法人为降低赤字率和债务总量,以达到加入欧元区的财务指标。加入欧元区以后,由于财政纪律松散,加之经济增长缓慢,这些国家债务指标纷纷"变脸"。有学者提出,过高债务率如 80% 及以上就会拖累经济增长,导致债务不可持续,强调欧元区财政纪律标准的重要性。Reinhart 和 Rogoff(2008)也指出,90% 的债务率是一个重要的临界点,一旦债务率超过 90%,日趋沉重的财政和债务负担将抑制经济增长。其次,欧元区多个国家存在严重的债务问题。如希腊、爱尔兰、葡萄牙和西班牙是四个寻求资金救助的国家。

欧债危机爆发的原因包括：一是外部诱因，即欧元区的财政纪律约束缺乏效力；二是成员丧失解决债务问题的多项工具，这是主要原因。加入欧元区后，各成员丧失通过发行货币减轻债务压力的工具。此外，债务风险的自我实现机制使得一国的债务风险传导到其他成员，这种债务风险的自我实现机制在欧债危机期间得以显现，使得面临较高债务但风险不高的国家如西班牙等由于投资者的风险预期导致国债收益率上升，出现融资困难。

成员固化的经济结构是债务危机的根源，改革经济结构是解决债务问题的长期思路。欧元区面临债务问题的国家外汇储备不足，劳动力工资刚性较强，社会福利较高，固化的经济和贸易结构使得改革初期开源节流异常艰难。同时，这些国家经济自主性弱，对外部出口环境的依赖性强，并且资源匮乏，依赖进口，而出口附加值低，常年贸易经常账户逆差或顺差较少，对德国经济的依赖性较强，对德国保持常年的贸易逆差。欧元区外围国家对核心国家的经常项目和资本项目双逆差使得这些国家积累了巨额的对外债务，如果不对国内经济结构实行彻底的改革，债务危机的爆发只是时间问题。

综合来看，解决一国债务危机的根本思路是在降低债务率的同时保持长期经济增长，通过长期的经济结构调整和经济增长提高政府收入以偿还债务，实现债务可维持。中国债务率整体处于平衡区间，需维持债务率水平，使其不超过一定阈值，以防止债务总量出现滚雪球效应并拖累经济增长。

三、欧债危机对最优货币区理论的完善与启示

欧债危机是对最优货币区理论的完善，而非否定。欧元区的启动及学者的深入研究从以下方面深化而非否定了最优货币区理论：

第一，最优货币区的条件存在内生性问题。Mundell(1963)最初给出的最优货币区标准较高，认为只有经济趋同性强的国家才适合组成最优货币区，但随后意识到，出于达到最优的效率改进目标，只有申请前各国加入标准呈现一定的差异才能在加入后实现更大的收益，即加入标准的内生性问题。

第二，由于潜在成员差异较大，仅通过单一指标或综合指标无法断定是否适合加入单一货币区。很多学者提出，欧元区的加入标准过于严格，使用旧政策下的历史数据制定加入标准存在"卢卡斯批判"问题，即加入欧元区后成员的经济政策会发生重大变化，能够带来经济指标的改善。原来不符合加入标准的国家在加入后经济向核心国家靠拢，经济收敛过程中实现了真正的经济一体化，即一体化过程可以自我加强。因此，综合性指标可以视为替代性方案。2017年，基于各成员一体化水平存在较大差异的现实，欧盟提出建立"多速欧洲"目标，体现了欧盟对成员现实差距的认识，比实现单一严格的一体化目标更接近现实，也具有可操作性。

第三，实证检验说明，目前欧元区各项经济指标总体不满足最优货币区理论的趋同性标准，但为最优货币区理论的完善提供了方向。我们选取加入欧元区需满足的经济指标，分别是名义通货膨胀率、利率、财政赤字率、债务率，并新增人均GDP作为经济趋同性的判断指标，以2009年为界线对欧债危机爆发前后欧元区经济运行现状与最优货币区理论进行比较研究。结果发现，欧元区成立之初仅部分满足了最优货币区理论的经济趋同标准，而债务危机的爆发恶化了各成员的经济条件，使得最优货币区理论的各项经济趋同标准出现了明显的分化，与经济学提出的最优货币区理论的经济趋同标准出现了较大的差距。

具体地，欧元区成员的人均GDP没有呈现趋同性，危机发生时的收入下降效应和危机发生后的财政紧缩效应是部分成员人均GDP明显下降的主要原因。各国之间的通货膨胀率差异化程度较小，欧元区整体区域内通货膨胀水平处于相对一致的区间，债务危机过后成员物价水平整体趋势大致相同，呈现典型的"M"形走势。在过去10年中各国国债利率总体不满足趋同性标准，财政赤字情况分为经济稳定时期的指标趋同阶段以及经济危机时期的指标非趋同阶段；各国长期债券利率水平在经济平稳增长时期趋于一致，在债务危机发生时期呈现明显的分散趋势。从债务率的分布结构来看，并非所有欧元区成员债务问题都严重，成员之间差异明显且难以改观。债务危机过后各成员债务率的基本基数不变，即高债务成员和低债务成员的结构没有发生显著变化。对急于走出债务危机的成员而言,短期的经济增长和物价稳定容易,但使债务水平下降到理想区间非常困难。

四、欧元区财政制度的内在缺陷及启示

理论模型反映出,欧元区主权债券市场中成员无法控制欧元的汇率,满足特定条件时,理性的政府就会选择通过违约方式减轻债务。这一结论从理论上印证了 2012 年希腊主权债务违约事件存在的必然性。货币政策统一而财政政策不统一是目前欧元区主权债券市场的根本缺陷。成员丧失本国货币的独立发行权,成为加入欧元区的代价。这即是"欧元区成员以无法控制的货币发行国债→无法发行货币,向债券持有人提供流动性担保→债券持有人产生清偿力怀疑,利率上升→财政赤字超标"的演进思路,反映了目前欧元区现有财政制度的内在缺陷与债务危机的动态诱发机制。

目前,欧元区财政制度的缺陷包括:第一,加入统一货币区后各国财政政策的空间受到制约。一是欧元区内部要素流动自由,提高税率容易引发要素流动,难以达到提高税收的目标。二是政府财政支出较少的国家面临要素流出的压力,要素流动增强削弱了政府应对经济周期的政策效力。此外,欧元区内存在财政政策的溢出效应,一国政府财政不自律最终会推高欧元区整体利率,欧洲央行会被迫实行宽松的货币政策,从而危及央行的独立性和欧元的稳定。第二,加入欧元后,成员政府并没有抓住经济增长的良机对财政结构进行实质性调整,而经济衰退来临时,政府刺激经济的举措又推高了原有的债务总量。第三,高福利的社会保障体系和劳动力市场缺乏弹性,大大压缩了欧元区成员改善国内财政结构的空间,使得各成员政府在财政收支上往往捉襟见肘。债务危机爆发后,欧盟开始对现有财政制度框架进行反思,致力于从两个方面弥补欧元区国债市场的缺陷。

一是改革货币发行主体。目前,欧洲央行事实上已经放弃独立性原则,推出量化宽松货币政策,承诺在成员国债面临流动性问题时及时入市购买该国国债。欧洲央行的量化宽松货币政策主要由三大操作完成,具体是向商业银行提供低息或抵押贷款以解决银行业危机,推出直接货币交易直接购买面临偿付危机的成员国债和企业债券以解决主权债务危机，通过利率走廊压低市场利率到负利率水平以避免通货紧缩并解决经济危机。

二是改革主权债券发行主体，探索组建更深层次的财政联盟。整体上看，在改革欧元区目前主权债券市场方面，欧盟采取通过深化一体化而不是倒退一体化来解决。首先，推出预算黄金法则。考虑到经济周期对欧元区各成员财政赤字超标具有一定的解释力，即扩张财政政策的实施是基于经济周期的正常反应。2011年，欧盟进行了财政约束框架改革，允许成员在一个经济周期中，而不是一年内，将本国的财政赤字率降低到0.5%以内，即欧盟制定的预算黄金法则。其次，增补欧洲央行的最后贷款人角色，在成员国债市场缺乏流动性时全额购买，且不设资金上限，以平抑国债利率，降低政府融资成本。这一改革思路容易达成共识，政治成本较小，缺陷是增强欧洲央行的职能并不能从根本上解决成员的债务高企和过度财政赤字问题，只能从短期内降低其再融资成本，不是解决存量债务和财政赤字问题的根本措施。

欧洲央行的资产负债表规模和结构更为直观地体现了其量化宽松货币政策的规模和力度。欧洲央行的资产负债表规模位于全球央行第一，我们通过VAR模型和脉冲模型表明欧洲央行货币供应量的变化对实体经济变量和金融市场变量的冲击。结果发现，欧洲央行的量化宽松货币政策对改善欧元区物价水平，特别是防范通货紧缩具有明显的政策效应，但对提振经济的作用极其有限，没有达到刺激经济增长的作用。此外，货币供应量的上升对区域内短期金融市场形成极其有限的脉冲冲击，无法在短期内压低债务国的债券利率。这说明开放经济中，一国量化宽松的货币政策会导致本币贬值和出口增加，但这依赖于一个重要前提，就是其他国家不实行本币贬值政策。由于主要经济体普遍实施量化宽松货币政策，使得一国央行量化宽松最可能带来的是通货膨胀，即避免了经济陷入通货紧缩，但无法实现就业增长和长期经济增长。

我们认为，各国政府在危机前后应该及时把握好短期与中长期宏观政策的转变过程。短期内，作为正常的反危机操作，通过量化宽松的货币政策解决危机的流动性有其合理性，但无法解决经济基本面问题；长期内，危机的最终解决要依靠经济基本面的转型。因此，各国政府要在适当的时机为宏观干预政策提供合适的退出机制，利用新的经济增长支撑点完成后危机时代的经济转型。

五、欧洲金融市场的内在缺陷及启示

欧洲金融市场在危机爆发后形成了事实上的分割。欧元区成立之后，由于德国和法国等信用良好的国家的隐形背书，国际投资者给予成员一致的信用预期，使得各国长期国债利率呈现十年的一致区间。债务危机爆发后，各国偿债压力普遍比较大，国际投资者对一国债务可持续性预期存在自我实现机制。如果投资者认为一国经济基本面恶化，或者地区性债务风险传染性较高，就预期该国国债不可维持，直接导致国债的风险溢价上升，加重该国的偿债负担，这种债务预期的自我实现机制在欧债危机期间得以显现，使得面临较高债务但风险不高的国家由于投资者的风险预期导致国债收益率上升，欧元区主权债务市场再次严重分化。

由于欧元区不是一个拥有独立主权和统一民族利益的国家，欧债危机初期，由于德国和法国反对，欧洲央行拒绝救助问题银行，即使银行业危机会迅速在整个欧元区蔓延。因此，各国基于本国利益独立制定差异化的金融监管政策，人为造成金融市场的分割，加剧了欧元区金融市场的分化。理论模型表明，在欧盟单一市场跨国经营的国际银行出现流动性危机时，如果实施救助的成员收益较少，而在不实施救助的境外市场收益较多，即使救助这家银行对于维持国家金融市场稳定具有重要意义，成员也将选择不救助这家银行。

欧盟单一市场存在"金融不可能三角"，克服"金融不可能三角"的现实方案是在欧元区内制定统一的金融政策，放弃独立金融政策的制定权，以换取金融市场稳定和整体化的目标，这为欧盟建立欧洲银行业统一监管体系提供了合理性。

欧洲主权债务危机与美国次贷危机在风险传导机制上最大的差异在于美国次贷危机中市场风险的传导是通过政府直接注资以及提供担保将单个商业银行的风险转移到政府公共部门，而欧洲主权债务危机的

风险转移与此相反,商业银行基于传统的业务习惯将国债视为无风险资产并持有大量国债,使得政府国债风险溢价传导到金融市场。为打断成员主权债务危机与银行业危机之间的风险传导,2012年6月,欧盟通过了建立银行业联盟的决议,统一对成员银行业体系进行监管,为欧洲央行货币政策的有效性提供市场基础。主要驱动力是为了抑制债务危机期间各成员银行业危机的传染效应,推动欧元区银行业执行严格而统一的监管标准,目标是打破银行业经营风险与主权债务风险之间的恶性循环。

欧洲银行业联盟由单一监管机制、单一清算机制和共同存款保险机制组成,被称为欧洲银行业联盟的"三大支柱"。第一支柱单一监管机制是欧洲银行业联盟三大支柱中唯一一个已经完全实现的机制。第二支柱单一清算机制由中央清算机构、单一清算委员会和清算基金组成,仍处于完善中。第三支柱共同存款保险机制尚没有建成并发挥作用,启动困难的重要原因是参与国经济利益的考量和潜在的道德风险。

英国脱欧对欧盟金融市场的影响是使英欧金融业单一市场准入通道于2020年底关闭。对于脱欧后英欧跨国金融机构如何继续开展经营活动,双方没有搭建宏观的监管合作框架和具体的市场准入安排。欧盟单一市场内部成员之间实施多边互认制度,即采用金融通行证方式。欧盟金融单一执照是母国控制和相互认可两种监管原则的综合实现方式,金融机构只要获得母国许可,而不必获得其他成员的监管许可就可以通过在其他成员设立分支机构或直接提供跨境金融服务,本质上是欧盟境内金融市场的相互开放。借助金融单一执照,欧盟实现了金融市场人员、资本、服务和资金的自由流动。英国脱欧后,为防止因制度缺失造成金融市场的人为割裂,宏观层面需要搭建替代金融通行证的市场准入框架,以保证英欧金融市场的正常交易。目前可能性最高的是英国依靠现有的第三国制度获得部分准入权利,即与欧盟达成基于第三国宏观层面的等效监管,金融机构无须向单个成员申请监管许可,即可获得有限的市场准入。等效监管认证不是长期稳定的市场进入方式,相比金融通行证几乎是全范围的市场开放,等效监管市场的开放呈现碎片化特点,覆盖范围狭窄,约为金融通行证的1/3,成为等效监管最大的缺陷。无论何种方式，英国脱欧短期内对于英欧金融机构的负面影响都是显然的，一定程度上需要在英国宽松灵活的监管环境和欧盟庞大的金融市场之间权衡取舍，业务重新布局势必提高短期经营成本，削弱市场份额。

中国金融机构在欧盟的业务布局普遍属于"欧盟总部＋英国子公司"这一类型。例如，中国农业银行、中国工商银行和中国建设银行都在税收优惠的卢森堡设立欧洲总部，中国银行则在卢森堡和英国设立双总部，利用金融通行证制度将业务覆盖欧盟市场，而英国市场是这四家中资银行的外汇、衍生品、离岸人民币、贷款和贸易融资的业务中心。因此，英国脱欧对中国银行业的负面影响不大，可继续利用欧盟总部维持原有欧盟市场业务，不确定的是英国对于境外子公司监管规则的改变。英国目前获得了独立的金融监管权，英国政府提出将伦敦建设成为"泰晤士河畔的新加坡"，将实施更为灵活和宽松的监管环境以吸引境外金融机构入驻，弥补脱欧带来的资本流失。因此，英国对于境外子公司的监管倾向于维持现状并保持灵活性，以吸引包括中国机构在内的全球资本。综合来看，这类机构业务调整成本最小。

中国金融机构在英欧一直涉世不深，受英国脱欧影响的业务较少，基本不存在将业务迁出英国的必要性。相反，英国脱欧为包括中国机构在内的第三国国际机构提供了新的业务拓展机遇，可动态追踪英欧市场最新监管环境的变化，充分利用英国脱欧后宽松的市场监管环境壮大业务优势，同时针对英国失去的欧盟单一市场业务类型，强化欧盟市场的业务能力。

六、欧元区区域性合作机制的建立及启示

债务危机后欧元区成员政府在国际市场融资成本出现分化。希腊、葡萄牙、西班牙等国发债成本一再攀升，2015年4月，希腊国债融资成本达12%，加剧该国资金链的断裂，而市场要求德国国债的收益率仅为0.12%，可见欧洲金融市场在危机爆发后形成了事实上的分割。

理论模型反映出，欧元区主权债券市场中成员无法控制欧元的汇率，满足特定条件时，理性的政府就会选择通过违约方式减轻债务。市场对一国国债的怀疑可以自我实现，这一特点使得一个主权债券信用良

好的国家也会陷入危机。货币政策统一而财政政策不统一是目前欧元区主权债券市场的根本缺陷。日本和美国的债务率都远高于欧元区84％的水平，但其国债利率一直处于低位，其中一个重要的原因是美联储和日本央行提供流动性支持。基于稳定欧元区主权债务市场的需要，欧元区要建立区域性的流动性合作机制，在主权债务市场面临流动性危机时，借助于该机制稳住市场对可能违约国政府主权债务市场的信心，在主权债务风险较高的成员和其他成员之间构筑一道隔离墙；同时向其他面临偿债缺口的国家提供资金支持，抑制债务危机的进一步蔓延，防止一国债务危机引发其他成员违约的多米诺骨牌效应。

危机过后，欧盟在建立区域性合作机制方面进行了较大力度的改革，推出欧盟稳定机制、欧盟金融稳定机制、欧盟金融稳定基金，较好地压低了各国主权债券市场利率，切断了主权债务风险与债券市场融资成本的恶性循环。欧盟金融稳定机制和欧盟金融稳定基金是过渡性的制度设计，都存在放贷能力受限、贷款利率较高的问题。2012年10月，欧盟稳定机制启动，于2013年7月起取代暂时性的机制安排，正式成为欧盟主导的危机救援长效机制，欧盟金融稳定机制和欧盟金融稳定基金不再使用，实现了欧元区制度设计的又一重大创新。

欧盟稳定机制的启动标志着欧元区已经建立起正式的区域性救助机制，能够防止主权债务违约的多米诺骨牌效应，切断债务风险的传导。但存在以下问题：放贷能力有限，资金成本较高，附加集体行动条款。作为欧元区永久性的危机应对长效机制，欧盟稳定机制的设立弥补了欧元统一货币区缺乏债务纾困机制的缺陷，对遏制欧洲债务危机蔓延起到关键作用。

鉴于IMF向主权国家提供资金援助时附加严苛的债务缩减和经济结构调整的条件，欧盟基于稳定区域内国债市场的考虑，启动欧盟金融稳定基金代替IMF功能对欧元区内面临债务危机的政府进行资金援助，将救助的着力点放在降低外围国家的融资成本，通过压低外围国家的债券利率帮助成员政府实现债务可持续上，弥补了欧元统一货币区缺乏债务纾困机制的缺陷，对遏制和防范未来可能的债务危机蔓延起到关键作用。

目前，东亚地区没有成立区域性的流动性支持机制，显示出东亚地区存在缺乏主权债务纾困机制以帮助东亚各国政府实现债务可持续的缺陷。中国目前尚没有爆发大规模的债务危机，但存在地方政府隐性负债等多个债务风险点，为防范潜在的债务风险，可组建具备流动性支持的债务支持基金，作为应对自身潜在债务问题的流动性支持工具，避免向 IMF 等国际贷款人贷款时被附加严苛的经济结构条件，损害中国的经济主权。

七、欧元区成员债务可持续性分析及启示

欧元区成员债务可持续性分析与独立的一国债务可持续性分析不同。希腊、意大利等欧元区成员并不是世界上债务率最高的国家，也不是债务总量最多的国家，爆发债务危机与这些国家处于单一货币区有关，欧元区单一的货币政策使得单个成员无法通过增发货币为其债务融资以缓解短期债务压力，欧洲央行在危机初期奉行不救助条款，没有第一时间对希腊等国施以援手导致希腊债务问题在欧元区迅速蔓延。我们运用财政学政府债务可持续性分析框架，构建适合欧元区成员的债务可持续均衡模型，主要结论包括以下方面：

第一，成员债务率趋于稳定的条件。成员政府国债利率的高低反映了该国债务存量和该国主权债券市场的信用状况，现有债务存量越低，主权债券市场信用度越高，该国越容易在国际市场以较低的融资成本发行国债（如德国）；反之，现有债务存量越高，主权债券市场信用度越低，该国在国际市场就越要以较高的融资成本发行国债（如希腊）。若成员丧失本国债券发行货币控制权，均衡的政府可维持最大财政赤字率和债务率都将下降。

第二，成员债务可持续的条件和动态规律。如果一国经济的实际增长速度小于该国国债实际利率，该国的债务率就会持续增长。若要促使一国债务率持续下降，则应在努力让收入大于支出的同时，保证经济增长速度超过国债利率，即政府只有产生净收入并能保证经济稳定增长时才能让本国债务率降下来。

目前研究一国债务可持续性的三种方法包括：基于跨期预算约束分

析债务可持续性、计算一国债务可负担的最高阈值、使用财政反应函数动态判断长期债务可持续性。我们依次分析其优缺点,最终确定使用第三种方法。

使用财政反应函数动态判断长期债务可持续性时能够对经济变量进行动态调整,更符合一国长期债务可持续的判断思路。只要一国对本国的财政支出情况依据债务率作出正向动态反应,减少财政开支或者增加财政收入就可以保证该国债务可持续。参考 Ghosh 等(2013a)的思路,结合最新数据对欧元区债务危机发生前后主要成员的债务可持续性进行实证分析,发现受益于出口增加和外资引入,希腊自 2018 年以来出现了主权债务可持续的迹象,西班牙、葡萄牙、爱尔兰等国整体债务可持续。最后,我们对欧债危机应对制度进行了反思。在欧元区债务问题解决思路上,以"三驾马车"为代表的监管机构主要通过缩减开支和增加收入两种渠道来展开。"三驾马车"在施援时要求受援国提供 GDP 2%—5%的财政收缩计划,但对国际资金援助的事后总结发现,过高的缩减开支、提高税收和经济改革要求会加剧受援国社会矛盾,使其失业率上升,导致该国社会福利支出基数增加,反而出现政府开支不降反升、经济增长暂时衰退的现象。因此,国际资金援助的重要经验是充分考虑受援国的经济结构,考虑大幅度缩减开支带来的经济下行风险,适当优化贷款条件,下调债务削减的目标,延长还款期并降低贷款利率,严格规定具体资金去向,确保资金使用的规范和有效性。

中国国债利率较低反映了中国债务存量和主权债券市场的信用状况良好。由于债务存量和国债利率存在相互实现机制,因此,中国应该继续维持现有较低的债务存量和主权债券市场信用度,以维持中国在国际市场的低融资成本和债务成本。

八、欧盟经济发展模式的反思及启示

欧洲经济模式以秩序自由主义为理论基础,成为欧盟单一市场建立的指导思想。面对债务危机和英国脱欧的双重冲击,欧盟经济实力受到重大打击,一直坚信的自由主义和社会市场经济理论也受到质疑。欧元区顺利运行以来,整体经济增长表现为前期平稳、后期迟缓,成员之间发展不均衡。成员之间经济周期各异,使用单一货币并统一央行使得各成员独立宏观经济政策工具缺失。债务危机极大地冲击了欧盟一体化进程,也暴露出欧元单一货币区的内在缺陷。与美国、中国等经济实力的此消彼长使得欧盟在单一市场的对内政策呈现出典型的现实性特点,如欧洲央行放弃独立性原则转而更为实质性地刺激经济增长和保持物价稳定;对外政策也呈现出微妙的变化,不再像美国那样一味单向地维护西方国家提倡的自由主义国际秩序,转而认同中国等国际影响力上升的现实,追求互惠互利和合作共赢。

英国脱欧让欧盟意识到现有制度设计的缺陷,在债务危机解决过程中,欧盟对这些制度缺陷进行了根本改革,从而避免了英国脱欧的跟风效应,也避免了欧洲一体化的倒退。为从根本上解决欧元区各国债务危机,欧盟的治理思路是内因和外因结合。对内,各成员通过紧缩财政、增收节支的方式降低债务率。对外,从优化外部条件入手提高债务国的偿债能力并承诺提供流动性支持。

九、后危机时代欧盟优化与中国经贸环境是大概率事件

欧债危机的爆发对中国经济增长产生了负面影响,通过抑制欧盟对中国出口贸易需求的增长进而对中国进出口贸易和经济增长产生抑制作用。在解决债务危机过程中,欧洲央行放弃独立性原则,实施量化宽松货币政策,对中国也产生了一定的政策外溢性:第一,欧盟经济复苏有利于中国。欧盟提出量化宽松货币政策旨在通过向市场注入流动性达到刺激经济复苏的目的。中国目前已是欧盟第一大出口国和第二大进口国,欧盟实体经济复苏有利于改善中国经济增长的外部环境。但同时也应看到,在美国、日本、欧洲央行纷纷推出量化宽松货币政策的背景下,该政策对经济的提振效果有所减弱,更无法从根本上解决各国面临的经济结构问题。第二,量化宽松货币政策的溢出效应给中国经济稳健增长造成困难。各国量化宽松货币政策直接导致全球市场流动性增加,投资者风险偏好增强,短期内大量资本涌入,压缩了中国政策调整的空间。未来主要货币之间的汇率更加不稳定,中国面临输入型通货膨胀和人民币汇率升值双重压力,不利于中国经济增长和资本市场健康发展。

中国应该及时适应国外经济形势新变化,更多地致力于国内因素的改善以应对外部量化宽松货币政策的不利冲击。首先,加快经济发展方式的转变,保持稳健的货币政策和汇率政策,扩大内需,坚持出口和进口并重,加快企业走出去步伐,通过国内经济结构的改善应对潜在的通货膨胀和人民币升值压力。其次,继续深化金融体制改革,加强对国际资本跨境流动的监管,维护金融稳定,通过资本市场的健康发展提高抵御国际经济风险的能力。

主要参考文献

1. Acharya V. A Theory of Systemic Risk and Design of Prudential Bank Regulation. *Journal of Financial Stability*, 2001, 5(3).

2. Agnello L., R. M. Sousa. Can Re-regulation of the Financial Sector Strike Back Public Debt?. *Economic Modelling*, 2015, 51.

3. Aguiar M., E. Hurst, and L. Karabarbounis. Time Use During the Great Recession. *The American Economic Review*, 2013, 103(5).

4. Aguiar M., et al. Efficient Expropriation: Sustainable Fiscal Policy in a Small Open Economy. *Boston Fed Working Paper*, 2006.

5. Aguiar M., G. Gopinath, Defaultable Debt, Interest Rates and the Current Account. *Journal of International Economics*, 2006, 69(1).

6. Akiba H., Y. Iida. Monetary Unions and Endogeneity of the OCA Criteria. *Global Economic Review*, 2009, 38(1).

7. Alejandro G., K. Handley, N. Limão, Brexit Uncertainty and Trade Disintegration. *NBER Working Paper Series*, 2018, (25334).

8. Alesina A., G. Tabellini, and F. R. Campante. Why Is Fiscal Policy Often Procyclical?. *Journal of the European Economic Association*, 2008, 6(5).

9. Amador J., R. Cappariello, R. Stehrer, Global Value Chains: A View from the Euro Area. *European Central Bank (ECB) Working Paper*, 2015, (1761).

10. Anderson J., E. Van Wincoop. Trade Costs. *Journal Of Economic Literature*, 2004, 42(3).

11. Arellano C. Default Risk and Income Fluctuations in Emerging Economies. *American Economic Review*, 2008, 98(3).

12. Bacchetta P, C. Tille, E. van Wincoop. Self-Fulfilling Risk Panics. *American Economic Review*. 2012, 102(7).

13. Baglioni A., A. Boitani and M. Bordignon. Labor Mobility and Fiscal Policy in a

Currency Union. *Public Finance Analysis*, 2016, 72(4).

14. Barro R. J. and David B. Gordon. A Positive Theory of Monetary Policy in a Natural Rate Model. *Journal of Political Economy*, 1983, 91(4).

15. Barro R. J. Convergence. *Journal of Political Economy*, 1992, 100(100).

16. Baum A., C. Checherita-Westphal and P. Rother. Debt and Growth New Evidence for the Euro Area. *ECB Working Paper Series*, 2012a, (1450).

17. Baum A, M. P. Ribeiro, A. Weber. Fiscal Multipliers and the State of the Economy. *IMF Working Papers*, 2012b, 12(286).

18. Bayoumi T. and P. R. Masson. Fiscal Flows in the United States and Canada: Lessons for Monetary Union in Europe. *CEPR Discussion Papers*, 1994, (1057).

19. Bean C. and C. Mayer. Capital Shortages and Persistent Unemployment. *Economic Policy*, 1989, 8(4).

20. Belke A. and D. Gros. The Economic Impact of Brexit: Evidence from Modelling Free Trade Agreements. *Ruhr Economic Papers*, 2017, 45(3).

21. Belke A., I. Dubova & T. Osowski. Policy Uncertainty and International Financial Markets: The Case of Brexit. *ROME Working Papers*, 2016, (7).

22. Bernanke B. S., *et al*, Measuring the Effects of Monetary Policy: A Factor-Augmented Vector Autoregressive (FAVAR) Approach, *Quarterly Journal of Economics*, 2005, 120(1).

23. Blanchard O. J., L. F. Katz. Regional Evolutions. *Brookings Papers on Economic Activity*, 1992, 22(1).

24. Bloom N., P. Bunn, S. Chen, P. Mizen, Pawel Smietanka and G. Thwaites. The Impact of Brexit on UK Firms. *Bank of England Staff Working Paper*, 2019, (818).

25. Bloom N., S. Bond and J. Van Reenen. Uncertainty and Investment Dynamics. *Review of Economics Studies*, 2007, 74(2).

26. Bohn H. Are Stationarity and Cointegration Restrictions Really Necessary for the Intertemporal Budget Constraint?. *Journal of Monetary Economics*, 2007, 54(7).

27. Bohn H. Part 2: Declining Treasury Debt Government Asset and Liability Management in an Era of Vanishing Public Debt. *Journal of Money Credit & Banking*, 2002, 34(3).

28. Borys P., P. Ciżkowicz, and A. Rzońca. Panel Data Evidence on the Effects of Fiscal Policy Shocks in the EU New Member States. *Fiscal Studies*, 2014, 35(2).

29. Bowdler C., R. P. Esteves. Sovereign Debt: The Assessment[J]. *Oxford Re-*

view of Economic Policy, 2013, 29(3).

30. Boz E. Can Miracles Lead to Crises? The Role of Optimism in Emerging Markets Crises. *IMF Working Papers*, 2010, 41(6).

31. Boz E., E. G. Mendoza. Financial Innovation, the Discovery of Risk, and the U. S. Credit Crisis. *IMF Working Papers*, ,2010,10(164).

32. Bruno M., J. Sachs. *Economics of World Wide Stagflation*. Harvard University Press,1985.

33. Buiter W. H. The EMU and the NAMU: What Is the Case for North American Monetary Union?. *Canadian Public Policy*, 1999,25(3).

34. Calmfors L., and John Driffill. Bargaining Structure, Corporatism and Macroeconomic Performance. *Economic Policy*,1988,6(3).

35. Calvo G. A. Controlling Inflation: The Problem of Non-Indexed Debt. *IMF Working Papers*, 1988, 88(29).

36. Calvo G. A. Servicing the Public Debt: The Role of Expectations. *Contributions to Economic Analysis*, 1989, (181).

37. Caner M., F. Koehler-Geib, G. A. Vincelette. When Do Sudden Stops Really Hurt?. *Policy Research Working Paper Series*,2009,(5021).

38. Canova F. ,*Methods for Applied Macroeconomic Research*. Princeton University Press, 2007.

39. Chatterjee S., B. Eyigungor. Foreclosures and House Price Dynamics:A Quantitative Analysis of the Mortgage Crisis and the Foreclosure Prevention Policy. *Working Papers*, 2009, 88(9-22).

40. Checherita-Westphal C., P. Rother. The Impact of High and Growing Government Debt on Economic Growth: An Empirical Investigation for the Euro Area. *Social Science Electronic Publishing*, 2010, 56(1237).

41. Corden W. M. and R. Findlay. Urban Unemployment, Intersectoral Capital Mobility and Development Policy. *Economica*, 1975, 165(42).

42. Coudert V., and Cécile Couharde. Exchange Rate Regimes and Sustainable Parities for CEECs in the Run-up to EMU Membership. *Revue économique*, 2003,54(5).

43. Cristina A. Default and the Maturity Structure in Sovereign Bonds. Research Department Staff Report 410. Federal Reserve Bank,2008.

44. Crowley M. A., O. Exton, and L. Han. Renegotiation of Trade Agreements and Firm Exporting Decisions: Evidence from the Impact of Brexit on UK Exports.

CEPR Discussion Papers, 2019,(13446).

45. Dale R., S. Wolfe. The Structure of Financial Regulation. *Journal of Financial Regulation & Compliance*, 1998, 68(4).

46. De Grauwe P. The Governance of a Fragile Eurozone. *CEPS Working Document*, 2011,(346).

47. Dellas H., V. B. Swamy, and George S. Tavlas. The Collapse of Exchange Rate Pegs. *The Annals of the American Academy of Political and Social Science*, 2002, 579(1).

48. Dhingra S., *et al*. The Costs and Benefits of Leaving the EU: Trade Effects. *Economic Policy*, 2017, 32 (92).

49. Diebold R. Measuring Business Cycle: A Modern Perspective. *Home Pages*, 1996, 78(1).

50. Domenico S., C. M. Ehrmann, B. Fiesolana, *et al*. Will EMU Generate Asymmetry? Comparing Monetary Policy Transmission Across European Countries. European University Institute, 1998.

51. Dornbusch R., C. A. Favero and F. Giavazzi. The Immediate Challenges for the European Central Bank. *Economic Policy*, 2010, 26.

52. Dornbusch R., C. Favero, F. Giavazzi, *et al*. EMU, Immediate Challenges for the European Central Bank. *Economic Policy*, 1998, 13(26).

53. Dornbusch R., *et al*. Immediate Challenges for the European Central Bank. *Economic Policy*, 1998,(26).

54. Dornbusch R. The EMS, The Dollar and the Yen. C. E. P. R. Discussion Papers, 1987.

55. Dorrucci E., Stefano Firpo, Marcel Fratzscher, and Francesco Paolo Mongelli. The Path of European Institutional and Economic Integration: What Lessons for Latin America?. *Journal of Economic Integration*, 2005, 20(2).

56. Durdu C. B., E. G. Mendoza, M. Terrones. On the Solvency of Nations: Are Global Imbalances Consistent with Intertemporal Budget Constraints?. IMF Working Papers, 2010.

57. Durdu C. B., R. Nunes, H. Sapriza. News and Sovereign Default Risk in Small Open Economies. *International Finance Discussion Papers*, 2010,(997).

58. Eaton J., M. Y. Gersovitz. Debt with Potential Repudiation: Theoretical and Empirical Analysis. *Review of Economic Studies*, 1981, 48(2).

59. Eichengreen B. J. Historical Research on International Lending and Debt. *The Journal of Economic Perspectives*, 1991, 5(2).

60. Eichengreen B. J., I. Ötker, A. J. Hamann, et al. Exit Strategies: Policy Options for Countries Seeking Exchange Rate Flexibility. *IMF Occasional Papers*, 1998, (14).

61. Farhi E., I. Werning. Fiscal Multipliers: Liquidity Traps and Currency Unions. *NBER Working Papers*, 2012, 7.

62. Ferroni F. & B. Klaus, Euro Area Business Cycles in Turbulent Times: Convergence or Decoupling?. *Applied Economics*, 2015, 47(34).

63. Fleming J. M. On Exchange Rate Unification. *The Economic Journal*, 1971, 323(81).

64. Francois J., K. Berden, S. Tamminen, M. Thelle, P. Wymenga. Non-Tariff Measures in EU-US Trade and Investments: An Economic Analysis. *Institute for International and Development Economics Discussion Paper*, 2013, (20090806).

65. Frankel J. A., A. K. Rose. The Endogenity of the Optimum Currency Area Criteria. *The Economic Journal*, 1998, 108(449).

66. Franklin A., et al. Optimal Currency Crises. Carnegie Rochester Conference, 2000.

67. Ghosh A. R., J. D. Ostry, M. S. Qureshi. Fiscal Space and Sovereign Risk Pricing in a Currency Union. *Journal of International Money & Finance*, 2013a, 34.

68. Ghosh, A. R., J. I. Kim, E. G. Mendoza, et al. Fiscal Fatigue, Fiscal Space and Debt Sustainability in Advanced Economies. *The Economic Journal*, 2013b, 566(123).

69. Goodhart C. and D. Schoenmaker. Should the Functions of Monetary Policy and Banking Supervision Be Separated?. Oxford Economic Papers. 1995, 47(4).

70. Grubel H. G., J. N. Bhagwati, R. W. Jones, R. A. Mundell, & J. Vanek. Trade, Balance of Payments, and Growth, Papers in iInternational Economics in Honor of Charles p. Kindleberge. *Journal of Finance*, 1973, 28(1).

71. Grubel H. G. The Theory of Optimum Currency Areas. *The Canadian Journal of Economics*, 1970, 3(2).

72. Hamilton J. A. New Approach to the Economic Analysis of Nonstationary Time Series and The Business Cycle. *Econometrica*, 1989, 57(2).

73. Handley K., and N. Limão., Policy Uncertainty, Trade, and Welfare: Theory and Evidence for China and the United States. *The American Economic Review*, 2017,

107(9).

74. Handley K., and N. Limão. Trade and Investment Under Policy Uncertainty: Theory and Firm Evidence. *NBER Working Papers*, 2015, 7(4).

75. Hansen B. E., Threshold Effects in Non-Dynamic Panels: Estimation, Testing and Inference. *Journal of Econometrics*, 1999, 93(2).

76. Hanten M., O. Sacarcelik, After the Sunset: The Impact of Brexit on EU Market Access for Banks and Investment Firms. *EBI Working Paper Series*, 2018, 22.

77. Hatchondo J. C., L. Martinez, H. Sapriza. Heterogeneous Borrowers in Quantitative Models of Sovereign Default. *International Economic Review*, 2009, 50(4).

78. Hatchondo J. C., L. Martinez, H. Sapriza. Quantitative Properties of Sovereign Default Models: Solution Methods Matter. *Review of Economic Dynamics*, 2010, 13(4).

79. Hatchondo J. C., L. Martinez. Long-Duration Bonds and Sovereign Defaults. *Journal of International Economics*, 2009, 79(1).

80. Horvath R., and L. Komarek. Optimum Currency Area Indices: Evidence from the 1990s. *Warwick Economic Research Papers*, 2003, (665).

81. Howarth D., L. Quaglia, The Difficult Construction of a European Deposit Insurance Scheme: A Step too far in Banking Union?. *Journal of Economic Policy Reform*, 2018, 21(3).

82. Ingram H. The Impact of Constituency on the Process of Legislating. *The Western Political Quarterly*, 1969, 22(2).

83. Ishiyama Y. The Theory of Optimum Currency Areas: A Survey. *IMF Working Papers*, 1975, 22(2).

84. Jackman R., and R. Layard. Does Long-Term Unemployment Reduce a Person's Chance of a Job? A Time-Series Test. *Economica*, 1991, 229 (58).

85. Jakob von Weizsäcker, J. Delpla. The Blue Bond Proposal. *Policy Briefs*, 2010, (403).

86. Jürgen von Hagen, and B. Eichengreen. Federalism, Fiscal Restraints, and European Monetary Union. *The American Economic Review*, 1996, 86(2).

87. Karagiannis S., Y. Panagopoulos, P. Vlamis. Interest Rate Pass-through in Europe and the US: Monetary Policy after the Financial Crisis. *Journal of Policy Modeling*, 2010, 32(3).

88. Kaufman D. A. Welfare and the Private Provision of Public Goods When Altru-

ism Increases. *Public Finance Review*, 1994, 22(2).

89. Kenen P. B. Capital Controls, the EMS and EMU. *The Economic Journal*, 1995, 428(105).

90. Kenen P. B. The International Position of the Dollar in a Changing World. *International Organization*, 1969a, 23(3).

91. Kenen P. B. The New Fiscal Policy: Comment. Journal of Money. *Credit and Banking*, 1969b, 3(1).

92. Kierzenkowski R., N. Pain, E. Rusticelli, S. Z. Click, The Economic Consequences of Brexit: A Taxing Decision. *OECD Economic Policy Papers*, 2016, (16).

93. Kim J. Y., C. D. Mitnick, J. Bayona, R. Blank, M. Murray. Examining Assumptions about Multidrug-resistant Control. *Bulletin of the World Health Organisation*, 2002, 80(6).

94. Kirova S. The First Steps Toward The Banking Union's Implementation and Effects on the Eurozone Banking Sector. *Nephron Clinical Practice*, 2017, 55(1).

95. Krugman P. Can Europe be Saved?. *New York Times*, January 12, 2011.

96. Krugman P. Revenge of the Optimum Currency Area. *NBER Macroeconomics Annual*, 2013, 27(1).

97. Kumar, M. S. and J. Woo, Public Debt and Growth. *IMF Working Papers*, 2010, WP/10/174.

98. Kydland F. E., and E. C. Prescott. Rules Rather than Discretion: The Inconsistency of Optimal Plans. *Journal of Political Economy*, 1977, 85(3).

99. Lizarazo S., Contagion of Financial Crises in Sovereign Debt Markets. Germany University Library of Munich, Germany, 2010.

100. Ljungqvist L., T. J. Sargent. European Unemployment and Turbulence Revisited in a Matching Model. *Journal of The European Economic Association*, 2004, (2).

101. Lombardo G. Price Rigidity, the Mark-up, and the Dynamics of the Current Account. *The Canadian Journal of Economics*, 2002, 35(3).

102. Manasse P., N. Roubini. "Rules of Thumb" for Sovereign Debt Crises. *IMF Working Papers*, 2005, 78(2).

103. María C. L., et al. Brexit: Everyone Loses, But Britain Loses the Most. *Peterson Institute For International Economics Working Paper Series*, March 2019.

104. Mauro P., T. Bayoumi. The Suitability of ASEAN for a Regional Currency Arrangement. *IMF Working Papers*, 1999, 24(7).

105. McKinnon R. I. EMU as a Device for Collective Fiscal Retrenchment. *The American Economic Review*, 1997, 87(22).

106. McKinnon R. I. Intergovernmental Competition in Europe with and without a Common Currency. *Journal of Policy Modeling*, 1995, 17(5).

107. McKinnon R. I. Optimum Currency Areas. *The American Economic Review*, 1963, 53(4).

108. McKinnon R. I. The Rules of the Game: International Money in Historical Perspective. *Journal of Economic Literature*, 1993, 31(1).

109. Mejean I., C. Schwellnus. Price Convergence in the European Union: Within Firms or Composition of Firms?. *Journal of International Economics*, 2009, 78(1).

110. Melitz J. A Suggested Reformulation of the Theory of Optimal Currency Areas. *CEPR Discussion Papers*, 1991, 6(3).

111. Mendoza E. G., J. D. Ostry. International Evidence on Fiscal Solvency: Is Fiscal Policy "Responsible"?. *IMF Working Papers*, 2008, 55(6).

112. Mendoza E. G., V. Z. Yue. A Solution to the Disconnect between Country Risk and Business Cycle Theories. *NBER Working Papers*, 2008.

113. Michaela H., C. Fahrholz. The Impact of Brexit on Financial Markets—Taking Stock. *International Journal of Financial Studies*, 2018, 6(3).

114. Morley, J., J. M. Piger. The Importance of Nonlinearity in Reproducing Business Cycle Features. *Contributions to Economic Analysis*, 2004, (32).

115. Morris C., C. Potter. Recruiting the New Conservationists: Farmers' Adoption of Agri-environmental Schemes in the U. K. *Journal of Rural Studies*, 1995, 11(1).

116. Mundell R. A. Capital Mobility and Stabilization Policy under Fixed and Flexible Exchange Rates. *The Canadian Journal of Economics and Political Science*, 1963, 29(4).

117. Mundell R. A. Currency Areas, Common Currencies, and EMU. *The American Economic Review*, 1997, 87(2).

118. Mundell R. A. Theory of Optimum Currency Areas. *The American Economic Review*, 1961, 51(4).

119. Mundell R. A. The Pure Theory of International Trade. *The American Economic Review*, 1960, 50(1).

120. Neumeyer P., F. Perri. Business Cycles in Emerging Economies: The Role of Interest Rates. *Journal of Monetary Economics*, 2005, 52(2).

121. Ostry J. D., A. R. Ghosh, K. F. Habermeier, et al. Capital Inflows: The Role of Controls. *IMF Staff Position Notes*, 2010, 12(23).

122. Ottaviano G., et al. The Costs and Benefits of Leaving the EU. *CFS Working Paper*, 2014, (472).

123. Pavitt K., M. Robson, J. Townsend. The Size Distribution of Innovating Firms in the UK: 1945-1983. *The Journal of Industrial Economics*, 1987, 35(3).

124. Peersman G., F. Smets. The Industry Effects of Monetary Policy in the Euro Area. *Working Paper Series*, 2002, (165).

125. Pesaran M., S. Potter. A. Floor and Ceiling Model of US Output. *Journal of Economic Dynamics and Control*, 1997, 21.

126. Pierce J. R. and P. K. Schott. Trade Liberalization and Mortality: Evidence from US Counties. *American Economic Review: Insights*, 2020, 2.

127. Piroska D., A. Podvršič. New European Banking Governance and Crisis of Democracy: Bank Restructuring and Privatization in Slovenia. *New Political Economy*, 2019, 3.

128. Potter S. A Nonliear Approach to US GNP. *Journal of Applied Econometrics*, 1995, 10(1).

129. Ramaswamy R., J. M. Musser. Molecular Genetic Basis of Antimicrobial Agent Resistance in Mycobacterium Tuberculosis: 1998 Update. *Tubercle & Lung Disease*, 1997a, 79(1).

130. Ramaswamy R., T. Sloek, The Real Effects of Monetary Policy in the European Union: What Are the Differences?. *IMF Working Paper*, 1997b, (16).

131. Reinhart C. M., K. S. Rogoff. Growth in a Time of Debt. *American Economic Review*, 2010, 100(2).

132. Reinhart C. M., K. S. Rogoff. *This Time is Different: Eight Centuries of Financial Folly*. Princeton University Press, 2008.

133. Rowthorn B., R. Ramaswamy. *Deindustrialization: Its Causes and Implications*. International Monetary Fund, 1997.

134. Sala-I-Martin X., J. Sachs. Fiscal Federalism and Optimum Currency Areas: Evidence for Europe from the United States. *NBER Working Papers*, 1991, (3885).

135. Sapir A., D. Schoenmaker, N. Véron, Making the Best of Brexit for the EU-27 Financial System. *Policy Briefs*, 2017, (1).

136. Schoenmaker D. and N. Véron. A "Twin Peaks" Vision for Europe. *Policy*

Contributions,2017,(13).

137. Schoenmaker D. The Financial Trilemma. *Economics Letters*,2011,111.

138. Stavrev E., M. Cihák, T. Harjes. Euro Area Monetary Policy in Uncharted Waters. *Social Science Electronic Publishing*,2009,9(185).

139. Steinberg J. B. Brexit and the Macroeconomic Impact of Trade Policy Uncertainty. *Journal of International Economics*,2019,117.

140. Tauchen G., R. Hussey. Quadrature-Based Methods for Obtaining Approximate Solutions to Nonlinear Asset Pricing Models. *Econometrica*,1991,59(2).

141. Tauchen G. [Statistical Properties of Generalized Method-of-Moments Estimators of Structural Parameters Obtained from Financial Market Data]: Reply. *Journal of Business & Economic Statistics*,1986,4(4).

142. Tavlas G. The "New" Theory of Optimal Currency Areas. *World Economy*,1993,16(11).

143. Tsermenidis K. Retail Bank Interest Rate Pass-through in the Euro Area: The Impact of the Financial Crisis. 5th International Conference on Accounting and Finance. University of Macedonia, Dept. of Accounting and Finance, 2014.

144. Tsoukis C. Book Review: Should Britain Leave the EU?: An Economic Analysis of a Troubled Relationship. *South-Eastern Europe Journal of Economics*,2016,14.

145. Vieira P. C., A. Fernandes. The Present Economic and Sovereign Debt Crisis: Evaluation and the Way out. *Economics Bulletin*,2012,32(3).

146. Weber A., R. Baldwin, M. Obstfeld. Reputation and Credibility in the European Monetary System. *Economic Policy*,1991,6(12).

147. Wolf H.. German Economic Unification Twenty Years Later. *German Politics & Society*,2010,95(28).

148. Woo J., M. S. Kumar. Public Debt and Growth. *Economica*,2015,82(328).

149. Wymeersch E. Systemic Risk after Brexit: Transitional Measures for the Financial Markets. *European Company and Financial Law Review*,2019,16(4).

150. 丁纯:《从希腊债务危机看后危机时代欧盟的经济社会状况》,载《求是》2010年第7期。

151. 丁纯、张铭心、杨嘉威:《"多速欧洲"的政治经济学分析——基于欧盟成员国发展趋同性的实证分析欧洲研究》,载《欧洲研究》2017年第4期。

152. 何代欣:《主权债务适度规模研究》,载《世界经济》2013年第4期。

153. 李稻葵、梅松:《美元M2紧缩诱发世界金融危机:金融危机的内外因论及其检验》,载《世界经济》2009年第4期。

154.《欧洲联盟基础条约——经里斯本条约修改》,程卫东等译,社会科学文献出版社2010年版。

155.庞晓波、李丹:《突发事件对我国政府债务风险的影响评估:证据与展望》,载《数量经济研究》2016年第2期。

156.商登:《基于欧债危机视角下的最优货币区理论与实践反思》,武汉大学2014年博士学位论文。

157.史特吉·乌利斯:《希腊:致力发展外向型经济》,载《中国投资》2019年第9期。

158.伍贻康:《重新认识欧洲的生命力——兼论欧债危机与欧盟转型》,载《学术前沿》2013年第1期。

159.杨力、任嘉:《单一货币区经济趋同的实证研究与欧债危机的内在逻辑》,载《国际观察》2013年第1期。

160.张军、厉大业:《美国政府债务长期可持续性分析——基于一般均衡条件下的代际预算约束模型》,载《国际金融研究》2011年第8期。

后　　记

本书既是我主持的国家社科基金项目的成果,也是我多年关于欧债危机研究的总结。十三年前,我在维也纳大学留学时恰逢欧债危机爆发,有感而发地写了几篇小文,没想到这段偶然的研究经历一旦开启就没有再放下。无论是在国务院应对国际金融危机小组的工作,还是在上海外国语大学开展的课题研究,都使我对危机的认识不断深化,观点不断更新,我将其一起凝结在本书中与读者分享。

感谢国家社科基金的慷慨资助;感谢章玉贵院长一直以来的悉心栽培和无私帮助;感谢杨丽明编辑为本书出版做出的大量积极工作;感谢徐佳教授一起愉快地合作共事。最后感谢我的家人,你们的爱是我前进的动力。

孙海霞

2023 年 8 月 17 日